Le Forum des droits sur l'internet

Le Forum
des droits
sur l'internet

PREMIER RAPPORT D'ACTIVITÉ

année 2002

Préfacé par
Claudie Haigneré,
ministre déléguée à la recherche
et aux nouvelles technologies

Sommaire

Préface

Aujourd'hui, un peu plus de 10% de la population française utilisent l'internet et la France est devenue à fin 2002 le second pays européen s'agissant de la diffusion du haut débit, avec 1,7 million d'abonnés à l'internet rapide.

Ce résultat est certes encourageant, mais il reste des progrès à accomplir pour faire vivre notre ambition de promouvoir une société de l'information partagée, une société de l'information pour tous, un accès à la connaissance et aux échanges pour tous.

L'une des principales clefs de l'adoption de ce nouvel outil par nos concitoyens, l'une des conditions à réunir pour construire une « République numérique » est la confiance ; confiance dans ce que cet outil peut apporter, confiance dans la sécurité des échanges qui y ont lieu, confiance dans la capacité de notre société à y faire régner le droit.

Or, même si notre droit s'applique en l'état pour une large part sur le réseau des réseaux, celui-ci n'en demeure pas moins un espace nouveau, ouvert et complexe, pouvant inspirer des peurs et des incertitudes chez la plupart de nos concitoyens.

Face à des interrogations complexes comme celles que posent l'usage de l'internet, il faut des règles du jeu claires, tant pour mettre fin à l'insécurité juridique des acteurs économiques que pour mieux protéger les utilisateurs et les consommateurs : c'est précisément l'objet du projet de loi pour la confiance dans l'économie numérique présenté en février 2003 par le Gouvernement à l'Assemblée nationale.

Ce travail de régulation classique doit aussi s'accompagner d'un travail, associant tous les acteurs de l'internet, sur la définition de règles écrites ou non écrites de comportement, et d'une réflexion sur les usages, les bonnes pratiques, les savoir-faire.

Il s'agit tout simplement de développer des comportements plus responsables sur l'internet, de faire naître une véritable civilité de l'internet.

Construire la civilité, c'est aussi réfléchir aux modes d'élaboration des règles et des usages et s'accorder à privilégier sur le réseau une culture du dialogue et de la concertation (usagers, acteurs économiques et pouvoirs publics).

Cette culture de la responsabilité, du dialogue, est l'une des réponses pertinentes pour construire le consensus dans un environnement complexe comme celui de l'internet.

A cet égard, le concept de co-régulation que met en œuvre avec le soutien des pouvoirs publics le Forum des droits sur l'internet – en associant en amont d'une décision les acteurs économiques, les autorités publiques et le secteur non marchand pour les faire échanger et travailler à des solutions communes – est à la base de la notion de civilité et participe d'une instauration durable de la confiance.

Internet est pour nous tous une sorte de nouvelle frontière : les valeurs qui doivent y régner sont à construire.

La réflexion que mène le Forum des droits sur l'internet, et qui relève d'un effort collectif pour clarifier les principes fondateurs qui règnent dans la société de l'information, doit nous aider dans cette construction collective.

Claudie Haigneré

Ministre déléguée à la recherche et aux nouvelles technologies

Le Forum des droits sur l'internet : une nouvelle approche de la régulation sur l'internet

Isabelle Falque-Pierrotin

Le Forum des droits sur l'Internet est né d'une réflexion collective sur la régulation d'internet qui a débuté en 1996 et a notamment été marquée par le rapport du Conseil d'Etat de 1998 intitulé « Internet et les réseaux numériques ».

En juillet 2000, le député Christian Paul, dans son rapport « Du droit et des libertés sur internet», confirme la nécessité de mettre en place un mode de régulation adapté aux spécificités d'internet ; à cette fin, il évoque la mise en place d'un organisme spécifique.

En décembre 2000, le Premier ministre confie à Isabelle Falque-Pierrotin, conseiller d'Etat, la mission de créer et d'animer le Forum.

L'esprit qui préside à la création du Forum repose sur les **valeurs suivantes :**
- **la sphère virtuelle est un espace nouveau de sociabilisation et d'interactions** qui ne peut reposer sur des principes fondamentaux très différents de la sphère réelle. Ces principes communs résultent de **l'héritage démocratique** français et européen et ils assurent le respect et l'équilibre entre des libertés fondamentales. Ils doivent être réexaminés afin de prendre en compte les spécificités d'internet. Les **promouvoir** au niveau mondial est une nécessité.
- **la responsabilité individuelle et collective** est au cœur du projet. C'est un espace ouvert et peu protégé comme celui des réseaux, c'est une manière essentielle de garantir une cohésion sociale.
- **le monde en réseau ne saurait se limiter à un espace marchand.** Le développement du commerce électronique et du paiement des services sur l'internet ne doit pas conduire à ce que soit oubliée l'innovation majeure que représente l'internet : **permettre à chacun d'entre nous de s'exprimer et de communiquer librement partout dans le monde.**
- **il ne peut y avoir de civilité sur l'internet que mondiale** comme il ne peut y avoir de réponse crédible sur l'internet que mondiale : les solutions recommandées par le Forum et son mode de fonctionnement doivent donc prendre en compte cette dimension.

Le Forum est une démarche de réflexion et d'action inspirée par ces valeurs dont **l'objectif central est de bâtir la civilité de l'internet. La civilité, c'est au delà du respect des règles de droit, les usages et les comportements qui permettent de vivre bien ensemble. Le Forum poursuit cet objectif d'intérêt général à travers l'ensemble de ses missions.**

Le Forum est bâti sur le concept de **corégulation**.

Ce concept innovant n'est pas aisé à définir et il s'inscrit dans le processus de mutation de la réglementation publique autoritaire que certains experts ont bien analysé. On constate en effet que les procédures d'élaboration de la norme semblent devoir s'ouvrir à une plus large concertation, voire à une négociation. Pour l'universitaire, Jacques Chevallier, le droit européen est le reflet de cette « *postmodernité juridique* » tendant à promouvoir « *un style nouveau de politiques publiques fondées sur le pluralisme et l'ouverture, la négociation et le compromis* ».

La corégulation est une nouvelle étape dans ce mode de production de la norme et dans ses manifestations.

Selon cette analyse, dans un univers complexe et international comme celui d'internet, la fixation des règles ne peut plus seulement relever de l'ordre obligatoire et contraignant fixé par les pouvoirs publics mais du consensus entre acteurs associés dès le départ à l'élaboration de la norme. L'ensemble des parties prenantes (pouvoirs publics, entreprises, usagers, acteurs non marchands ...) doit donc s'associer pour construire, par un débat ouvert et constructif, des solutions légitimes et efficaces. Il ne s'agit plus seulement pour les pouvoirs publics de donner la parole aux acteurs, de les consulter ; **il s'agit d'un projet collectif** qui doit être élaboré ensemble et qui conduit à des recommandations destinées à éclairer la prise de décisions des autorités publiques ou privées.

Le Forum offre un lieu permanent de dialogue et de travail où une telle maïeutique peut être mise en œuvre, où des solutions innovantes peuvent être inventées. Il conduit à la production d'un droit plus « négocié », à la constitution de productions juridiques se démarquant de la traditionnelle règle de droit (impérative, générale et obligatoire) comme les codes de déontologie, les chartes, les modes alternatifs de règlement des différends.

Le Forum est un lieu d'intermédiation, une force de proposition de normes trouvant leur place entre le droit positif, dont l'adaptation est plus lente, et la jurisprudence souvent trop factuelle.

Cette démarche favorise l'élaboration d'un pacte social entre les acteurs en les incitant à rechercher leurs points de convergence.

Il convient enfin de noter que la corégulation est un concept d'avenir : il vient d'être adopté par la Commission européenne dans son livre Blanc sur la gouvernance. C'est un processus nouveau de régulation, adapté à la problématique de nos sociétés complexes.

Les missions du Forum

Le Forum est compétent sur l'ensemble des questions juridiques et de société liées aux contenus et usages de l'internet.

Les missions du Forum sont au nombre de trois : la **concertation** entre les différents acteurs publics et privés de l'internet (administrations, entreprises, utilisateurs), l'**information et** la **sensibilisation** du grand public, la **coopération internationale**. Le Forum assure également une **veille juridique et technique** sur les enjeux de régulation de l'internet.

Première mission : la concertation

Le Forum contribue à l'élaboration des règles et des usages sur internet grâce **au dialogue et à la concertation** entre acteurs économiques, instances publiques et utilisateurs sur les questions de droit et de société liées aux réseaux. Concrètement, cette mission se traduit par la mise en place de groupes de travail de composition quadripartite (experts, acteurs économiques, utilisateurs, représentants de l'administration) qui procèdent à des auditions, des recherches ou des enquêtes.

Sur la base des conclusions des groupes de travail et de la consultation des internautes, le Forum peut formuler des **recommandations** aux autorités publiques et aux acteurs de l'internet, et éclairer les débats qui émergent. Cette mission de recommandation peut être exercée de la propre initiative du Forum et de ses membres ou sur saisine du Gouvernement, du Parlement et des autorités administratives indépendantes (CSA, ART, CNIL …).

Deuxième mission : l'information et la sensibilisation du public

Le premier acteur de civilité, c'est l'internaute lui-même. Le Forum mène une action pédagogique constante auprès des usagers de l'internet sur les enjeux juridiques de l'internet et des réseaux et recueille leurs avis et propositions sur les règles et les usages du réseau.

Le site du Forum (www.foruminternet.org), plate-forme d'information et instrument du dialogue, est devenu un lieu de référence sur les droits et les devoirs de l'internaute.

Des **actualités** pertinentes sont diffusées quotidiennement, tandis que le site s'enrichit régulièrement de fiches pratiques et de questions-réponses. Une **base de connaissance**s réunit les principales sources du droit français, les usages et les normes internationales applicables aux réseaux.

En outre, le site propose un espace de réflexion en ligne pour que chacun puisse participer activement aux débats en cours : l'internaute y est invité à défendre ses points de vue, à les confronter à ceux d'autres acteurs de l'internet, à proposer des thèmes de réflexion au Forum...

L'association des internautes au processus de concertation mené au sein des groupes de travail est un élément important de la spécificité de la démarche du Forum et de la légitimité de ses recommandations.

Troisième mission : la coopération internationale

Le débat relatif aux règles et aux usages de l'internet est mondial, de nombreuses négociations ou initiatives sont en cours. Il importe que ces dernières s'organisent selon une logique qui ne soit pas seulement économique, et dans le respect de la personne humaine. **Le Forum participe donc de façon active aux diverses initiatives internationales et travaille à l'élaboration de positions communes.**

L'objectif prioritaire du Forum concerne évidemment l'Europe, ensemble de pays qui partagent un même héritage démocratique. Compte tenu de leur diversité culturelle et de leur attachement à la défense des droits de l'homme, ils peuvent aider à la promotion d'une certaine vision de la société de l'information au plan mondial.

Pour mettre en oeuvre cette dimension européenne et internationale, le Forum constitue un **réseau de correspondants**, structures étrangères publiques ou privées qui travaillent avec lui sur des projets précis ; il s'appuie également sur un **comité international de personnalités étrangères,** intéressées par les questions de régulation et voulant contribuer à cette tentative de rapprochement des points de vue (par exemple, **Vint Cerf, Larry Lessig, Pierre Trudel, Yves Poullet ...).**

L'organisation et les modalités de fonctionnement du Forum

Le Forum des Droits sur l'internet est une **association régie par la loi de 1901**. Elle regroupe l'ensemble des personnes morales, publics et privées (entreprise, association, fédération professionnelle, établissement public ...) qui adhèrent au projet du Forum et en signent la charte d'adhésion.

Les membres sont répartis en **deux collèges** : **acteurs économiques et utilisateurs.**

En décembre 2002, le Forum compte une cinquantaine de personnes morales adhérentes : entreprises, syndicats professionnels, cabinets d'avocats, associations de défense des internautes, structures publiques d'enseignement ou de recherche, etc. Ces membres sont témoins de la diversité des acteurs de l'internet et de l'équilibre que l'on veille à maintenir entre le collège « acteurs économiques » et le collège « utilisateurs ». La liste complète des membres est disponible ci-après.

Les organes dirigeants

Le Forum est administré par un **Conseil de surveillance** de trois membres qui vérifie la concordance des activités de l'association avec son objet social et le respect de ses engagements budgétaires, et par un **Conseil d'orientation** de douze membres qui gère l'activité du Forum, assisté par **deux Comités de concertation.**

Les deux Conseils ont une **composition tripartite** :
• Un tiers de personnalités qualifiées, un tiers de représentants des acteurs économiques, un tiers de représentants des utilisateurs.
• Les personnalités qualifiées ne sont pas membres de l'association ; ce sont des personnes physiques choisies en raison de leurs compétences, qui contribuent au caractère d'intérêt général des décisions du Forum.
• Les membres des deux Conseils sont nommés pour trois ans. Les Conseils sont renouvelables par tiers tous les ans. Un premier renouvellement de quatre membres a eu lieu en mai 2002.

Première instance : le Conseil de surveillance

Le Conseil de surveillance est l'organe de contrôle interne de l'association : il délibère notamment sur le budget, vérifie le respect de son exécution et la régularité des opérations comptables, s'assure que le programme de travail correspond aux objectifs de l'association, contrôle le respect de la convention triennale signée entre l'association et l'Etat.

La composition du conseil de surveillance au 31 décembre 2002 est la suivante :
• François Terré, professeur de Droit, Président du conseil de surveillance
• Michel Gonnet, Caisse des Dépôts et Consignations, représentant le collège des acteurs économiques
• Isabelle de Lamberterie, chercheur au Centre National de la Recherche Scientifique (CNRS), représentant le collège des utilisateurs

Deuxième instance : le Conseil d'orientation

Le Conseil d'orientation est la structure d'impulsion, de gestion, de validation de l'activité du Forum. Il adopte, notamment, les recommandations. Il se compose de 12 membres, et d'un observateur nommé par le Premier ministre, Alain Seban, directeur du développement et des médias.

La composition du Conseil d'orientation au 31 décembre 2002 est la suivante :

Acteurs économiques
• Yves Parfait, Wanadoo
• Guy Aubert, Centre National d'enseignement à distance (CNED)
• Christine Reichenbach,Union des annonceurs (UDA)
• Cyril Rojinsky, avocat

Utilisateurs
• Stéfanie Lesperance, Association Vivre le Net
• Reine-Claude Mader-Saussaye, "Consommation, logement, cadre de vie" (CLCV)
• Jean-Pierre Quignaux, Union nationale des associations familiales (UNAF)
• Sébastien Canevet, Internet Society (ISOC)

Personnalités qualifiées :
• Pierre Sirinelli, professeur de Droit
• Philippe Queau, UNESCO
• Jean-François Abramatic, ILOG

Membre des juridictions administrative et judiciaire
• Isabelle Falque-Pierrotin, conseiller d'Etat, présidente du conseil d'orientation

Troisième instance : les Comités de concertation

L'association comprend deux Comités de concertation :
• Le Comité de concertation « acteurs économiques » composé par tous les membres du collège « acteurs économiques »
• Le Comité de concertation « utilisateurs » composé par tous les membres du collège « utilisateurs ».

Les Comités de Concertation disposent d'un pouvoir de proposition et de recommandation auprès du Conseil d'Orientation. Ils peuvent être consultés par le Conseil d'Orientation et/ou le Délégué Général dès que nécessaire. Leur intervention est obligatoire avant la validation d'une recommandation par le Conseil d'Orientation, leur consultation se fait par voie électronique.

Les groupes de travail

Un groupe de travail n'est pas une structure statutaire de l'association mais une modalité de fonctionnement de celle-ci. Un groupe est composé des membres intéressés de l'association issus de chacun des deux collèges, et d'experts invités.

Animé par un ou plusieurs permanents du Forum, le groupe de travail a pour objectif de réfléchir sur un thème fixé par le conseil d'orientation et, au terme de ses auditions, consultations et recherches, de **proposer des recommandations** au conseil d'orientation. **Les synthèses de ses travaux sont régulièrement mises en ligne sur le site du Forum** et les internautes sont invités à contribuer à celles-ci au travers des forums de discussion.

Le budget du Forum

Le budget de l'association est actuellement alimenté par **deux sources distinctes** :
- Une subvention de l'Etat
- Les cotisations annuelles de ses membres

En 2002, le financement est assuré à 90% par le versement d'une subvention de l'Etat d'un montant de 1,15 millions d'euros. Ce versement intervient dans le cadre d'une **convention triennale** signée en mai 2001 entre l'Etat et l'association, confirmant le soutien financier de l'Etat sur trois ans et les contrôles auxquels est soumise l'association en contre-partie.

Ce versement public a pour objectif de donner des fondements solides au projet et de garantir son indépendance vis-à-vis de tout groupement d'intérêts particuliers. Outre le soutien public, le Forum fait appel aux cotisations de ses membres, dont le barème est fixé par le Conseil d'orientation. Ces cotisations s'élevaient, en 2002, à environ 100 000 euros.

Les relations avec l'Etat, l'administration et les autorités administratives indépendantes (AAI)

Un observateur siégeant au Conseil d'Orientation permet d'assurer les relations avec l'Administration. Le Directeur du Développement des Médias (DDM) occupe ce poste. De plus, les représentants des administrations sont régulièrement invités à participer aux groupes de travail mis en place par le Conseil d'orientation.

Le Forum tient les autorités périodiquement informées de l'avancement de ses travaux. Chaque AAI intéressée (CSA, ART, CNIL, Conseil de la Concurrence ...) désigne un de ses membres comme correspondant permanent de l'association. Ces correspondants peuvent être invités à siéger au Conseil d'Orientation. Des représentants des AAI sont invités à participer aux groupes de travail organisés par le Conseil d'orientation.

Isabelle Falque-Pierrotin
Conseiller d'Etat
Présidente du Conseil d'orientation
du Forum des droits sur l'internet

Le Forum des droits sur l'internet en 2002

Si l'année 2001 a été une année de lancement du Forum des droits sur l'internet, l'année 2002 est une année de consolidation de l'organisme et de ses missions. Le Forum s'installe progressivement dans le paysage institutionnel français et **se constitue comme un outil original et crédible de régulation entre acteurs publics et privés qui intéresse de nombreux observateurs français et étrangers.** La pertinence du choix du statut associatif est confirmée par la pratique : il a permis la mise en place d'un processus réactif, neutre et ouvert aux différents acteurs.

Le positionnement de la civilité correspond à une demande sociale certaine et le Forum apparaît comme un lieu où peut s'élaborer la confiance.

La progression constante des adhésions dans un contexte économique délicat témoigne de ce que cette initiative répond à un besoin.

Enfin, les partenariats divers avec les administrations (Délégation interministérielle à la famille, Ministères des Affaires sociales, de la Réforme de l'Etat, de la Justice) illustrent la complémentarité possible entre l'action publique et l'intervention d'un organisme privé chargé d'une mission d'intérêt général.

Organisation et fonctionnement du Forum en 2002

Le Forum s'est tout d'abord appliqué, en 2002, à conforter sa structure et son fonctionnement.

L'équipe des permanents du Forum comprend neuf personnes :
Isabelle Falque-Pierrotin, déléguée générale, conseiller d'Etat
Anne Lange, secrétaire général
Jean Gonié, juriste, chargé de mission (collectivités locales, administration électronique, vie privée)
Marie-Françoise Le Tallec, juriste, chargée de mission (relations du travail, médiation, régulation, responsabilité)
Matthieu Lerondeau, chargé de mission (éducation, grand public)
Corinne Muller, responsable communication
Sophie Ouzeau, assistante
Benoît Tabaka, juriste, chargé de mission (données publiques, responsable du site internet)
Lionel Thoumyre, juriste, chargé de mission (liens hypertextes, responsabilité)

Les actions de concertation entre les acteurs publics et privés sur les enjeux juridiques de l'internet et des réseaux

Le Forum des droits sur l'internet a rendu publiques trois recommandations en 2002 : « Internet et modes alternatifs de règlement des différends » au mois de juin ; « Internet et communication électorale » au mois d'août ; « Internet et relations du travail » au mois de septembre.

La recommandation « Internet et relations du travail » servira de base au dialogue que la direction des relations du travail (DRT) du ministère des affaires sociales doit lancer avec les partenaires sociaux sur ces questions.

La recommandation « Internet et communication électorale » a pour objectif d'éclairer les candidats sur le droit applicable en la matière et de proposer aux juges et aux pouvoirs publics des interprétations voire des adaptations du droit. Par exemple, le Forum a autorisé le recours à des services gratuits, notamment pour l'hébergement de sites, et a souhaité la confirmation de cette position par l'ensemble des juges de l'élection et, par la même, une interprétation souple de l'article L. 52-8 du Code électoral. Il convient de noter que, le 18 octobre 2002, le Conseil d'Etat a, dans sa décision « Elections municipales de Lons », abondé dans le même sens en indiquant que le recours par un candidat à un hébergement gratuit ne constitue pas un don prohibé par l'article L. 52-8 du Code électoral.

La recommandation « Internet et modes alternatifs de règlement des différends » marque l'achèvement d'une première phase dans le travail du Forum, celle de la finalisation des principes théoriques et des règles déontologiques qui doivent guider un service de médiation. Ces principes ont été exposés en octobre 2002 à la Commission européenne dans le cadre d'une réponse officielle donnée au Livre vert. La deuxième phase sera opérationnelle et consiste dans le lancement d'une expérimentation par le Forum d'un service de médiation au cours de l'année 2003.

En outre, à la fin de l'année 2002, l'état des groupes de travail est le suivant :

- **« Internet et les modes alternatifs de règlement des différends »** : un groupe de travail restreint dont fait partie le ministère de la Justice a été constitué fin 2002 afin de mettre en place, en 2003, une plate-forme opérationnelle de médiation.

- **« Lien hypertexte »** : Ce groupe a été créé en octobre 2001. La durée de ses travaux s'explique par le fait qu'il traite d'un des sujets les plus novateurs sur le plan juridique. Le rapport et les recommandations qui l'accompagnent devraient être achevés et rendus publics début 2003.

- **« Administration en ligne »** : En février 2002, le gouvernement a souhaité confier au Forum le soin de mener un débat public autour des conclusions du rapport Truche sur « administration électronique et données personnelles ». Le Forum a donc d'une part, organisé un débat en ligne qui s'est tenu de février à mai 2002 ; d'autre part, tenu des réunions en province (Strasbourg, Gluiras, Hourtin, Grenoble, Lille, Issy-les-Moulineaux), réunissant les représentants des collectivités locales, du milieu associatif et des acteurs économiques. En outre, le Forum a commandé à la SOFRES, en partenariat avec « Soixante millions de consommateurs », un sondage sur les attentes des français en matière d'administration en ligne. Les conclusions du débat public ont été présentées au gouvernement le 16 décembre 2002 et la recommandation générale du Forum sur le cadre juridique des téléprocédures a été rendue publique en février 2003.

Enfin, tirant parti de son expertise sur le cadre juridique des téléprocédures, le Forum a édité deux guides pratiques : l'un, réalisé avec Berger-Levrault, à destination des opérateurs de téléprocédures ; l'autre, à destination du grand public, associant l'UNAF, la délégation interministérielle à la famille et le secrétariat d'Etat à la réforme de l'Etat.

- « **Données publiques** ». Ce groupe a été créé le 11 juillet 2002. Les données issues de la sphère publique sont de plus en plus diffusées sur internet. Ce groupe a pour mission de réfléchir aux conditions de cette diffusion. Son rapport et ses recommandations seront connus dans le courant du premier semestre 2003.

- « **Responsabilité des organisateurs de forums** ». Un groupe de réflexion a été créé le 27 septembre 2002. Il répond à la nécessité de combler un vide juridique, à savoir que la responsabilité des organisateurs de forums de discussion n'a pas été précisément qualifiée tant par le droit français que par le droit européen. Cette réflexion s'est avérée d'autant plus nécessaire que les tribunaux ont rendu sur cette question des décisions diverses et, pour certaines, fortement contestées. Les résultats des travaux de ce groupe sont attendus pour le premier trimestre 2003.

Le Forum a fait part au gouvernement, en novembre 2002, de sa position sur la responsabilité des intermédiaires techniques dans le cadre de la préparation du projet de loi sur l'Economie numérique (LEN).

- « **La régulation dans une société en réseau** ». Ce groupe de réflexion a été créé le 25 mars 2002. La nécessité de cette réflexion répond au constat qu'internet est un système complexe où la constitution et la structuration du réseau posent un défi aux processus traditionnels de régulation. Le groupe s'est donc efforcé d'analyser les mécanismes nouveaux de concertation, de dialogue, et de prise de décision ainsi que les organismes qui les portent sur le plan national et international.

Les actions d'information et de sensibilisation des acteurs

L'évolution du site du Forum

Le site internet, mis à jour quotidiennement, s'est imposé à la fois comme un outil de référence juridique à destination des professionnels et comme une source d'informations pratiques pour le grand public. La fréquentation a évolué entre octobre 2001 et septembre 2002, de 45 000 à 123 000 pages vues par mois et de 8 600 à 28 000 visites. La notoriété et la fréquentation du site du Forum bénéficient encore d'un vaste potentiel d'appréciation que garde encore la croissance de son audience.

Au cours de l'année, plus de 150 actualités ont été rédigées informant les internautes sur une décision ou l'adoption d'un texte normatif aussi bien en France que dans les autres pays. En effet, environ 50% de ces actualités abordent des sujets touchant aux aspects internationaux.

Par ailleurs, dans le cadre de sa mission d'information du public, le Forum des droits sur l'internet a mis en ligne des fiches pratiques se rapportant aux courriers électroniques non sollicités, à la maîtrise de l'identité par l'internaute et à la création de site internet. De même, des questions/réponses relatives au droit des réseaux ont été publiées, dont 10 à l'approche des fêtes de fin d'année afin d'aider les internautes dans leurs achats sur internet.

L'année 2002 a été aussi l'occasion pour le Forum de continuer ses actions de concertation avec le grand public. Plusieurs forums de discussions ont été ouverts touchant notamment à l'administration électronique et la protection des données personnelles, au régime juridique des liens hypertextes, à l'utilisation d'internet au travail ou aux questions de cybercriminalité et démocratie. En partenariat avec la Commission nationale française pour l'UNESCO, et en amont de la tenue d'un colloque international, le Forum a organisé des espaces de discussions autour de la problématique de la liberté d'expression dans la société de l'information. Ces forums étaient animés par les membres permanents du Forum ainsi que par des animateurs établis sur divers continents : Pierre Trudel, Burton Caine, Etienne Montero et Me El Hadj Mame Gning. Au total, plus de 700 contributions relativement élaborées ont été postées sur ces forums.

L'accord avec le Ministère de l'Education nationale : vers une éducation à la civilité de l'internet

Un accord-cadre a été signé entre le Forum et le ministère de l'éducation nationale en avril 2002 dans le but de mettre en place une véritable éducation à la civilité sur les réseaux à travers une pratique responsable et citoyenne de l'internet.

Dès la rentrée 2002, une expérimentation pédagogique a été lancée dans quatre académies auprès de vingt-six établissements scolaires de tous niveaux d'enseignement dont les enseignants et les élèves élaborent des pratiques ou outils pédagogiques nouveaux sur la base d'une « boîte à outils » juridique élaborée par le Forum et illustrant les grands principes et usages de la civilité des réseaux. Cette opération, confirmée par le gouvernement issu des élections du printemps 2002, est largement soutenue par l'administration et par la communauté éducative.

Les enseignements de l'expérimentation doivent permettre de construire une offre pédagogique généralisable à tous les établissements dès la rentrée 2003.

Le partenariat avec l'UNAF sur la sensibilisation des familles

La sensibilisation des familles aux enjeux des réseaux et d'internet est un objectif essentiel dans une perspective de développement de la confiance. Le Forum et l'UNAF (Union nationale des associations familiales) se sont rapprochés pour conduire des actions communes.

Le partenariat avec l'UNAF s'est notamment concrétisé par la réalisation d'un guide pratique à destination des familles portant sur les téléprocédures. Associant également le secrétariat d'Etat à la réforme de l'Etat et la délégation interministérielle à la famille, ce guide a été diffusé le 23 novembre 2002 à l'occasion de l'assemblée générale de l'UNAF. Il a pour objectif de sensibiliser les familles à la mise en place des téléprocédures. Il les informe sur les services administratifs actuellement disponibles sur internet à partir d'une analyse de leurs demandes (état-civil, logement, enseignement…).

Outil pratique et pédagogique, il répond également aux interrogations, voire aux craintes qui pourraient naître de la généralisation d'une administration en ligne.

Ce guide est disponible en ligne sur les sites de l'UNAF et du Forum ainsi que sur les sites ministériels concernés. Il fera l'objet ultérieurement d'une version papier.

La poursuite du programme des « Rencontres »

Les « Rencontres » ont pour objet d'organiser un débat informel et convivial sur une question de droit ou de société relative à internet. Le Forum a ainsi organisé dans le courant de l'année 2002 cinq débats faisant l'objet d'une retransmission sur internet :
Internet et relations du travail (février 2002) ;
L'Etat et l'identité du citoyen (avril 2002) ;
Internet, outil de démocratie et de débat citoyen (juillet 2002) ;
Nouveaux moyens et nouveaux enjeux du contrôle judiciaire des réseaux (octobre 2002) ;
Internet et la pornographie (décembre 2002).

Ces dernières ont connu un intérêt certain auprès des internautes, qui y ont contribué en interpellant par courrier électronique les intervenants de ces débats.

Les actions de coopération internationale

Une collaboration s'est instaurée avec la Commission européenne, l'Observatoire belge des droits de l'internet (ODI), et l'Oxford Internet Institute (OII) en Grande-Bretagne. L'UNITAR (Institut des Nations Unies pour la formation et la recherche) a exprimé son souhait de développer un partenariat avec le Forum.

Les collaborateurs du Forum ont participé à de nombreux colloques en Europe et à l'étranger. A la demande de la Commission Nationale française de l'UNESCO, un forum de discussion a été ouvert de septembre à novembre 2002 sur le thème « la liberté d'expression dans la société de l'information » ; deux universités américaines se sont associées à cette entreprise ainsi que l'ODI précité et l'association africaine GARENTIC.

Enfin, le Forum procède à la traduction en anglais d'un certain nombre de rapports et recommandations, afin de permettre leur diffusion auprès d'une audience la plus large possible.

Les nouveaux enjeux de droit et de société en 2002

L'internet n'est pas un espace de non-droit : ce postulat a été reconnu depuis plusieurs années en France comme à l'étranger ; mais, tout en garantissant l'application à l'internet des principes fondamentaux, il conduit aussi au fil des questions nouvelles qui se posent, à construire progressivement de nouvelles règles juridiques. La construction de cette branche du droit est principalement prétorienne, malgré l'adoption ou la préparation des premiers textes normatifs. Éclairé par les décisions françaises des juges du fond ou de quelques juges suprêmes, guidé par les jurisprudences adoptées dans les systèmes juridiques étrangers, le droit de l'internet reste donc une matière en permanente évolution et révolution qui nécessite un suivi minutieux.

Partant de ce constat, le Forum des droits sur l'internet a souhaité, dans le cadre de son rapport annuel, réaliser une synthèse des enjeux de droit et de société qui se sont posés au cours de l'année 2002. Ces questions juridiques nouvelles, ces phénomènes et tendances ont, pour certains, déterminé et, pour d'autres, accompagné les travaux du Forum. Ils permettent, en outre, de mieux apprécier les évolutions prochaines de notre propre système juridique.

Les premières années de l'internet français furent, principalement, marquées par trois types de contentieux : la lutte contre les contenus racistes et antisémites, la condamnation de la diffusion de pédopornographie et les litiges relatifs aux noms de domaines. Le droit de l'internet de l'année 2002 dépasse ces thèmes devenus traditionnels et s'articule autour de trois objectifs : la lutte contre le terrorisme, la préservation de la liberté d'expression et la protection des utilisateurs.

Dans le cadre de cette synthèse, le Forum des droits sur l'internet a retenu plusieurs thématiques permettant de prendre connaissance des décisions et législations marquantes de l'année.

La lutte contre le terrorisme et la cybercriminalité

Après les attentats qui ont frappé les États-Unis et plusieurs intérêts occidentaux au cours de l'année 2001-2002, divers pays ont adopté des réglementations plus strictes en matière de lutte contre le terrorisme. L'un des éléments récurrents est la crainte de l'utilisation des nouvelles technologies pour préparer ou commettre de nouveau attentats. Ainsi, au cours du mois d'octobre 2001, le gouvernement canadien a annoncé trois nouvelles lois permettant toute interception de communication suspecte ou interdisant la diffusion de propagande haineuse sur internet. Les États-Unis, quant à eux, ont adopté l'*USA Act* qui accorde de nouveaux pouvoirs d'enquête, de surveillance et d'écoutes au gouvernement fédéral.

L'adoption d'un cadre international de lutte contre la cybercriminalité

Dans ce contexte et mettant un terme à plusieurs années de travaux, l'Europe et un certain nombre de pays occidentaux ont désiré adopter une réponse globale aux infractions pénales commises sur et à travers les réseaux informatiques. Constituant un texte emblématique, la Convention relative à la lutte contre la cybercriminalité, adoptée le 8 novembre 2001, a comme signataires les quarante-trois États membres du Conseil de l'Europe, les États-Unis, le Canada, le Japon et l'Afrique du Sud. Il vise les infractions touchant à la confidentialité, l'intégrité et la disponibilité des données, les infractions relatives à certains contenus (pornographie infantile) et les atteintes aux droits de propriété intellectuelle.

Initié par le Comité européen pour les problèmes criminels (CDPC) en 1996, ce texte est le premier traité international concernant les infractions commises via l'internet et d'autres réseaux informatiques. Il est le fruit de quatre années de travail d'experts du Conseil de l'Europe, auxquels étaient associés des experts d'autres États non membres de l'organisation. L'importance des enjeux, la gravité des risques encourus compte tenu des difficultés de traiter régionalement d'infractions commises sur le réseau mondial sont à l'origine de cette initiative unique de coopération internationale entre États.

Ce texte a été complété par la signature, le 7 novembre 2002, d'un protocole additionnel visant la diffusion de propos racistes et xénophobes. Lors de son vote en effet, et afin de permettre la ratification par les États-Unis, la Convention n'avait pas inclus la lutte contre de tels contenus mais prévoyait d'étendre, au travers d'un protocole ouvert à la signature des États membres, le dispositif général de la convention aux discours haineux propagés sur les réseaux informatiques.

Le protocole additionnel fait référence au matériel écrit, aux images ou à toute autre représentation d'idées ou de théories, de nature raciste et xénophobe, dans un format tel qu'il puisse être conservé, traité et transmis par le biais d'un système informatique. Par ailleurs, au lieu de se référer à l'expression de sentiments ou de convictions, le texte réprime le comportement auquel le contenu du message incriminé peut mener, comme « *préconiser, encourager ou inciter la haine, la discrimination ou la violence* ».

Ces comportements pourront aussi bien être dirigés contre une personne ou contre un groupe de personnes, en raison de leur appartenance à un groupe caractérisé par la « *race, la couleur, l'ascendance ou l'origine nationale ou ethnique, ou la religion, dans la mesure où cette dernière sert de prétexte à l'un ou l'autre de ces éléments* » dès lors que l'infraction a été commise de façon intentionnelle. En outre, il ne sera pas possible de rechercher la responsabilité d'un intermédiaire technique (hébergeur, fournisseur d'accès...) dès lors que celui-ci n'avait pas l'intention de commettre ou d'aider à la commission de l'infraction. Enfin, le matériel raciste ou xénophobe devra avoir fait l'objet d'une diffusion, c'est-à-dire d'une dissémination à autrui, ou d'une mise à disposition du public. Le caractère privé ou public d'une communication devra être examiné en tenant compte de plusieurs critères : volonté de l'émetteur déterminée en fonction du contenu du message, de la technologie employée, des mesures de sécurité ; nombre de destinataires et la nature des relations les liant à l'expéditeur. Ce texte pourra donc incriminer une diffusion dans un « chat », dans un « newsgroup » ou un forum de discussion dès lors que le matériel est accessible à toute personne. Le rapport précise que « *même lorsque l'accès à ce matériel exigerait une autorisation par le biais d'un mot de passe, le matériel en question serait accessible au public lorsque cette autorisation est donnée à tout le monde ou à toute personne qui présente certains critères. Afin de déterminer si la mise à disposition ou la diffusion était ou non au public, la nature de la relation entre les personnes concernées devrait être prise en considération* ».

Le protocole additionnel sera ouvert à la signature de l'ensemble des parties à la Convention de lutte contre la cybercriminalité lors de la séance de l'assemblée parlementaire prévue à la fin du mois de janvier 2003.

La conservation des données de connexion : un véritable enjeu européen

L'une des dispositions de la Convention qui a trouvé un important écho en Europe est l'article 16 qui invite les États à adopter des législations permettant la conservation des données relatives à l'établissement d'une communication. Le 12 juillet 2002, les quinze États membres de l'Union européenne ont adopté la directive 2002/58/CE concernant le traitement des données à caractère personnel et la protection de la vie privée dans le secteur des communications électroniques. Le texte impose une obligation similaire dans son article 15.

Néanmoins, une réelle disparité continue d'exister entre les États, incitant les services de la Commission européenne à réfléchir à l'adoption d'une décision-cadre permettant une harmonisation des législations dans ce domaine afin d'éviter la création de « paradis numériques ». La Belgique impose ainsi une conservation minimale de douze mois alors que pour d'autres pays européens, il s'agit d'une durée maximale (France, Danemark, Espagne, Royaume-Uni et dans les projets de loi suédois et luxembourgeois). Les législations finlandaises et néerlandaises fixent, quant à elle, une durée maximale de trois mois contre trois ans pour l'Irlande. À ce jour, l'Autriche, l'Allemagne, l'Italie, la Grèce et le Portugal sont encore au stade de la réflexion ; la Finlande souhaitant par ailleurs étendre la durée de conservation à vingt-quatre mois.

En tout état de cause, en pratique, ces législations sont quasiment dépourvues d'effet juridique. Les textes d'application n'ont ainsi été adoptés ni en France, ni en Belgique, ni en Espagne. La loi danoise votée au mois de juin 2002 n'est, quant à elle, pas encore entrée en vigueur et les autorités britanniques, où le *Anti-Terrorist Bill* impose la conservation des données relatives aux émetteurs et aux destinataires de messages électroniques et la conservation de l'adresse des sites visités et les numéros composés par un abonné du téléphone, doivent rédiger un code de bonne conduite en partenariat avec les industries et les ministères intéressés.

En France, le régime de la conservation des données relatives à l'établissement d'une communication est fixé par la loi du 15 novembre 2001 relative à la sécurité quotidienne (LSQ), complétée par la loi de finances rectificative pour l'année 2001

(LFR) votée le 28 décembre 2001. La LSQ instaure une obligation d'effacement ou d'anonymisation des données relatives aux communications électroniques, tout en prévoyant deux exceptions : pour les besoins de facturation des opérateurs, d'une part, et à des fins de poursuite des infractions pénales, d'autre part. La loi limite ces exceptions puisqu'elle précise que les données conservées ne peuvent « *en aucun cas porter sur le contenu des correspondances échangées ou des informations consultées, sous quelque forme que ce soit* ». Un texte réglementaire doit préciser l'étendue de ces exceptions, tant sur la nature des données conservées que sur leur durée de conservation, durée qui ne peut excéder, en matière pénale, plus d'un an. Originellement prévue jusqu'au 31 décembre 2003, l'application de ces mesures a été étendue, dans le cadre du projet de loi sur la sécurité intérieure, jusqu'au 31 décembre 2005.

La LFR, quant à elle, a autorisé les agents des douanes, de l'administration fiscale et aux enquêteurs de la COB à obtenir communication des données conservées, par les entreprises visées par la LSQ, aussi bien à des fins de facturation qu'à des fins de sécurité.

Le Forum des droits sur l'internet s'est saisi de la question, dans le cadre de la préparation des textes réglementaires d'application de la LSQ, au travers d'une concertation large et ouverte de l'ensemble des acteurs. Ainsi, deux actions parallèles ont été menées : l'organisation d'un forum de discussion et d'une discussion multilatérale ouverte entre les représentants des entreprises les plus directement concernées, les forces de sécurité et les associations de défense des droits des internautes. Cette concertation a abouti le 17 décembre 2001 à l'adoption de la première recommandation[1] du Forum.

Enfin, la loi d'orientation et de programmation sur la sécurité intérieure (LOPSI) du 29 août 2002 cite au nombre des mesures tendant au renforcement de l'efficacité des investigations policières, l'élaboration d'un texte « *permettant aux officiers de police judiciaire, agissant dans le cadre d'une enquête judiciaire, sur autorisation d'un magistrat, d'accéder directement à des fichiers informatiques et de saisir à distance par la voie télématique ou informatique, les renseignements qui paraîtraient nécessaires à la manifestation de la vérité* ».

Une telle disposition contraindrait les opérateurs de services internet à ménager un accès direct et en ligne des autorités aux données stockées par ces prestataires permettant, par exemple, l'identification du titulaire d'une adresse IP, élément souvent nécessaire à l'identification de l'auteur d'une infraction commise en ligne. L'objectif du texte serait de raccourcir les délais de transmission par les opérateurs des réquisitions des autorités judiciaires : « *un trop grand nombre d'affaires judiciaires, lit-on dans le rapport, est paralysé par l'incapacité des institutions publiques ou privées*

---

[1] Disponible dans la rubrique « Les recommandations adoptées par le Forum des droits sur l'internet ».

[...] *à répondre dans des délais raisonnables aux réquisitions effectuées par les officiers de police judiciaire à la demande de l'autorité judiciaire* ». Le gouvernement, qui avait prévu d'intégrer ces dispositions au sein du projet de loi sur la sécurité intérieure, a reporté en 2003 l'examen d'un tel dispositif posé par la Convention relative à la lutte contre la cybercriminalité.

Un tel dispositif a été vivement critiqué par plusieurs associations de protection des libertés, ces dernières estimant que l'accès direct mettait fin aux garanties qu'offre la procédure de réquisition adressée à un opérateur de télécommunications.

À cette occasion, le Forum des droits sur l'internet a réuni lors d'un débat[2] organisé le 21 octobre 2002 l'ensemble des acteurs concernés pour débattre des nouveaux moyens du contrôle judiciaire des réseaux. Autour d'Étienne Apaire, conseiller auprès du ministre de l'Intérieur, les fournisseurs d'accès, la Commission nationale de l'informatique et des libertés, les autorités judiciaires et les associations de défense des libertés ont pu débattre de la protection de la vie privée et des libertés des usagers du réseau.

Les infractions informatiques : les juges français se prononcent

Outre la construction d'un cadre juridique global de lutte contre la criminalité informatique, plusieurs affaires judiciaires ont eu l'occasion d'apporter des précisions supplémentaires. Dès lors que l'on prononce le terme de criminalité informatique, l'exemple du piratage vient immédiatement à l'esprit. Dans ce domaine, l'affaire *Tati* constitue l'une des grandes jurisprudences de l'année. Opposant le célèbre vendeur au responsable d'un « webzine » (Kitetoa) sur la sécurité informatique, l'affaire a été jugée successivement par le tribunal de grande instance de Paris le 13 février 2002 puis par la cour d'appel le 30 octobre 2002. Le responsable du site Kitetoa avait réussi à obtenir, à l'aide d'un simple navigateur, le listing des clients, avec noms, adresses et autres données personnelles, de la boutique en ligne de Tati. Cette découverte avait été rendue publique dans une revue papier, entraînant un dépôt de plainte fondée sur l'article 323-1 du Code pénal qui prohibe le fait d'accéder ou de se maintenir frauduleusement dans tout ou partie d'un système informatique automatisé de données.

En première instance, le tribunal avait estimé « *qu'en accédant à plusieurs reprises au fichier litigieux et en le téléchargeant, le prévenu, qui fait d'ailleurs état dans ses déclarations de la loi qui fait obligation aux sociétés de protéger les données nominatives collectées, avait nécessairement conscience que son accès et son maintien dans le site de la société Tati étaient frauduleux ; qu'il y a lieu en conséquence d'entrer en voie de condamnation à son encontre* ». Cette décision a été renversée quelques mois plus tard par la cour d'appel de Paris. Dans un arrêt du

[2] L'intégralité du débat organisé par le Forum des droits sur l'internet est disponible sur le site internet : http://www.foruminternet.org/rencontres/

30 octobre 2002, les juges relèvent « *qu'il ne peut être reproché à un internaute d'accéder aux, ou de se maintenir dans les parties des sites qui peuvent être atteintes par la simple utilisation d'un logiciel grand public de navigation, ces parties de site, qui ne font par définition l'objet d'aucune protection de la part de l'exploitant du site ou de son prestataire de services, devant être réputées non confidentielles à défaut de toute indication contraire et de tout obstacle à l'accès ; que même s'agissant de données nominatives, l'internaute y accédant dans de telles conditions ne peut inférer de leur seule nature qu'elles ne sont pas publiées avec l'accord des intéressés, et ne peut dès lors être considéré comme ayant accédé ou s'étant maintenu frauduleusement dans cette partie du système automatisé de traitement de données, la détermination du caractère confidentiel (en l'espèce non discuté mais qui n'a donné lieu à aucune utilisation en pratique préjudiciable) et des mesures nécessaires à l'indication et à la protection de cette confidentialité relevant de l'initiative de l'exploitant du site ou de son mandataire* ».

Autre domaine où les juges français ont eu à statuer : l'envoi massif de courriers électroniques. Le tribunal de grande instance de Paris du 15 janvier 2002 a justifié la résiliation du compte d'un internaute à la suite de l'envoi répété de messages commerciaux non sollicités en se fondant sur la violation des dispositions contractuelles et des usages de l'internet. Au niveau pénal, un « mail-bombeur », victime d'un dépit amoureux, avait envoyé plusieurs milliers de messages saturant le réseau d'un fournisseur d'accès. Il avait été poursuivi sur le fondement de l'entrave au fonctionnement d'un réseau réprimé par l'article 323-2 du Code pénal. Le tribunal correctionnel de Paris a, le 24 mai 2002, fait droit à la plainte déposée par « Noos » et condamné l'intéressé à quatre mois de prison avec sursis accompagnés de 20 000 € de dommages intérêts.

Cette question du « spam » inquiète bon nombre d'observateurs dans la perspective d'un développement de l'internet ; cet usage, notamment à des fins commerciales, apparaît comme une pollution croissante qu'il convient de maîtriser et il fait l'objet de réflexions critiques de diverses instances ou organismes [3].

Liberté d'expression : le respect des droits et libertés dans un contexte international

Souvent donné en exemple, le 1er amendement à la Constitution américaine qui proclame la liberté d'expression reste un texte fondateur au plan international limitant les dispositions pénales de certains États. Cette confrontation entre traditions juridiques distinctes est relativement visible dans le domaine des propos révisionnistes, racistes et antisémites même si certains États ont adopté au cours de l'année 2002 des décisions condamnant la diffusion de tels contenus.

---

[3] « Livre blanc » de l'ACSEL et de l'IREPP en septembre 2002, *Mille milliards d'e-mails*, rapport de la CNIL du 21 novembre 2002.

La condamnation internationale des propos racistes et antisémites

Ainsi, le 18 janvier 2002, et après plus de cinq années de procédure et cinquante-cinq jours d'audience, le tribunal canadien des droits de la personne a jugé que l'utilisation d'un réseau téléphonique pour diffuser des messages « *susceptibles d'exposer à la haine ou au mépris des personnes appartenant à un groupe identifiable* » était illégale. Il a, en conséquence, ordonné la fermeture d'un site, repoussant le principe d'atteinte à la liberté d'expression garanti par la Charte canadienne des droits et libertés. Suivant cette tendance, l'Australie a également connue sa première décision : le 17 septembre 2002, la cour fédérale a fait prévaloir les principes du respect de la dignité humaine sur ceux de la liberté d'expression et a ordonné la suppression de propos révisionnistes, offensant et insultants pour la communauté juive. Selon l'ensemble des commentateurs, ce jugement devrait faire date dans l'évolution des conditions d'exercice de la liberté d'expression sur l'internet et le respect des droits individuels et collectifs des personnes.

En France, une des décisions marquantes est celle de l'affaire *Unité Radicale*. Suite à la tentative d'attentat, le 14 juillet 2002, sur le Président de la République, le gouvernement a décidé d'interdire cette association. Parallèlement, la justice a été saisie de l'existence du site internet de celle-ci. Dans une ordonnance de référé du 8 août 2002, le magistrat a ordonné à l'hébergeur d'empêcher promptement l'accès à ces pages et a estimé que « *l'examen des éléments incriminés, dont l'aspect méprisable et odieux a été parfaitement souligné par le ministère public, révèle qu'ils sont constitutifs d'un trouble manifestement illicite en raison de leur caractère à l'évidence antisémite, dont la portée ne se trouve en rien diminuée par la technique de maquillage et d'amalgame dont il a été fait usage, pas exclusivement d'ailleurs par couardise, un tel procédé n'étant en effet pas étranger à certaines formes de propagande liées à la barbarie nazie* ».

Le débat autour de la mise en œuvre de procédés de filtrage

Autre facette de la lutte contre les propos racistes et antisémites : le filtrage par les fournisseurs d'accès. L'association antiraciste « J'Accuse » a assigné en référé le 13 juin 2001 treize fournisseurs d'accès et l'Association des fournisseurs d'accès et de service à internet (AFA) devant le tribunal de grande instance de Paris en vue d'obtenir le filtrage des sites hébergés par le portail raciste américain « Front14 ». Délivrée le 30 octobre 2001, l'ordonnance a constaté tout d'abord, que le site « Front14 », « *qui prône dans sa globalité, la supériorité de la race blanche et qui encourage à la haine et à la discrimination* » présente bien « *les caractères d'un trouble manifestement illicite* ». En conséquence, le juge a demandé à l'hébergeur situé aux États-Unis, de « *préciser les mesures* » qu'il comptait prendre pour y mettre fin. Cependant, la principale demande de « J'Accuse » et de six associations antiracistes, qui visait l'obtention du filtrage et d'un euro symbolique de dommages intérêts à l'encontre des fournisseurs d'accès, n'a pas été concrètement accueillie. En effet, si le juge dénonce le risque « *bien réel* » de voir se développer des « *paradis de l'internet* » où les « *cyberdélinquants de tout poil* » pourront bénéficier d'un environnement juridique ponctuellement favorable et de la neutralité des prestataires techniques, il constate que les fournisseurs d'accès n'ont « *aucune autre obligation que celle de fournir à leurs clients des outils de filtrage* ». Par une formulation inhabituelle et non contraignante pour les fournisseurs d'accès, le président du tribunal s'en est donc remis à leur bonne volonté pour participer au filtrage ou à la suppression des contenus « *manifestement illicites* ».

Un litige identique a également eu lieu en Allemagne. Le gouvernement local de Düsseldorf a tenté d'obtenir, au cours du mois de septembre 2002, de soixante-seize fournisseurs d'accès à l'internet (FAI) le blocage de plusieurs sites néo-nazis. Dix-sept fournisseurs ont vivement critiqué cette action qui, selon eux, porte directement atteinte à la liberté d'expression ainsi qu'au développement de l'internet. Une décision rendue le 12 décembre 2002 par une juridiction de première instance allemande a ordonné au prestataire de bloquer immédiatement l'accès à des sites racistes.

En dehors de toutes décisions de justice, certains acteurs ont choisi d'adopter une démarche proactive en réalisant un filtrage spontané du contenu. Une étude réalisée par le Berkman Center (USA) et la société de l'université d'Harvard au cours du mois de novembre 2002, a montré que, sur un ensemble de 900 sites, 113 disparaissaient des résultats proposés par la version française du moteur de recherche et 65 de la version allemande. Interrogé par (Cnet.com), un représentant de « Google » Allemagne avait confirmé l'existence de ce filtrage, opéré afin « *de ne pas mettre en jeu leur responsabilité* [...] *en permettant l'accès à des contenus qui seraient contraires aux lois allemandes* ». En effet, le moteur de recherche avait été montré du doigt lors de l'affaire *Deutsche Bahn*. La société nationale allemande de chemin de fer avait déposé plainte au mois d'avril 2002 à l'encontre de deux moteurs de recherche qui permettaient d'accéder à un site offrant des explications permettant de détériorer les réseaux de chemins de fer et ainsi empêcher le transport ferroviaire de déchets nucléaires. Cette plainte avait été retirée quelques jours plus tard à la suite de la décision de « Google » et d'« Altavista » de supprimer les liens contestés.

Cependant, quelles que soient les solutions retenues en matière de filtrage, une difficulté demeure : celle de l'inefficacité de tels logiciels. Le filtrage technique des sites n'est jamais totalement fiable (notamment en cas de *blacklistage* de certaines adresses ou en fonction de certains mots clés) et peut avoir des conséquences sur des sites non contestables (notamment en cas de filtrage d'un serveur complet hébergeant plusieurs sites).

La diffamation et la prescription dans un contexte international

Parallèlement à la poursuite des infractions de presse (diffamation, injure, etc.), deux mécanismes prévus par la loi de 1881 suscitent sur internet de nombreuses interrogations : l'exercice d'un droit de réponse et l'écoulement de la durée de prescription.

Dans une ordonnance de référé du 5 juin 2002, le tribunal de grande instance de Paris a choisi d'écarter l'application du droit de réponse tel qu'il est décrit par la loi de 1881 aux propos diffusés sur l'internet. D'après l'ordonnance, l'article 13 de la loi sur la liberté de la presse « *ne vise* [en effet] *que la presse périodique* », par opposition au service en ligne qui fait l'objet d'une « *mise à jour continue, en tout cas, exclusive de toute périodicité régulière* ». Le juge des référés a choisi de ne pas faire valoir dans ce cas le droit de réponse en matière audiovisuelle que prévoit la loi du 29 juillet 1982 sur la communication audiovisuelle car « *les dispositions de la loi* [...] *relatives au droit de réponse en matière audiovisuelle, n'apparaissent pas davantage appropriées aux circonstances de l'espèce, au regard tant des mesures matérielles prescrites pour la diffusion de la réponse, inadaptées à un service de communication en linge, – qui par la forme de sa diffusion, est, alors, plus proche du support écrit qu'audiovisuel -, qu'aux difficultés tenant à la détermination des dates précises, prévues par ces textes, notamment pour l'insertion de la réponse* ». C'est finalement à l'article 809 du Nouveau Code de procédure civile que le juge a choisi d'avoir recours en sorte de « *faire cesser le trouble manifestement* ».

Le projet de loi sur la société de l'information, déposé par le gouvernement Jospin et devenu caduc à la suite du changement de majorité, prévoyait des dispositions applicables aux documents diffusés sur l'internet. Le projet de loi sur l'économie numérique est, quant à lui, silencieux sur ce point.

Par opposition à la logique de cette ordonnance, la chambre criminelle de la Cour de Cassation a appliqué, à plusieurs reprises, les dispositions de la loi de 1881 à un délit de diffamation commis sur l'internet. La haute juridiction n'a jamais retenu le caractère continu de la publication sur l'internet, estimant au contraire que « *lorsque des poursuites pour diffamation et injures publiques sont engagées à raison de la diffusion sur le réseau internet, d'un message figurant sur un site, le point de départ du délai de prescription de l'action publique prévu par l'article 65 de la loi du 29 juillet 1881 doit être fixé à la date du premier acte de publication ; que cette date est celle à laquelle le message a été mis pour la première fois à la disposition des utilisateurs du réseau* ». Le délai de la prescription est dès lors, en France, de trois mois à compter de la première mise en ligne du message diffamatoire, quel que soit le support concerné y compris un site internet.

Il reste que la preuve de la date de mise en ligne des propos litigieux restait une question non tranchée. Par une décision du 3 juillet 2002, le tribunal de grande instance de Paris apporte une première réponse en estimant que « *s'il appartient au demandeur d'apporter la preuve du caractère public du message qu'il poursuit, c'est au défendeur, qui excipe de la prescription de l'action, de justifier du bien fondé de son exception en apportant la preuve que le premier acte de publication du message litigieux est antérieur de plus de trois mois à l'engagement de l'action* ». Néanmoins, le tribunal a relevé qu'il ne fallait pas confondre « *la date d'accessibilité du site et la date de mise en ligne du texte et, partant, le support du message et son contenu* » et a rejeté la simple communication du rapport de consultation du site, celui-ci ne permettant que « *d'attester de l'existence de ce site à cette date* » et non d'établir que le message avait été mis à la disposition des internautes.

Il apparaît donc que la preuve de la date de mise en ligne d'un texte est, à ce jour, difficile voire impossible à rapporter. En effet, dans le cas d'un site statique, le serveur ne fait apparaître que la date de mise à jour du document sur celui-ci sans pour autant donner des précisions supplémentaires sur son contenu. À l'inverse, dans le cas d'un site dynamique, dont le contenu est géré à l'aide d'une base de donnée, il est loisible à l'administrateur de modifier manuellement la date de mise en ligne du document en intervenant directement sur les données stockées.

Eu égard au contexte international, l'application de la règle française de prescription constitue un élément d'interrogation. En effet, un propos diffusé depuis six mois sur un site britannique pourrait être attaqué pour diffamation non en France, mais en Grande-Bretagne, qui admet le principe de publication continue. La détermination de la juridiction compétente et de la règle applicable deviennent donc les vrais enjeux de l'application des lois sur la presse. Deux décisions sont venues apporter des éléments intéressants par rapport à cette problématique. Le 10 décembre 2002, la cour suprême australienne s'est reconnue compétente pour juger du caractère diffamatoire de propos tenus sur un site américain dès lors que le contenu était accessible depuis le territoire australien. Cette décision confirmait ainsi la jurisprudence française « Yahoo » !, alors même que les juges américains ont refusé, le 7 novembre, 2001 de déclarer la décision française conforme au droit commun américain au nom de la liberté d'expression garantie par le premier amendement.

Quelques jours plus tard, le 13 décembre 2002, la cour d'appel américaine du 4e circuit a rejeté une plainte formulée par un internaute de Virginie à l'encontre de propos publiés sur un site du Connecticut. Les juges ont recherché dans cette décision, un critère objectif de rattachement : celui du public visé. En cela, la décision américaine se rapproche d'une ordonnance de référé du tribunal de grande instance de Paris du 20 novembre 2000 rendue à propos de l'affaire *Yahoo* ! où les juges parisiens s'étaient déclarés compétent pour juger d'un contenu diffusé sur un site américain, non sans rappeler que le site s'adressait « *à des Français puisque, à une connexion à son site d'enchères réalisée à partir d'un poste situé en France, elle répond par l'envoi de bandeaux publicitaires rédigés en langue française* ». Cette position semble réunir de plus en plus d'opinions favorables et pourrait s'imposer dans les mois qui viennent.

En cela, une décision de la cour d'appel de l'État de New York rendu le 2 juillet 2002 est particulièrement importante au regard des règles de prescription en matière de délit de presse sur l'internet. S'inscrivant dans les sillons de la position française, la cour, dans l'affaire *George Firth v. State of New York*, s'est posée la question de savoir si le point de départ du délai de prescription devait courir à partir du jour de la mise en ligne du document litigieux et si la modification ultérieure d'un élément quelconque du site constituait une nouvelle mise en ligne de tout son contenu, renouvelant par là même le délai de prescription applicable au document diffamatoire. En l'espèce, le plaignant reprochait à l'État de New York la publication sur l'internet d'un rapport qui contenait selon lui des propos diffamatoires sur ses compétences professionnelles. La plainte avait été déposée quinze mois après la mise en ligne du rapport, or le délai de prescription de l'action en diffamation est d'une année pour l'État de New York.

Pour statuer sur ce litige, les juges se sont référés à une jurisprudence de 1948 pour retenir qu'en matière de diffamation sur l'internet, comme en matière de presse, il convenait d'appliquer la règle de la *single publication*. Selon ce principe, le délai de prescription court à partir du jour de la première publication, quels que soient le nombre d'exemplaires et la période de temps pendant laquelle ils restent disponibles au public. Les magistrats justifiaient cette assimilation par le fait qu'une décision contraire rendrait la diffamation par internet imprescriptible, le délai courant en effet indéfiniment tant qu'un exemplaire de la publication diffamatoire resterait à la disposition du public. Dans un rapport rendu public le 18 décembre 2002, la *Law Commission*, organe britannique indépendant créé par le Parlement en 1965, proposait de réformer les dispositions applicables en matière de prescription de la diffamation en appliquant le principe américain du *single publication*.

L'appropriation d'internet par les familles : la nécessaire protection de l'enfance

Depuis les années 2000, l'internet est devenu un média grand public. Les salariés, les familles et les enfants sont incités par la publicité, des articles ou des reportages à l'utiliser de plus en plus dans leur vie quotidienne. La protection de l'enfance et du jeune public devient donc un enjeu essentiel qui se décline sous deux aspects : la protection des mineurs en qualité d'acteurs de contenus pornographiques et la protection des mineurs en tant que spectateurs de contenus pornographiques.

La lutte contre la pornographie infantile

Aux États-Unis, la question de la pornographie infantile a été placée en centre d'un débat à propos de la pédophilie « virtuelle ». La cour suprême a, en effet, invalidé le 16 avril 2002 le *Child Pornography Prevention Act*, adopté en 1996, destiné à lutter contre de nouvelles formes d'exploitation sexuelle des enfants. La loi étendait ainsi l'interdiction de la pornographie infantile non seulement aux images qui mettent en scène de vrais enfants mais également à la pédophilie « virtuelle ». Cette pratique consiste à représenter des mineurs dans une activité sexuelle en utilisant des images d'adultes ayant l'apparence de mineurs ou des images de synthèse entièrement élaborées par ordinateur. Dans sa décision, la cour suprême des États-Unis a notamment indiqué que les dispositions législatives risquaient notamment de conduire à la condamnation de grands succès actuels du cinéma américain et de restreindre l'expression de biens d'autres activités culturelles telles que la littérature, la peinture, ou la photographie. Ainsi, les juges ont estimé que les termes trop larges de la loi se heurtent au 1er amendement de la Constitution des États-Unis.

Prémunir les mineurs de l'accès à des contenus pornographiques

Constituant actuellement un contenu relativement présent sur la toile mondiale, l'accès des mineurs à ces sites a eu un écho relativement important auprès de plusieurs juridictions européennes. En application de l'article 227-24 du Code pénal, la treizième chambre de la cour d'appel de Paris a condamné le 2 avril 2002 le créateur d'un site pornographique en estimant qu'il appartient « *à celui qui décide à des fins commerciales de diffuser des images pornographiques sur le réseau internet dont les particulières facilités d'accès sont connues de prendre les précautions qui s'imposent pour rendre impossible l'accès des mineurs à ces messages ».* Pour les juges, les simples mises en garde et informations sur les logiciels de filtrage ne constituaient pas de précautions utiles puisqu'elles intervenaient après l'entrée sur le site.

Confirmant cette tendance jurisprudentielle, la cour administrative allemande de Neuss a condamné le 19 août 2002 le créateur d'un site pornographique à 3 500 € d'amende pour ne pas avoir pris les mesures suffisantes destinées à s'assurer de la majorité de ses visiteurs. Les juges ont estimé qu'en raison de l'importance de l'anonymat sur l'internet, la simple vérification au travers d'un numéro de carte d'identité était insuffisant, chaque mineur pouvant utiliser le numéro de ses parents ou amis majeurs. Dans une précédente affaire, le ministère public allemand avait refusé de condamner la présence sur l'internet du rapport Starr, réalisé dans le cadre de la procédure menée à l'encontre de Bill Clinton, estimant que l'article 184 du Code pénal allemand ne s'appliquait pas ; un document officiel ne pouvant, par nature, revêtir un caractère pornographique.

Le Parlement européen, quant à lui, a adopté le 11 avril 2002 le rapport d'un parlementaire consacré à l'application de la recommandation du Conseil de 1998 concernant la protection des mineurs et de la dignité humaine. Les députés européens ont estimé que la protection du bien-être des enfants confrontés aux contenus préjudiciables relève essentiellement de leurs tuteurs légaux. Le texte demande ainsi à la Commission européenne de promouvoir la création de systèmes de filtrage de contenus, simples d'utilisation et à prix abordable, destinés à faciliter le contrôle parental. Elle souligne également l'*« importance de campagnes visant à éduquer enfants et tuteurs légaux à une utilisation raisonnable des médias audiovisuels ».* Le Parlement réaffirme aussi la nécessité de mettre en œuvre la responsabilité des fournisseurs et diffuseurs de contenus audiovisuels. Il déclare en effet *« que des mesures techniques ne peuvent subroger la responsabilité des fournisseurs de services au regard des contenus dont ils ont à répondre et que, par voie de conséquence, par souci de la protection des mineurs contre les messages à contenu préjudiciable, on ne peut renoncer à contraindre juridiquement les fournisseurs à respecter certaines prescriptions ».*

Les députés européens se sont néanmoins montrés préoccupés par *« certaines décisions ou stratégies récentes visant a bloquer certains sites web qui pourraient aboutir à la fragmentation de l'accès à internet ou au refus d'accéder au contenu légal ».* De telles mesures ne permettront pas, selon le Parlement, de résoudre le problème des sites « extérieurs » à l'Union européenne ni celui des sites légaux pour adultes mais potentiellement préjudiciables aux enfants. Enfin, les députés invitent les États membres à continuer à favoriser la mise en œuvre de la recommandation du Conseil de 1998 – qui avait été suivie en 1999 par un plan d'action visant une utilisation plus sûre de l'internet – par la mise en place de permanences téléphoniques chargées de traiter les plaintes relatives aux messages à contenus illégal ou préjudiciable.

Aux États-Unis, un tribunal de Pennsylvanie, s'appuyant sur une législation locale et malgré les principes du Premier amendement, a enjoint au fournisseur d'accès internet américain « Worldcom » de bloquer l'accès de ses clients à des sites pédophiles. La portée de l'arrêt reste cependant théoriquement relativement limitée puisque l'opérateur n'est tenu, en droit, de ne bloquer l'accès qu'à ses clients résidant dans l'état de Pennsylvanie. En tout état de cause, même si techniquement, le filtrage ne peut être circonscrit géographiquement.

La protection de la liberté d'expression a néanmoins été à l'origine d'une invalidation législative par une autre juridiction de Pennsylvanie. Le 31 mai 2002, un panel de trois juges de cet État est revenu sur les termes du *Children's Internet Protection Act* (CIPA) qui imposait notamment aux bibliothèques subventionnées de mettre en œuvre des logiciels de filtrage afin d'éviter que les mineurs puissent accéder à des contenus pornographiques. Dans cette décision, les juges relevaient que les outils de contrôle parental disponibles sur le marché américain ne permettaient pas d'assurer une réelle fiabilité du contrôle (entre 70 et 90 % des sites pornographiques étaient filtrés) et causaient de nombreux dommages collatéraux, notamment aux sites touchant la santé ou la religion. Contestant la solution retenue, les autorités américaines ont décidé de saisir la cour suprême des États-Unis, qui devrait statuer au cours de l'année 2003.

Sensibilisé à ces questions et en prélude à la mise en place d'un groupe de travail sur la protection de l'enfance, le Forum des droits sur l'internet a organisé un débat[4] autour du ministre délégué à la Famille sur la pornographie sur l'internet. Cette rencontre réunissait l'ensemble des acteurs intéressés par ces questions : producteurs de contenus pornographiques, associations familiales, fournisseurs d'accès à l'internet, sociologues et un représentant de la Défenseure des enfants.

Le droit du travail et le droit à la vie privée des salariés

Le déploiement d'internet au sein des entreprises et du monde du travail a également fait l'objet de plusieurs affaires judiciaires au cours de l'année. Après l'arrêt très commenté de la Cour de Cassation du 2 octobre 2001 qui protège la correspondance privée des salariés au sein de l'entreprise en encadrant la consultation de ceux-ci par les employeurs, la cour d'appel de Paris a, dans une décision en date du 17 décembre 2001, réaffirmé l'existence du secret des correspondances au sein de l'entreprise ou de l'administration et condamné la surveillance du courrier électronique effectuée en l'occurrence par des administrateurs réseaux. Au final, les juges ont condamné le directeur et l'administrateur réseau à des peines d'amende sur le fondement des articles 226-13 et 432-9 du Code pénal protégeant le secret des correspondances émises par la voie des télécommunications.

---

[4] L'intégralité du débat organisé par le Forum des droits sur l'internet est disponible sur le site internet : http://www.foruminternet.org/rencontres/

La CNIL a, pour sa part, remis le 11 février 2002 un rapport relatif à la cybersurveillance sur les lieux de travail et en a profité pour réaffirmer trois principes généraux : une obligation de transparence et d'information préalable, la discussion collective au sein du comité d'entreprise préalablement à la mise en place du système de traitement des informations, et la proportionnalité des moyens de traitement au but recherché.

Le Forum des droits sur l'internet a publié le 17 septembre 2002 un rapport et des recommandations sur Internet et les relations du travail[5] qui serviront de base au dialogue que la Direction des relations du travail (DRT) du ministère des Affaires sociales doit lancer avec les partenaires sociaux sur ces questions. Fruit d'une concertation entre l'ensemble des acteurs, le rapport définit très clairement le rôle de chacun d'entre eux (employeurs, salariés, syndicats, pouvoirs publics) pour un usage maîtrisé et responsable de l'internet au sein de l'entreprise.

Confirmant la position protectrice des salariés adoptée par les juges français, le tribunal supérieur de justice de Catalogne a délimité, le 9 juillet 2002, le domaine de la vie privée au travail. Si l'employeur peut contrôler l'usage des moyens de communication pour s'assurer que le salarié se consacre à ses tâches professionnelles, il ne peut, pour le licencier, accéder au contenu des courriers électroniques privés, protégés par le droit à l'intimité et au secret des correspondances.

Les forums de discussion : entre liberté d'expression et condamnation

La démocratisation de l'internet entraîne une meilleure prise en compte, par l'ensemble des utilisateurs, de toutes les techniques et les possibilités offertes par le réseau mondial. Un outil, en particulier, a été mis au centre d'une spirale judiciaire : les forums de discussion. Créant un certain émoi auprès des créateurs d'espaces de discussion, le tribunal de grande instance de Lyon a jugé le 28 mai 2002 un litige opposant un cybermarchand (Pere-Noel.fr) à deux consommateurs ayant fédérés sur leur site l'ensemble des plaintes et récriminations portées à son encontre. Dans cette décision, le juge a retenu la responsabilité des créateurs du site à la suite de la publication par des internautes de propos diffamatoires sur les forums de discussions non modérés.

Pour retenir leur responsabilité, le tribunal s'est fondé sur le fait que les auteurs « *ont pris l'initiative de créer un service de communication audiovisuelle en vue d'échanger des opinions sur des thèmes à l'avance et en l'espèce, relatifs aux difficultés*

---

[5] Disponibles dans la rubrique « Les recommandations adoptées par le Forum des droits sur l'internet ».

rencontrées par certains consommateurs face à certaines sociétés de vente ; – qu'ils ne peuvent donc pas opposer un défaut de surveillance des messages qui sont l'objet du présent litige ; – qu'ils se considèrent eux-mêmes comme les concepteurs du site incriminé et doivent donc répondre des infractions qui pourraient avoir été commises sur le site qu'ils ont crée ». Condamnés à plus de 80 000 € de dommages et intérêts, les créateurs ont néanmoins obtenus l'abandon des poursuites à la suite d'une transaction avec la nouvelle direction de la société.

Cette décision constitue un précédent en France qui a été suivi d'autres jugements similaires. Ainsi, le tribunal correctionnel de Rennes a condamné le 27 mai 2002 deux étudiants à la suite de la publication dans un livre d'or, non modéré, de messages à caractère racistes et visant expressément une association de scouts. Le tribunal de grande instance de Toulouse, a également condamné le 5 juin 2002, en référé, un internaute à la suite de propos critiquant des produits commercialisés. Dans son ordonnance, le juge relève que le créateur de site est « responsable du contenu du site qu'il a créé et des informations qui circulent sur le réseau, lui seul ayant le pouvoir réel de contrôler les informations ou diffusions ». En conséquence, le créateur d'un forum a « l'obligation de respecter les règles légales ou les restrictions ou interdictions qu'imposent le droit et ne peut se retrancher derrière la nature de l'internet pour mettre devant le fait accompli les personnes auxquelles la divulgation de propos illicites porte préjudice ». Enfin, un litige opposant le directeur de la caisse primaire d'assurance maladie de Nantes à un forum de discussion entre médecins s'est conclu par une transaction entre les parties.

Ces tendances jurisprudentielles s'opposent à une ordonnance du tribunal de grande instance de Paris du 18 février 2002 où le juge avait estimé que le créateur d'un site ne pouvait être reconnu responsable du fait du contenu de messages diffusés sur son site internet que si, ayant été saisi par une autorité judiciaire, il n'a pas agi promptement pour empêcher l'accès à ce contenu. Ainsi, le juge parisien a souhaité donner au créateur de forum le même régime juridique que celui de l'hébergeur d'un site en lui appliquant expressément les dispositions de l'article 43-8 de la loi du 30 septembre 1986, modifiée par la loi du 1er août 2000. Une telle extension est demandée par plusieurs associations notamment dans le cadre du réexamen des dispositions de la loi du 1er août 2000 par le projet relatif à l'économie numérique.

Concernant la responsabilité des organisateurs de forums de discussion, le Forum des droits sur l'internet a réuni un groupe d'expert au cours des mois de juin et juillet 2002 et a réalisé un dossier synthétisant les réflexions. Le document[6] expose la manière dont le droit actuel est susceptible d'être interprété par le juge, sensibilise les acteurs aux risques qu'ils encourent et formule des conseils de prudence aux auteurs de messages sur les forums de discussions et aux responsables de ces espaces de dialogues.

---

[7] Disponible dans la rubrique « Les autres travaux du Forum des droits sur l'internet ».

Au niveau européen, une tendance majoritaire s'exprime en faveur de la reconnaissance d'une responsabilisation des créateurs d'espaces de dialogue. Ainsi, un tribunal de Stockholm a retenu, le 7 mars 2002, la responsabilité du directeur de publication d'un journal à la suite de la publication de propos antisémites sur le forum de discussion du site de ce quotidien. En Allemagne, le 16 mai 2002, la cour d'appel de Koblenz a imposé à un créateur de site une obligation générale de surveillance de son contenu, et notamment des propos diffusés dans un livre d'or.

Liens hypertextes et propriété littéraire et artistique

Les liens hypertextes, outils techniques qui permettent de relier deux pages ou documents entre eux, ont fait l'objet de nombreux litiges sous l'angle de la propriété littéraire et artistique. Dans une première affaire, la cour d'appel américaine du 9e circuit a condamné, le 6 février 2002, un moteur de recherche pour avoir représenté des images sur son site en utilisant des techniques d'inclusion par liens hypertextes. Plus précisément, la société « Arriba » avait développé un moteur de recherche capable de fureter les images disponibles sur le web, de les copier provisoirement sur son serveur et de n'en conserver qu'un exemplaire de taille réduite (« vignettes » ou *thumbnail*) pour en donner un aperçu à ses utilisateurs. Le moteur permet également de visualiser ces images dans leur format d'origine : en cliquant sur une vignette, l'internaute est conduit vers une nouvelle page d'« Arriba » comprenant l'image originale. L'image complète était appelée par un lien hypertexte au travers de la technique dite du *in-line linking*. C'est cette intégration de l'image complète qui est sanctionnée par le juge américain. Se fondant sur l'équivalent de notre droit de représentation (*the right to display the copyrighted work publicly*), les juges ont reprochés à la société Arriba d'avoir permis au public de visionner, sur son propre site, les œuvres protégées sans en avoir obtenu l'autorisation.

La réalisation de liens profonds, pointant directement sur une page particulière d'un site déterminé a également été au centre de procédures judiciaires. En effet, suite à l'explosion du nombre de sites disponibles sur l'internet, des sociétés ont souhaité ouvrir de nouveaux services réalisant une collection de liens profonds pointant vers les derniers articles publiés sur des sites d'actualités. La première affaire intéresse (NewsBooster. Com), société danoise. Ce service génère des lettres d'actualité composées de liens hypertextes pointant directement vers les pages internes des sites de quotidiens en ligne. Contestant cette politique, la *Danish Newspaper Publisher's Association* (DNPA) avait assigné le service en se fondant à la fois sur le terrain de la concurrence déloyale et sur l'atteinte aux droits *sui generis* portant sur les bases de données, les liens profonds portant atteinte au droit des producteurs de telles bases. Dans une décision temporaire du 5 juillet 2002, une cour de Copenhague a interdit à la société, sur le fondement des bonnes pratiques commerciales, de réaliser des liens directs vers les articles de plusieurs quotidiens.

En Allemagne, un litige similaire a eu lieu touchant le service « NewsClub ». La question de droit était identique : dans quelle mesure l'établissement de liens hypertexte profonds, permettant à l'internaute d'accéder directement à la page web de l'article désiré sans passer par la page d'accueil du site du quotidien, constitue-t-il une extraction d'une partie « non substantielle » d'une base de donnée, seule autorisée ? La cour régionale de Munich a rendu au mois de juillet 2002 une décision défavorable au moteur « NewsClub » estimant que celui-ci violait le droit *sui generis* des bases de données fixé par la directive communautaire du 11 mars 1996. La société a interjeté appel de ce jugement auprès de la haute cour régionale de Munich et a saisi parallèlement la cour de justice des Communautés européennes. Le procès « NewsClub » reste d'une grande importance car le fondement de l'accusation n'est pas seulement une loi nationale, mais une norme de niveau communautaire. La décision des juges allemands pourrait donc avoir une grande influence sur les jurisprudences des autres États membres de l'Union européenne. L'issue du procès risquerait en particulier de rendre l'activité des moteurs de recherche illégale. Conscient du danger, le gouvernement allemand a élaboré un projet de loi qui veut notamment clarifier les droits attachés aux articles de presse mis en ligne : deux nouveaux articles seraient intégrés au texte sur les droits d'auteur autorisant les moteurs de recherche à établir des liens hypertextes selon des conditions prévues par la loi ; des actes de « copie temporaire » seraient ainsi permis dès lors que leur unique objectif serait de fournir une transmission entre des tiers et une utilisation légale de contenu lié, sans rapport avec un quelconque profit économique.

En dernier lieu, l'un des litiges qui a sans doute bousculé le plus les pratiques de l'internet, est celui intenté par « British Telecom » pour reconnaître la paternité des liens hypertextes. La cour fédérale de White Plains a entendu le 11 février 2002 les arguments relatifs à un litige qui opposait le prestataire américain « Prodigy » à l'opérateur anglais. « British Telecom », qui affirme être l'inventeur du lien hypertexte, avait assigné en justice la société « Prodigy », le plus ancien fournisseur d'accès en ligne aujourd'hui filiale de la « SBC Communications ». La société anglaise lui reproche d'avoir violé un brevet, le *Hidden Page Patent*, qui, selon elle, lui confère un droit exclusif sur les liens hypertextes. C'est au cours de l'actualisation de ses archives que la société demanderesse avait découvert l'existence de ce brevet qu'elle avait déposé en 1976 et dont les droits n'expireront aux États-Unis qu'en 2006. Dès le début de l'année 2000, « British Telecom » avait réclamé le paiement de royalties pour l'exploitation de sa technologie auprès de dix-sept fournisseurs d'accès américains. Un refus unanime lui avait été opposé. Le 26 août 2002, les juges américains ont rejeté le recours intenté. Ils ont estimé que la technologie dite de la « *page cachée* » protégée par le brevet n'avait aucun rapport avec celle des liens hypertexte de l'internet et ont notamment relevé que le système en question fonctionnait sur la base d'un ordinateur central auquel étaient reliés des terminaux. Or, l'architecture du réseau des réseaux est complètement décentralisée.

Un groupe de travail sur la légalité des liens hypertexte a été mis en place par le Forum ; il va rendre ses premières conclusions au cours du mois de mars 2003 et a publié, le 17 juin 2002, une note intermédiaire sur les questions de propriété littéraire et artistique. Le document[7] se concentre sur la problématique relative à l'obtention d'une autorisation pour l'établissement d'un ou plusieurs liens hypertextes au regard de la propriété littéraire et artistique.

---

[7] Disponible dans la rubrique « Les autres travaux du Forum des droits sur l'internet ».

Les perspectives de l'année 2003

Par Isabelle Falque-Pierrotin

A l'heure où l'Europe dépasse les Etats-Unis en nombre d'internautes, avec 186 millions de personnes connectées au réseau, la France compte désormais 36% d'internautes.

Internet confirme donc sa percée et rejoint le rang des grands médias, aux côtés de la télévision, du cinéma, de la presse et de la radio. L'objectif est de faire en sorte que cet espace de communication grand public soit un espace de confiance et de libertés plutôt que de déviations ou d'excès, de faire en sorte que les usagers non spécialisés se l'approprient dans un usage quotidien afin de bénéficier de toutes ses potentialités.

Pour cela, le Forum peut jouer un rôle majeur grâce à la crédibilité qu'il a pu acquérir auprès des acteurs et à son expérience pédagogique auprès de certains publics. Il doit cependant encore compléter son action.

Les objectifs 2003 du Forum des droits sur l'internet

Le Forum a défini deux priorités pour 2003 : le grand public et l'international, des priorités essentielles pour permettre au Forum de constituer progressivement l'autorité de référence de régulation de l'internet en France.

L'internet entre en effet dans une phase de généralisation auprès du grand public dont la demande sociale, en termes de clarification des règles et de compréhension des usages, croît.

Par ailleurs, il ne peut y avoir de réelle action sur les questions liés à l'internet qu'en tenant compte de la dimension internationale, car c'est la nature même du réseau qui l'exige.

Ces deux thématiques animeront les trois missions du Forum :

La concertation :

Des groupes de travail créés avant 2003 ont déjà rendu ou rendront prochainement leurs recommandations. Une activité récurrente sur ces thèmes aura donc lieu en 2003 au sein du Forum.

D'autres groupes de travail seront créés en 2003. Il est déjà acquis que deux d'entre eux concernent, d'une part la **protection de l'enfance** et, d'autre part, le **vote électronique**. Ces sujets reçoivent un très fort intérêt du grand public, en France comme au plan international. D'autres thèmes peuvent apparaître dans le courant de l'année en fonction de l'actualité. Le Forum sera prêt à s'en saisir pour proposer la création d'un groupe de travail au conseil d'orientation.

L'information et la sensibilisation :

Education nationale

Ce projet va entrer en plein déploiement en 2003 afin d'aboutir à la mise en place de programmes « d'éducation civique » à l'internet dans tous les établissements en septembre 2003.

Partenariat avec l'UNAF

Afin de poursuivre l'action de sensibilisation des familles à l'internet, le Forum et l'UNAF ont proposé la mise en place d'une Convention d'objectifs et de moyens avec le ministère de la Fonction publique et de la réforme de l'Etat et le ministère délégué à la Famille. L'objectif de cette Convention est de lancer une dynamique qui viserait, à travers une action de formation dans les URAF et UDAF aux règles et aux enjeux du droit sur l'internet, à permettre aux familles de s'approprier l'usage des réseaux et notamment des téléprocédures et à en faire un point d'entrée privilégié dans la e-administration.

Ouverture d'un service d'information et d'orientation du grand public

Ce projet est au cœur de l'objectif « grand public » du Forum en 2003 : en effet, beaucoup d'internautes sont aujourd'hui démunis face aux questions d'ordre juridique qu'ils rencontrent sur internet en tant que parents, consommateurs, salariés, notamment. L'information sur les droits et les devoirs des citoyens fait, dès lors, l'objet d'une forte demande sociale et doit constituer un pilier de la confiance que le Premier ministre appelle de ses vœux sur le réseau.

Le Forum des droits sur l'internet procédera, à l'occasion de la Fête de l'internet 2003, au lancement d'un nouveau site d'information pratique sur le droit de l'internet spécifiquement tourné vers le grand public.

Ce service associera le gouvernement, le Forum et des partenaires privés. Il constituera un signe tangible de la confiance qui doit se créer autour des réseaux ; il informera et orientera les internautes selon les questions que ceux-ci se posent. Il ne se traduira pas cependant par la mise en place d'un outil opérationnel lourd mais fonctionnera plutôt comme un portail, soit fournissant des réponses standards aux demandes les plus courantes, soit redirigeant celles-ci vers les interlocuteurs compétents.

Expérimentation d'un service d'intérêt général à travers la médiation

Le groupe de réflexion sur les modes alternatifs de règlement des différends a mis en exergue la nécessité de prévoir un dispositif spécifique pour les litiges nés en ligne et susceptibles d'être réglés, par la voie d'une médiation, soit en ligne, soit par tout autre procédé.

C'est la raison pour laquelle le Forum souhaite mettre en place une plate-forme expérimentale de médiation au cours de l'année 2003. Un tel service est très complémentaire du point d'information « grand public » car il peut apporter aux internautes qui sollicitent celui-ci une réponse rapide et plus adaptée à leurs situations qu'une procédure judiciaire.

Le but de l'expérimentation est de mesurer l'ampleur de la demande, de préciser le positionnement de l'offre du Forum et de construire un dispositif de traitement fiable. Elle sera menée en partenariat avec des représentants des acteurs économiques et des utilisateurs.

Cet essai, s'il est concluant, satisfera deux objectifs :
- un véritable objectif de service d'intérêt public, visant à améliorer la protection du citoyen face aux délits de l'internet, souvent méconnus par les victimes qui ne savent pas comment y faire face ;
- un objectif de réduction des coûts de l'administration, la médiation ayant vocation à désengorger les tribunaux.

L'action internationale :

L'action internationale va être développée après les premiers contacts qui ont été pris en 2002.

Un réseau européen de gouvernance de l'internet, constitué à partir du partenariat avec les britanniques (OII) et les belges, va permettre de prendre en compte le problème des droits sur l'internet dans l'ensemble de l'Union. Un dossier sera déposé en ce sens à Bruxelles.

Dans le prolongement du colloque organisé avec l'UNESCO au mois de novembre 2002, le Forum souhaite aider à organiser la concertation préalable entre administrations, entreprises, société civile favorisant l'élaboration des positions françaises sur le sommet mondial sur la société de l'information prévu à Genève, au mois de décembre 2003.

De façon plus générale, le Forum veut développer son activité internationale afin de faire valoir les positions françaises et européennes par une action d'influence plus diversifiée et complémentaire de la voie diplomatique.

Conclusion

Le Forum des droits sur l'internet mène depuis presque deux ans une réflexion approfondie sur le droit de l'internet et ses usages. Il a su apparaître comme un lieu crédible de débats et de construction de solutions innovantes entre les acteurs. L'ouverture du service grand public va lui donner un rôle pédagogique certain. Compte tenu de ces éléments, il se constitue progressivement comme l'institution régulatrice de l'internet, souple et participative.

Annexe 1 :
statuts de l'association
« Forum des droits sur l'internet »

Article 1 – Constitution

Il est créé entre les soussignés et toutes les personnes morales publiques et privées qui adhéreront aux présents statuts, une association régie par la loi du 1er juillet 1901 et le décret du 16 août 1901.

Article 2 – Dénomination

L'association a pour dénomination « Forum des droits sur l'internet ».

Article 3 – Objet

L'association a pour objet :
– de favoriser la concertation entre les acteurs de l'internet (autorités publiques, acteurs économiques, utilisateurs) sur l'ensemble des questions de droit et de société que pose le développement de l'internet ;
– de participer aux initiatives menées par les institutions internationales tendant au développement de l'internet et à son encadrement juridique ;
– d'assurer une veille juridique et technique sur les enjeux de régulation de l'internet, de mener des études juridiques et techniques sur ce sujet et de les mettre à disposition du public ;
– d'informer et de sensibiliser le public sur les enjeux juridiques et de société posés par l'internet et les réseaux ;
– de formuler des recommandations aux autorités publiques et aux acteurs de l'internet, de sa propre initiative ou sur saisine du Gouvernement, du Parlement et des autorités administratives indépendantes.

Article 4 – Moyens d'action

L'association se propose d'atteindre ses objectifs, notamment par :
A) la publication et la diffusion de documents sur tous supports appropriés ;
B) la gestion d'un service de communication en ligne et plus particulièrement d'un portail ;
C) l'organisation de débats et la création de tous comités d'étude et d'évaluation ;
D) le conseil juridique aux entreprises et organismes publics ;
E) à titre accessoire, la vente permanente ou occasionnelle de tous produits ou services entrant dans le cadre de son objet, ou susceptible de contribuer à sa réalisation ;
F) toute mesure ayant pour objet de réaliser les buts de l'association.

Article 5 – Siège social

Le siège social est fixé à Paris, 6 rue Déodat de Severac (XVIIe) ; il pourra être transféré en tous lieux par simple décision du Conseil d'orientation.

Article 6 – Exercice social

La durée de l'exercice social est de douze mois. À titre dérogatoire, le premier exercice sera clos le 31 décembre 2001.

Article 7 – Durée

L'association est constituée pour une durée de six ans à compter de sa publication au Journal officiel. Elle pourra être prorogée par décision de l'assemblée générale statuant à la majorité des trois quarts et au quorum de deux tiers de ses membres.

Article 8 – Membres

A) Catégories

L'association se compose des membres suivants : les membres fondateurs, les membres adhérents, les membres correspondants :

Les membres fondateurs et adhérents sont répartis en deux collèges : acteurs économiques et utilisateurs.

1) Sont membres fondateurs les personnes qui composent les premières instances dirigeantes de l'association.

2) Sont membres adhérents, les personnes morales représentantes des acteurs économiques ou des utilisateurs qui ne sont pas membres fondateurs.

3) Sont membres correspondants, les institutions et organismes internationaux s'intéressant aux questions juridiques et de société ayant trait à l'internet.

L'acquisition de la qualité de membre est soumise à un agrément du Conseil d'orientation. L'adhésion à l'association est conditionnée par la signature d'un protocole d'adhésion récapitulant les objectifs essentiels et les méthodes du Forum que les membres s'engagent à respecter.

B) Perte de la qualité de membre

La qualité de membre de l'association se perd par :
1) La démission notifiée par lettre simple adressée au président du Conseil d'orientation de l'association.
2) Le décès des personnes physiques.
3) La dissolution, pour quelque cause que ce soit, des personnes morales, ou leur déclaration en état de redressement ou liquidation judiciaire.
4) La disparition de l'une quelconque des conditions nécessaires à l'acquisition de la qualité de membre.
5) L'absence non excusée à deux assemblées générales consécutives.
6) L'exclusion prononcée par le Conseil d'orientation pour motifs graves, l'intéressé ayant été préalablement invité à faire valoir ses moyens de défense.

Article 9 – Ressources

Les ressources de l'association se composent :
A) des cotisations annuelles de ses membres déterminées par le Conseil d'orientation ;

B) des subventions d'organismes européens et internationaux, de l'État français, des régions, des départements, des communes et de leurs établissements publics ;

C) des dons manuels, et des dons des établissements d'utilité publique ;

D) À titre accessoire, des recettes provenant de biens vendus, ou de prestations fournies par l'association ;

E) des revenus de biens de valeurs de toute nature appartenant à l'association ;

F) de toute autre ressource autorisée par la loi, la jurisprudence et les réponses ministérielles.

Article 10 – Conseil de surveillance

Le Conseil de surveillance est composé de trois membres, nommés pour trois ans, à raison de un représentant des acteurs économiques, un représentant des utilisateurs élus par leur collège respectif et une personnalité qualifiée désignée par les deux autres membres en tant que président.

Le Conseil de surveillance est renouvelé par tiers tous les ans. Les membres sortants sont rééligibles dans la limite de deux mandats consécutifs.

À titre dérogatoire, le premier Conseil de surveillance sera composé des membres suivants :

– François Terré, professeur de droit, président, désigné pour trois ans ;

– Michel Gonnet, directeur général adjoint de la Caisse des dépôts et consignations, représentant le collège des acteurs économiques, désigné pour deux ans ;

– Isabelle de Lamberterie, chercheur au CNRS, représentant le collège des utilisateurs, désignée pour un an.

Le Conseil de surveillance vérifie que l'activité de l'association correspond à son objet social. Il assure le contrôle des comptes de l'association et vérifie la régularité des opérations comptables.

Il arrête les comptes de l'exercice clos.

Le délégué général fait rapport deux fois par an devant le Conseil de surveillance des travaux de l'association et de sa gestion.

Article 11 – Conseil d'orientation

A) Composition

Le Conseil d'orientation est composé de douze membres, nommés pour trois ans :

– quatre représentants élus par le collège des acteurs économiques ;

– quatre représentants élus par le collège des utilisateurs ;

– quatre personnalités, désignées par les autres membres du Conseil d'orientation, qualifiées dans les domaines juridiques, économiques, techniques ou socio-politiques de l'internet dont un membre des juridictions administrative ou judiciaire.

Le Conseil d'orientation élit au scrutin secret et à la majorité un président parmi ses membres.

Pour la désignation du président, le Conseil d'orientation doit siéger avec un quorum de deux tiers de ses membres.

Les personnes morales sont représentées par leur représentant légal en exercice ou par toute autre personne qui aura été spécialement habilitée à cet effet et dont l'habilitation aura été notifiée à l'association. Chaque membre du Conseil d'orientation ne peut détenir plus d'un pouvoir en sus du sien.

Le Conseil d'orientation est renouvelable par tiers tous les ans, les membres sortant sont rééligibles dans la limite de deux mandats consécutifs.

Des personnes, non membres de l'association peuvent être appelées par le président à assister avec voix consultative aux séances du Conseil d'orientation.

Le délégué général assiste au Conseil d'orientation avec voix consultative.

À titre dérogatoire, le premier Conseil d'orientation est composé des membres fondateurs suivants :

a) Membre des juridictions administrative et judiciaire :
– Isabelle FALQUE-PIERROTIN, membre du Conseil d'État, présidente, désignée pour trois ans.

b) Autres personnalités qualifiées :
– Pierre SIRINELLI, professeur de droit, désigné pour deux ans ;
– Michel COLONNA D'ISTRIA, journaliste, désigné pour un an ;
– Jean-François ABRAMATIC, W3C, désigné pour trois ans.

c) Représentants des acteurs économiques :
– Jacques ROSSELIN, « CanalWeb », désigné pour un an ;
– Yves PARFAIT, « Wanadoo », désigné pour deux ans ;
– Pierre DE ROUALLE, « Mister Gooddeal », désigné pour un an ;
– Guy AUBERT, Centre national d'enseignement à distance (CNED), désigné pour trois ans.

d) Représentant des utilisateurs
– Benoit TABAKA, Association des internautes médiateurs (ADIM), désigné pour un an ;
– Reine-Claude MADER-SAUSSAYE, Consommation, logement, cadre de vie (CLCV), désignée pour deux ans ;
– Jean-Pierre QUIGNAUX, Union nationale des associations familiales (UNAF), désigné pour trois ans ;
– Sébastien CANEVET, ISOC, désigné pour deux ans.

En cas de vacance d'un ou plusieurs postes de membres élus, le Conseil d'orientation pourvoit provisoirement à leur remplacement. C'est pour lui une obligation, quand le nombre de postes des membres pourvus est descendu en dessous du minimum statutaire. Les postes sont pourvus définitivement par la plus prochaine assemblée générale selon les modalités d'élection prévues à l'article 16. Les mandats des membres ainsi élus prennent fin à l'époque où devrait normalement expirer le mandat des membres remplacés.

Les fonctions de membres du Conseil d'orientation cessent par la démission, la perte de la qualité de membre de l'association, l'absence non excusée à deux réunions consécutives du Conseil d'orientation, la révocation par l'assemblée générale et la dissolution de l'association.

B) Pouvoirs du Conseil d'orientation

Le Conseil d'orientation est investi des pouvoirs les plus étendus pour diriger, gérer et administrer l'association sous réserve de ceux statutairement reconnus au Conseil de surveillance et à l'assemblée générale.

En particulier, il délibère sur les points suivants :
1) il approuve les orientations générales et le programme d'action qui lui sont proposés par le président du Conseil d'orientation ;
2) il formule des avis et des recommandations aux autorités publiques et aux acteurs de l'internet, après avis des comités de concertation ;
3) il arrête les grandes lignes d'actions de communication et de relations publiques ;
4) il se prononce sur les adhésions et les exclusions de membres ;
5) il nomme et révoque le président du Conseil d'orientation et le trésorier et contrôle l'exécution de leurs missions ;
6) il approuve le règlement intérieur de l'association ;
7) il fixe le montant des cotisations ;
8) il arrête les budgets ;
9) il nomme les commissaires aux comptes, titulaire et suppléant ;
10) il décide de l'acquisition et de la cession de tous biens meubles et objets mobiliers, fait effectuer toutes réparations, tous travaux et agencements et achète et vend tous titres et toutes valeurs ;
11) il peut, avec l'autorisation préalable de l'assemblée générale ordinaire, prendre à bail et acquérir tout immeuble nécessaire à la réalisation de l'objet de l'association, conférer tous baux et hypothèques sur les immeubles de l'association, procéder à la vente ou à l'échange desdits immeubles, effectuer tous emprunts et accorder toutes garanties et sûretés.

C) Fonctionnement du Conseil d'orientation

Le Conseil d'orientation se réunit aussi souvent que nécessaire à l'initiative et sur convocation de son président.

Il peut également se réunir sur l'initiative d'un tiers de ses membres et sur convocation du président.

Dans les deux cas, les convocations sont effectuées par lettre simple ou message électronique et adressées aux administrateurs au moins huit jours avant la date fixée pour la réunion.

L'ordre du jour est établi par le président. Quand le Conseil d'orientation se réunit sur l'initiative de trois de ses membres, ceux-ci peuvent exiger l'inscription à l'ordre du jour des questions de leur choix.

Le Conseil d'orientation ne peut valablement délibérer que si un tiers de ses membres est présent.

Les décisions sont prises à la majorité des membres présents. En cas de partage des voix, celle du président est prépondérante. Le vote par procuration est interdit. Le Conseil d'orientation peut entendre toute personne susceptible d'éclairer ses délibérations.

Il est tenu un procès-verbal des réunions du Conseil d'orientation. Les procès-verbaux sont établis sans blancs ni ratures et signés par le président et un membre ; ils sont retranscrits dans l'ordre chronologique sur le registre des délibérations de l'association cotés et paraphés par le président.

Article 12 – Président du Conseil d'orientation

A) Qualités

Le président est élu par le Conseil d'orientation parmi ses membres.

La présidence pour les trois premières années est assurée par Madame Isabelle FALQUE-PIERROTIN, membre du Conseil d'État.

B) Pouvoirs

1) Il représente l'association dans tous les actes de la vie civile.

2) Il peut, avec l'autorisation du Conseil d'orientation, intenter toutes les actions en justice pour la défense des intérêts de l'association, consentir toutes transactions et former tous recours.

3) Il convoque le Conseil d'orientation et l'assemblée générale, fixe leur ordre du jour et préside leur réunion.

4) Il est habilité à ouvrir et faire fonctionner dans tous établissements de crédit ou financiers, tous les comptes et tous livrets d'épargne.

5) Il exécute les décisions arrêtées par le Conseil d'orientation.

6) Il signe tout contrat d'achat ou de vente et plus généralement tous actes et tous contrats nécessaires à l'exécution des décisions du Conseil d'orientation et de l'assemblée générale.

7) Il ordonne les dépenses.

8) Il procède au paiement des dépenses et à l'encaissement des recettes.

9) Il présente les budgets annuels et contrôle leur exécution.

10) Il propose le règlement intérieur de l'association à l'approbation du Conseil d'orientation.

11) Il présente un rapport d'activités à l'assemblée générale annuelle.

12) Il peut déléguer par écrit ses pouvoirs et sa signature ; il peut à tout instant mettre fin aux dites délégations.

Article 13 – Trésorier

Le trésorier est élu pour un an parmi les membres du Conseil d'orientation, statuant au quorum des deux tiers de ses membres ; il est rééligible dans la limite de deux mandats successifs.

Le trésorier établit ou fait établir sous son contrôle les comptes annuels de l'association. Il procède à l'appel annuel des cotisations. Il établit un rapport financier qu'il présente avec les comptes annuels à l'assemblée générale ordinaire annuelle.

Il peut, par délégation, et sous le contrôle de président du Conseil d'orientation, procéder au paiement des dépenses et à l'encaissement des recettes.

Article 14 – Délégué général

L'association est dirigée par un délégué général nommé par le Conseil d'orientation sur proposition du président du Conseil d'orientation.

Le délégué général est chargé de mettre en place l'organisation, les procédures de gestion et plus généralement toute mesure utile en vue de permettre à l'association d'atteindre des objectifs tout en préservant l'intérêt de ses membres et de ses personnels.

À cet effet :
– il recrute et gère les personnels propres de l'association et a une autorité fonctionnelle sur les personnels mis à disposition ou détachés ;
– il prépare les dossiers qui sont soumis au Conseil d'orientation ;
– il assure l'exécution des délibérations du Conseil d'orientation ;
– il prépare le programme d'activités de l'association, le projet de budget ainsi que les projets de contrats et conventions ;
– il administre l'association et ses moyens.

Article 15 – Personnel

Le personnel de l'association comprend des agents recrutés par ses soins sur des contrats de droit privé ainsi que des fonctionnaires et agents publics en position de mise à disposition, détachement ou mise en disponibilité.

Sous réserve d'approbation préalable par arrêté interministériel, cinq emplois pourront être occupés par des fonctionnaires ou agents publics détachés.

Article 16 – Assemblée générale

A) Composition

L'assemblée générale se compose de tous les membres de l'association, fondateurs et adhérents, à jour de leur cotisation s'il leur en est demandé, à la date de convocation de ladite assemblée. Les membres sont répartis en deux collèges : un collège des acteurs économiques et un collège des utilisateurs.

Les membres personnes morales désignent, lors de leur adhésion, un représentant, personne physique, à l'assemblée générale.

B) Fonctionnement

L'assemblée générale se réunit au moins une fois par an, sur convocation du président du Conseil d'orientation, pour approuver les comptes annuels de l'exercice clos sur les rapports de gestion et de la situation financière et morale du trésorier et sur les rapports du commissaire aux comptes.

Elle peut également être convoquée par le président du Conseil d'orientation ou par la moitié de ses membres, sur un autre ordre du jour.

Son ordre du jour est fixé par l'autorité qui la convoque. En cas d'empêchement du président, un président de séance peut être élu. Elle délibère sur l'ordre du jour à la majorité simple des membres présents ou représentés.

En envoyant un pouvoir en blanc, tout membre de l'association est censé réputé émettre un vote favorable à l'adoption des projets de résolution mis à l'ordre du jour et un vote défavorable à l'adoption de tout autre projet.

Elle est seule compétente pour élire les membres du Conseil de surveillance et d'orientation. Lors de cette élection, seuls les membres appartenant à la catégorie appelée à désigner son ou ses représentants, selon la répartition prévue aux articles 10 et 11, prennent part au vote.

La modification de statuts et la dissolution de l'association ne peuvent être adoptées que selon les règles de présence et de majorité prévues aux articles 19 et 20 ci-après.

Les modalités de vote sont prévues par le règlement intérieur.

Il est tenu procès-verbal des séances. Les procès-verbaux sont signés par le président du Conseil d'orientation et par le secrétaire de séance. Ils sont établis sans blancs ni ratures sur des feuillets numérotés et conservés au siège de l'association.

Chaque membre ne peut détenir plus d'un pouvoir en sus du sien. En cas de partage des voix, celle du président est prépondérante.

L'assemblée générale peut entendre toute personne susceptible d'éclairer ces débats. Le président peut appeler des personnes non membre de l'association à assister avec voix consultative aux séances de l'assemblée générale.

Article 17 – Comités de concertation

Tous les membres du collège « Acteurs économiques » sont membres du comité de concertation « Acteurs économiques ».

Tous les membres du collège « Utilisateurs » sont membres du comité de concertation « Utilisateurs ».

Ces deux comités de concertation ont un pouvoir de proposition et de recommandation auprès du Conseil d'orientation. Ils peuvent être consultés par le Conseil d'orientation et/ou par le délégué général en tant que de besoin ; cette consultation est effectuée de façon formelle ou par tout autre moyen. Les finalités, l'organisation et le fonctionnement des comités de concertation sont définis dans le règlement intérieur de l'association.

Article 18 – Participation des internautes

Le site mis en place par l'association doit permettre aux internautes de participer aux débats et réflexions et de formuler des recommandations.

Article 19 – Règlement intérieur

Un règlement intérieur est établi et librement modifié par le Conseil d'orientation pour fixer les modalités d'exécution des présents statuts. Ce règlement s'impose à tous les membres de l'association.

Article 20 – Modification des statuts

Les statuts peuvent être modifiés par l'assemblée générale sur proposition du Conseil d'orientation. Les propositions de modification sont inscrites à l'ordre du jour de la prochaine assemblée générale lequel doit être envoyé à tous les membres de l'assemblée au moins vingt et un (21) jours à l'avance. Le quorum est fixé aux deux tiers au moins des membres présents ou représentés. Si cette proportion n'est pas atteinte, l'assemblée est convoquée de nouveau mais à quinze jours au moins d'intervalle et cette fois, elle peut valablement délibérer quel que soit le nombre des membres présents ou représentés.

La modification de statuts ne peut être votée qu'à la majorité des trois quarts des membres présents ou représentés.

Article 21 – Dissolution

L'assemblée générale, appelée à se prononcer sur la dissolution de l'association et convoquée spécialement à cet effet dans les conditions prévues à l'article précédent, doit comprendre au moins les deux tiers des membres présents ou représentés.

Si cette proportion n'est pas atteinte, l'assemblée est convoquée à nouveau mais à quinze jours au moins d'intervalle et cette fois, elle peut valablement délibérer quel que soit le nombre des membres présents ou représentés.

Dans tous les cas, la dissolution ne peut être votée qu'à la majorité des trois quarts des membres présents ou représentés.

En cas de dissolution de l'association, l'assemblée générale des membres :
– nomme un ou plusieurs liquidateurs ;
– prend toute décision relative à la dévolution de l'actif net subsistant sans pouvoir attribuer aux membres de l'association autre chose que leurs apports.

La dissolution de l'association aux fins de confier la poursuite de son action à une autre personne morale d'intérêt général à but analogue peut intervenir à la demande des membres du Conseil d'orientation, statuant à la majorité des trois quarts et au quorum des deux tiers des membres présents ou représentés. Dans cette hypothèse, les biens, droits et obligations de l'association sont dévolus à cette personne morale, à charge pour elle de continuer l'action entreprise par l'association.

Article 22 – Commissaires aux comptes

Le Conseil d'orientation nomme un commissaire aux comptes titulaire et un commissaire aux comptes suppléant, inscrits sur la liste des commissaires aux comptes de la compagnie régionale d'Île-de-France.

Le commissaire aux comptes exerce sa mission selon les normes et règles de la profession. Il établit et présente chaque année à l'assemblée générale appelée à statuer sur les comptes de l'exercice clos, un rapport rendant compte de sa mission et certifiant la régularité et la sincérité des comptes.

Le commissaire aux comptes de l'association sera François Leray, 5 rue Léon Cogniet, 75017 Paris.

Le commissaire aux comptes adjoint sera Jacques Rabineau, 5 rue d'Astorg, 75008 Paris.

Article 23 – Relations avec l'État et l'administration

Le directeur de la Direction du développement des médias (DDM) siège au Conseil d'orientation en tant qu'observateur : il a pour mission d'assurer la liaison entre l'association et les administrations. Des représentants des administrations sont invités à participer aux groupes de travail thématiques organisés par l'association.

Article 24 – Relations avec les autorités administratives indépendantes

L'association tient les Autorités administratives indépendantes (AAI) périodiquement informées de l'avancement de ses travaux. Chaque AAI intéressée (CSA, ART, CNIL, Conseil de la concurrence...) désigne un de ses membres comme correspondant permanent de l'association ; ces correspondants peuvent être invités par le président du Conseil d'orientation à siéger au Conseil d'orientation.

Des représentants des autorités administratives indépendantes sont invités à participer aux groupes de travail thématiques organisés par l'association.

Article 25 – Comité international

Il est institué, auprès du Conseil d'orientation, un comité international composé de personnalités étrangères intéressées par les questions de régulation d'internet, qui souhaitent faire bénéficier l'association de leur expérience et faciliter son développement international.

Le comité international peut être consulté par le Conseil d'orientation à l'occasion de réunions formelles ou par tout autre moyen.

Statuts approuvés par les membres fondateurs réunis en date du 9 avril 2001 et faits en six exemplaires originaux.

François TERRÉ
Caisse des dépôts et consignations : Michel GONNET
Centre national de la recherche scientifique : Isabelle DE LAMBERTERIE
Isabelle FALQUE-PIERROTIN
Pierre SIRINELLI
Michel COLONNA D'ISTRIA
Jean-François ABRAMATIC
CanalWeb : JACQUES ROSSELIN
Wanadoo : YVES PARFAIT
Mister Gooddeal : PIERRE DE ROUALLE
Centre national d'enseignement à distance : GUY AUBERT
Association des internautes médiateurs : BENOIT TABAKA
CLCV : Reine-Claude MADER-SAUSSAYE
Union nationale des associations familiales : JEAN DELPRAT
ISOC : Sébastien CANEVET

Annexe 2 :
les adhérents du Forum des droits
sur l'internet en 2002

Collège des acteurs économiques	Collège des utilisateurs
Professions juridiques :	**Associations :**
Cyril Rojinsky Cabinet Lafargen Flécheux, Campana, Le Blevennec SCP Charlet Develay	Association pour le développement de l'informatique juridique (ADIJ) Association des internautes médiateurs (ADIM) Association des professionnels de l'information et de la documentation (ADBS) Association française de droit de l'informatique et de la télécommunication (AFDIT) Association française pour le nommage internet en coopération (AFNIC) Internet Society France (ISOC) Club de l'Arche Méditerranée Vivre le Net Observatoire des usages de l'internet (OUI) Observatoire API-PL CréATIF
Banques :	**Associations de consommateurs :**
Caisse des dépôts et consignations	Confédération de la consommation, du logement et du cadre de vie (CLCV) Union nationale des associations familiales (UNAF)
Commerce en ligne :	**Collectivités territoriales :**
Association du commerce et des services en ligne (ACSEL) Fédération des entreprises de vente à distance (FEVAD) Mister Gooddeal	APRONET Mission ECOTER
Enseignement :	**Droit de l'homme et libertés :**
Centre national d'enseignement à distance (CNED)	Mouvement contre le racisme et pour l'amitié des peuples (MRAP)
Industrie hi-tech/internet :	**Enseignement et recherche :**
Fédération nationale de l'information d'entreprises et de la gestion de créances (FIGEC) Groupement français de l'industrie de l'information (GFII) Microsoft	Centre national de la recherche scientifique (CNRS) Institut de recherches et prospectives postales (IREPP)

50

Syndicat de l'industrie des technologies de l'information (SFIB)	
CIRES	
Omnikles	
Certeurope	
Wanadoo	
Association des fournisseurs d'accès et de services internet (AFA)	
Webtrust	
Presse/médias/culture :	**Autre :**
Bureau de vérification de la publicité (BVP)	Société française de l'information et de la communication (SFSIC)
Institut national de l'audiovisuel (INA)	
Syndicat national de l'édition (SNE)	
Syndicat national de l'édition phonographique (SNEP)	
Union des annonceurs (UDA)	
Vivendi Net	
Société des auteurs compositeurs éditeurs de musique (SACEM)	
Groupement des éditeurs de services en ligne (GESTE)	
CanalWeb	
Conseil :	
Centre des jeunes dirigeants (CJD)	

Annexe 3 :

barème des cotisations au 19 novembre 2002

Type de structures	Cotisation 1	Cotisation 2	Cotisation 3	Cotisation 4
Grandes structures CA ou budget > 150 millions €				16 000 €
Entreprises/associations CA ou budget > 30 millions €			8 000 €	
PME/associations CA ou budget > 200 000 €		1 000 €		
Petites structures CA ou budget < 200 000 €	100 €			

Première partie

Les recommandations adoptées par le Forum des droits sur l'internet

Conservation des données relatives à une communication électronique

Recommandation adoptée le 18 décembre 2001

La Loi sur la sécurité quotidienne (LSQ) a été promulguée le 15 novembre dernier. Cette loi pose un principe d'effacement ou d'anonymisation des données relatives à une communication électronique, tout en prévoyant deux exceptions à cet effacement : pour les besoins de facturation des opérateurs, d'une part, et à des fins de poursuite des infractions pénales, d'autre part. La loi limite ces exceptions, puisqu'elle précise que les données conservées ne peuvent « *en aucun cas porter sur le contenu des correspondances échangées ou des informations consultées, sous quelque forme que ce soit* ».

Deux décrets doivent préciser ces exceptions tant sur la nature des données conservées que sur leur durée de conservation [8].

Devant la rapidité d'adoption de ce texte au niveau législatif, certains acteurs ont eu le sentiment que le débat sur ces mesures importantes avait été trop limité. Le Forum des droits sur l'internet s'est donc saisi de cette question afin de mener, dans le cadre de la préparation de ces décrets, une concertation large et ouverte. Il a ainsi mené deux actions parallèles :
– l'organisation d'une discussion multilatérale ouverte entre les représentants des entreprises les plus directement concernées, les forces de sécurité et les associations de défense des droits des internautes, afin que l'ensemble des points de vue et des problématiques puissent être exprimés ;
– l'organisation et l'animation d'un forum de discussion sur son site internet afin que l'ensemble des intervenants intéressés puisse contribuer utilement à ce débat. Ce forum s'est tenu du 5 au 30 novembre 2001.

Il a également participé aux débats en cours sur ce point au plan européen et international, conscient que l'efficacité d'une telle mesure ne peut s'envisager que dans le cadre d'une coopération internationale.

---

[8] Dans le cas des données relatives à la facturation, le délai de prescription prévu à l'article L. 32-3-2 du Code des postes et télécommunications rend nécessaire la conservation par les entreprises de ces données pendant une année. Le débat sur la durée de conservation n'a donc pas lieu d'être dans ce cas.

Rappel des termes du débat

Les forces de sécurité ont relevé que les dispositions en préparation étaient indispensables à la bonne conduite de leurs missions, non seulement en ce qui concerne le développement d'une criminalité spécifique sur l'internet (la « cybercriminalité »), mais également dans le cadre d'enquêtes portant sur une criminalité traditionnelle et ayant recours à l'internet pour faciliter ses actions.

Elles ont également souligné la nécessité d'avoir une durée de conservation d'au moins un an pour permettre un bon déroulement des procédures d'enquête, en particulier dans le cas d'enquêtes internationales.

Enfin, elles ont indiqué la nécessité de disposer de données suffisamment détaillées pour mener à bien ces enquêtes.

Les entreprises ont souligné, quant à elles, la nécessité que le décret puisse évoluer facilement en ce qui concerne la liste des données nécessaires à la facturation : figer les données conservables à des fins de facturation risque d'handicaper le développement de nouveaux services nécessitant d'autres données pour leur facturation.

Elles se sont inquiétées de l'absence, dans le texte de loi, de dispositions leur permettant de conserver et d'utiliser des données afin d'assurer la sécurité et la qualité de service de leurs réseaux.

Elles ont rappelé que les coûts nécessaires à la conservation et aux traitements des données nécessaires aux forces de sécurité étaient à la charge de l'État, à la suite de la décision du Conseil constitutionnel du 28 décembre 2000. Ces coûts doivent couvrir non seulement le stockage, mais également l'accès à l'information pertinente, la formation des personnels, etc.

Elles ont enfin insisté sur la nécessité d'une harmonisation européenne sur ces questions, un risque important de distorsion de concurrence existant si chaque État membre est libre de définir ces questions comme il l'entend.

Les associations de défense des droits des internautes ont, quant à elles, rappelé la forte imbrication, dans le cadre de l'internet, entre les données nécessaires à l'établissement de la communication, d'une part, et les données portant sur le contenu des communications, d'autre part. Il s'avère ainsi difficile de séparer clairement ces deux types de données.

Elles ont également souligné que certaines données techniques pouvaient être considérées comme des données donnant des indications sur le comportement de l'internaute.

Elles ont par ailleurs exprimé les craintes d'un recours possible, par les forces de sécurité, à des traitements automatisés sur les données stockées, traitements qui pourraient s'assimiler à une surveillance *a priori* des citoyens.

Elles se sont interrogées sur la nature exacte des entreprises et des services visés.

Elles ont enfin milité pour une durée de conservation courte (moins de trois mois), garante à leurs yeux d'un respect de la vie privée.

Recommandations

Le Forum des droits sur l'internet [9] souscrit à l'approche générale du texte qui vise à définir précisément, et de manière restrictive, les données conservées tout en assujettissant à cette mesure des entreprises de nature variée (opérateurs télécoms, fournisseurs d'accès, fournisseurs de services de télécommunications, etc.), créant ainsi une chaîne de responsabilité. Il lui apparaît en effet qu'une telle démarche est préférable à une conservation, par quelques intermédiaires, d'une masse importante de données variées.

Il constate qu'il existe aujourd'hui différentes pratiques de conservation des données par les entreprises visées. Il considère donc que le texte de loi et le décret en discussion permettront d'encadrer clairement et de formaliser aux bénéfices de tous une pratique aujourd'hui hétérogène.

Il soutient le principe d'effacement ou d'anonymisation que pose le texte de loi et souligne la nécessité d'encadrer clairement les exceptions définies afin de permettre une lutte efficace contre les crimes et délits sur l'internet, tout en évitant une éventuelle remise en cause de ce principe par une interprétation large de celles-ci.

Le Forum comprend par ailleurs que ces dispositions sont complémentaires de celles prévues à l'article 43-9 de la loi du 1er août 2000 qui prévoient une obligation, notamment pour les fournisseurs d'accès et les hébergeurs, de conserver des données d'identification d'un créateur de contenu sur les réseaux de communication. Il rappelle également que la loi du 10 juillet 1991 qui garantit le secret des correspondances émises par voie de télécommunications et encadre les procédures d'interception de sécurité s'applique aux correspondances privées échangées par courriers électroniques. Il souligne enfin que les dispositions de la loi du 6 janvier 1978 relative aux traitements des données personnelles s'appliquera aux données conservées.

Le Forum des droits sur l'internet recommande donc :

Dans le cadre du dispositif actuel

D'adopter un processus de révision des données conservées au titre de la facturation, de manière simple, rapide et permettant de garantir le secret des affaires.

D'exclure, dans la rédaction du décret, les données de communication pouvant être considérées comme des données indirectes de contenu ou de comportement. Certaines données techniques peuvent en effet fournir des éléments sur le contenu des informations transmises (par exemple l'URL des sites visités, l'adresse IP du serveur consulté ou l'intitulé d'un courrier électronique), ou sur le comportement des internautes (adresse du destinataire d'un courrier électronique par exemple). Le Forum considère que ce type de données ne doit pas être mentionné dans le décret en préparation. En revanche, il considère que l'adresse IP de l'utilisateur relève bien

---

[9] Deux adhérents du Forum (SACEM et SNEP) ne souscrivent pas à ces recommandations. Voir « Position divergente » à la fin de ce document.

des données nécessaires à l'établissement de la communication et n'indique rien quant au contenu des informations consultées ou au comportement de l'internaute.

D'interdire toute mise en place par les services de sécurité d'un accès général aux informations sauvegardées : l'interrogation des données conservées doit se faire dans le cadre d'une procédure précise, sur une base de requêtes au cas par cas. Il ne saurait être possible d'instaurer un accès permanent à ces données permettant la mise en place de traitements automatisés pouvant s'apparenter à une surveillance générale des réseaux. La conservation physique de ces données devra donc relever de la seule responsabilité des entreprises visées qui devront en limiter strictement l'accès.

D'adopter une durée de conservation des données de communication différenciée en fonction des données : si les données relatives à la facturation doivent être conservées pendant une année par les opérateurs (du fait du délai de prescription prévu à l'article L. 32-3-2 de Code des postes et télécommunications), la durée de conservation des données à des fins d'enquête peut être plus courte. Il paraît, par exemple, difficilement concevable de conserver les données des « proxies » pendant un an. Le Forum considère cependant que, du moment que les données à conserver sont définies de manière restrictive et qu'aucun accès général à ces données n'est autorisé, la durée de conservation de ces données, à condition qu'elle n'excède pas une année, doit être dictée par des impératifs d'efficacité de l'action des forces de sécurité. Il rappelle néanmoins que le coût de cette conservation est à la charge de l'État.

De préciser les mesures de contrôle qui permettront de vérifier la réalisation du principe d'effacement ou d'anonymisation par les entreprises concernées.

De mettre en place des actions de sensibilisation et d'information vis-à-vis des opérateurs visés par cette mesure de conservation. Du fait même de la rapidité d'adoption du texte de loi et du décret et de l'imbrication de plusieurs textes applicables, il apparaît que certaines entreprises ne sont pas encore sensibilisées aux nouvelles contraintes qui pèseront sur elles. Une démarche d'information et de sensibilisation afin d'expliquer l'esprit de ce texte et le dispositif prévu semble dès lors nécessaire au Forum.

De lancer au plus tôt un groupe de travail ouvert réunissant les acteurs concernés (forces de sécurités, entreprises, etc.) afin de clarifier et de rendre publiques les procédures qui seront mises en œuvre par les entreprises visées.

De clarifier les coûts liés à la mise en place de ces procédures afin de déterminer un coût d'accès unitaire aux données conservées.

[10] En particulier dans le cadre de la proposition de directive concernant le traitement des données à caractère personnel et la protection de la vie privée dans le secteur des communications électroniques (com (385) toujours en discussion).

Au-delà du dispositif actuel

De défendre et de promouvoir le principe d'effacement ou d'anonymisation au niveau européen [10] et de travailler à une mise en cohérence des exceptions possibles à ce principe. Il semble en effet indispensable qu'une démarche d'harmonisation soit engagée au niveau européen, malgré la difficulté liée à la nature de ces exceptions.

De prendre en compte une évolution possible des dispositions législatives afin de permettre aux entreprises de procéder à une conservation et un traitement des données nécessaires à la sécurité et à la qualité des services de leurs propres réseaux.

De publier un bilan public annuel de ces dispositions afin que les débats futurs soient éclairés par une évaluation du dispositif mis en place par la loi sur la sécurité quotidienne.

Position divergente

Les recommandations ci-dessus n'ont pas été souscrites dans leur totalité par deux adhérents du Forum (SACEM, SNEP). Ces deux organisations soulignent en effet la nécessité, dans le cadre de leurs actions de lutte contre la piraterie, de disposer de moyens efficaces de repérer les transmissions illicites diffusées sur le réseau et de connaître l'ampleur du trafic et de la fréquentation des sites offrant des œuvres protégées dans des conditions illicites.

Il leur apparaît ainsi qu'une définition restrictive des données conservées, l'exclusion du champ du décret de certaines données indirectes de contenu, et la possibilité de réduire à moins d'un an le délai de conservation des données autres que celles relatives à la facturation, ne seraient pas compatibles avec leurs missions.

Elles ont également souhaité qu'une obligation de conservation de données de trafic sous une forme anonyme, puisse être mise à la charge des entreprises visées. Cette obligation permettrait de connaître la fréquentation des sites illicites et la consommation des contenus illicites et donc d'évaluer le préjudice subi par les victimes d'infraction, notamment les ayants droit.

Internet et les modes alternatifs de règlement des différents

Recommandation adoptée le 17 juin 2002

Rappel du contexte

Dès sa création en mai 2001, le Forum des droits sur l'internet s'est saisi du sujet des Modes alternatifs de règlement des différends (MARD). Son objectif était d'étudier ces processus afin de déterminer dans quelle mesure ils pouvaient être un élément constitutif d'une forme de régulation sociale de la vie sur les réseaux, et par là même, un apport à la nécessaire confiance qui doit encore s'établir. Le Forum ne s'est pas uniquement intéressé aux modes de résolution existant « en ligne » mais plutôt aux conflits pouvant naître « en ligne » et à l'utilisation possible d'un mode alternatif pour les résoudre. Que ce dernier soit en ligne ou non, n'a pas semblé un point crucial.

Il est apparu très vite que les modes alternatifs de règlement des différends pouvaient s'appliquer à des conflits de nature variée, impliquant des acteurs divers (individus entre eux, individus et entités publiques, individus et entreprises, entreprises entre elles, etc.). Le Forum a donc décidé de séparer l'étude de ces modes en deux sous-groupes :
– un groupe a travaillé sur les différends entre une entreprise et un consommateur. Ce sujet, central pour le développement de la confiance dans le commerce électronique, fait l'objet de plusieurs études tant au niveau européen qu'international ;
– un groupe s'est penché sur les différends relatifs aux contenus illicites ou préjudiciables. L'objectif de ce groupe était d'examiner les modes alternatifs de règlement des différends pour des conflits qui pourraient s'assimiler à des conflits de « voisinage » sur l'internet. C'était le sujet le plus neuf.

La démarche des deux groupes a été parallèle : auditions d'acteurs impliqués dans ces processus, recherche documentaire, etc. (voir annexe 1 et 2 pour la composition des deux groupes et la liste des personnes auditionnées). Ils ont constaté que, si le contexte juridique propre à chacun de ces deux groupes n'était pas forcément similaire (par exemple, la place de l'ordre public dans les deux cas), un certain nombre de questions se rejoignaient. La décision a donc été prise de mettre en commun les réflexions et les propositions et d'élaborer un rapport commun pour ces deux groupes, tout en soulignant les spécificités de chaque domaine.

Les objectifs de ce rapport

Dans une première partie, ce document entend clarifier et définir ce que sont les modes alternatifs de règlement des différends, tout en exposant l'apport de ces processus pour les conflits générés sur l'internet. Dans une seconde partie, il fait un point sur les textes juridiques existants et les initiatives internationales. La troisième partie est consacrée aux questions juridiques pouvant se poser et à l'analyse des modèles économiques Enfin, en conclusion, il ouvre des pistes de réflexion et rend public le programme d'action du Forum pour les semaines qui viennent.

Méthodologie suivie

Les groupes de travail ont procédé à un certain nombre d'auditions (voir liste en annexe 1), et ont tenu des réunions internes permettant des discussions approfondies sur ces questions. Le présent rapport est le premier document écrit rendu public. Il sera tout d'abord diffusé aux adhérents du Forum pour approbation interne avant une adoption définitive par le Conseil d'orientation du Forum. Il sera ensuite soumis aux commentaires des internautes.

I.– Les modes alternatifs de règlement des différends – définitions, apports et limites

A.– Définitions des modes alternatifs de règlement des différends

On considère généralement que l'expression « *modes alternatifs de règlement des différends* » recouvre tout mécanisme permettant de trouver des solutions acceptables par des parties en différend en dehors des procédures judiciaires traditionnelles (d'où le terme « *alternatif* »). Ils ne se substituent pas à celles-ci mais doivent permettre de « vider les conflits » de leur substance à la satisfaction des parties.

On notera que l'expression « *mode alternatif de règlement des différends* » n'est pas non plus communément acceptée : on peut ainsi également rencontrer le terme de « *mode alternatif de règlement des litiges* », de « *modes alternatifs de règlement des conflits* », de « *résolution amiable des conflits* ». La distinction entre le « conflit » et le « litige » est encore source de débat juridique en France, c'est pourquoi le groupe a opté pour le mot de « *différend* », plus neutre, et qui semble plus proche du concept anglo-saxon de « *dispute* ». En effet, les Anglo-Saxons utilisent les expressions d'*Alternative Dispute Résolution* (ADR) ou de *Online Dispute Resolution* (ODR) pour ce qui est des modes alternatifs de règlement des différends existant « en ligne ».

Ces mécanismes peuvent impliquer des acteurs très variés et concernent des situations multiples : ils sont ainsi utilisés dans le domaine de la consommation pour des différends entre une entreprise et un consommateur (cas par exemple des médiations mises en place par la Fédération française des sociétés d'assurance (FFSA) ou l'Association des sociétés financières (ASF)), dans le cas des différends d'ordre privé (médiation familiale par exemple), dans les conflits entre un employeur et un salarié (en droit du travail), à l'initiative d'un juge ou non, etc. On fait ainsi souvent la distinction entre les modes alternatifs de règlement des différends pouvant exister dans le cadre de procédures judiciaires et ceux hors procédures judiciaires (qualifiés souvent de MARD « conventionnels »). Le présent dossier ne traite que de ces derniers.

Tous ces modes ont en revanche comme point commun la présence d'un « tiers » neutre, distinct des parties en conflit, et dont la mission est de faciliter le dialogue ou de résoudre le différend. Cette existence d'un tiers extérieur et neutre est au cœur des processus de règlements alternatifs et permet souvent de différencier les MARD d'autres outils de résolution des différends comme les services consommateurs d'une entreprise notamment.

Une première typologie des MARD peut d'ailleurs être définie en fonction du degré d'implication de ce tiers, de son rôle concret plus ou moins actif dans la résolution du différend. Quatre niveaux d'implication peuvent ainsi être envisagés :
– Un tiers ne servant que de plate-forme logistique ou de secrétariat pour l'élaboration d'un dialogue direct entre les parties en différend. C'est un modèle qui se développe aujourd'hui en particulier sur l'internet, où existent des expériences « d'automatiser » ces méthodes alternatives de résolution des différends, afin de réduire leurs coûts. Cette automatisation passe souvent par l'utilisation d'un formulaire en ligne obligeant les parties à reformuler leur différend selon une méthodologie de questionnement. Elle est cependant « réservée » à des différends simples, intervenant le plus souvent dans le cadre d'un processus de consommation.
– Un tiers facilitant le dialogue entre les parties, mais dont l'implication est strictement limitée à cette fonction, et qui s'interdit donc de faire des propositions concrètes de compromis. Sa présence est souvent utile pour procéder au questionnement, amenant les parties à quitter leur logique de conflit pour entrer dans une logique de recherche de solution ; mais il ne peut intervenir en direct dans la recherche de solution. Son rôle peut également, dans certains cas, s'étendre jusqu'à formaliser l'accord intervenu entre les parties. On parle dans ce cas de tiers « *accoucheur* ».
– Un tiers auquel il est reconnu la faculté de proposer des solutions : au-delà du simple fait de faciliter le dialogue entre les parties, le tiers peut être amené à émettre des propositions concrètes de compromis permettant de sortir de la crise. L'acceptation de la solution proposée par le tiers reste dans tous les cas du ressort des parties qui ne peuvent être contraintes à l'accepter. Ici, le rôle du tiers est plus actif, c'est souvent lui qui formalise l'éventuel accord intervenu. On parle alors de tiers « *aviseur* ».
– Un tiers pouvant non seulement faciliter le dialogue, mais également, trancher le conflit et prendre une décision qui s'imposera aux parties. C'est la forme des MARD qui se rapproche le plus d'un jugement rendu par un tribunal, mais les règles suivies ne sont pas forcément fondées uniquement sur le droit. On parle alors d'un tiers « arbitre » et de processus d'arbitrage, lequel est souvent utilisé entre professionnels, particulièrement dans le cas de difficultés d'interprétation des clauses d'un contrat au niveau national ou international.

Tous ces modes alternatifs existent aujourd'hui dans la plupart des pays européens, au Canada et aux États-Unis, sous une forme ou une autre. En France, ces modes alternatifs sont connus sous les noms de « *médiation* » et « *conciliation* » pour le grand public, auxquels s'ajoute l'« *arbitrage* » concernant les relations entre professionnels. Si la distinction exacte entre médiation et conciliation fait encore l'objet de débats, ces deux mécanismes mettent en jeu, dans tous les cas, un tiers « aviseur » ou « accoucheur ». D'ailleurs, il convient de remarquer que ces deux processus sont souvent confondus, car, en pratique, il est délicat d'établir une frontière claire entre un tiers ne servant qu'à reformuler le différend et un tiers suggérant une solution. Une réelle différence de nature semble cependant exister entre les MARD dans lesquels le tiers n'est qu'un « facilitateur », situation correspondant aux trois premiers cas listés ci-dessus, (qu'il soit « aviseur » ou « accoucheur » – on parlera alors de « *tiers facilitateur* ») et ceux dans lesquels le tiers a un rôle d'arbitre (on parle alors de « *tiers arbitre* »).

Le travail du Forum des droits sur l'internet s'est concentré sur les trois premiers modes de résolution alternatifs où le tiers joue un rôle de « facilitateur », mais non d'arbitre. En effet, il est apparu très vite que les questions qui pouvaient se poser quant au rôle du tiers et quant aux procédures suivies étaient de nature différente selon que le tiers disposait ou non d'un pouvoir de décision. Dans la suite de ce rapport, la référence aux processus alternatifs ne couvre donc que les processus pour lesquels le tiers est un simple « facilitateur ».

B.– Apports et limites des modes alternatifs de règlement des différends aujourd'hui

Si les modes alternatifs existent déjà en France depuis longtemps [11], le développement d'internet leur a cependant donné une nouvelle actualité pour la résolution de différends nés en ligne.

1. – Internet a indéniablement enrichi la matière

L'internet est en effet un outil complexe : à la fois instrument d'échange entre individus, d'information, de commerce, dans un cadre international ou national, il peut générer des conflits variés et multiformes. Sa relative nouveauté et son évolution constante, tant dans ses fonctionnalités propres que dans les services et usages proposés, font que les conflits nés « en ligne » ne sont pas un territoire clairement balisé : ils peuvent impliquer des acteurs variés, disséminés au niveau international, des droits différents, des cultures diverses. Dans le même temps, l'internaute devient consommateur et acteur, voulant s'impliquer dans les rouages des mécanismes qu'il utilise. Cette nouvelle place du citoyen n'est pas sans conséquence au niveau des modes de résolution des conflits : l'internaute peut désormais devenir acteur de l'élaboration d'une solution de sortie d'un conflit auquel il fait face. D'une manière générale, il souhaite maîtriser le processus et ne plus le subir.

Ce rapide constat souligne l'intérêt actuel de recourir aux modes alternatifs de règlement des différends : processus ouverts dont la maîtrise reste aux mains des parties en présence, ils n'ont pas pour vocation de trancher et donner raison ou tort à l'une des parties en suivant des règles de droit parfois instables (en matière

---

[11] La place des règlements alternatifs dans le droit français a évolué au cours du temps : c'est en effet un processus ancien en France qui fut largement pratiqué pendant l'Ancien Régime. La Révolution a gardé cette logique et a institué, dès 1790, les « juges de paix », présents dans chaque canton, et dont la mission était de juger en « équité » et non en droit. La Constitution du 22 frimaire an VIII prévoyait même, dans son article 60, le recours à l'arbitrage et la conciliation. Le rôle et les attributions des juges de paix ont évolué au cours du temps, ils n'ont été définitivement supprimés du droit français qu'en 1958. De même, la conciliation obligatoire (préalable au jugement) pour les tribunaux civiles n'a disparu qu'en 1949.

internationale par exemple), mais a pour raison d'être, selon l'expression de plusieurs intervenants, de « *vider le différend de sa substance* », retrouver des bases communes de dialogue et compréhension.

L'implication des parties, dès le départ, dans toutes les étapes du processus rend ces outils facilement maîtrisables par les acteurs tant en ce qui concerne les résultats concrets des processus de déroulement des MARD que les délais : chaque partie reste en effet maître d'interrompre le processus à tout moment.

Au-delà de ce constat général, les modes alternatifs de règlement des différends présentent des intérêts spécifiques en fonction des types de conflits traités :

■ Dans le cas des conflits de consommation

Les entreprises souhaitent désormais éviter au maximum le recours à la justice en cas de conflit avec un consommateur : ces recours s'avèrent en effet souvent coûteux, en terme financier, mais également d'image et la solution judiciaire est pour le moins incertaine. Dans le même temps, les consommateurs sont souvent réticents à s'engager dans une procédure judiciaire dont ils ne maîtrisent ni le résultat, ni les délais. En outre, ils expriment parfois une certaine défiance dans les solutions proposées par les services consommateurs internes des entreprises. Un processus mené hors de l'entreprise, dont l'objectif serait principalement d'apporter des solutions négociées, semble pouvoir répondre aux attentes des deux parties : réduction des coûts et garantie d'image pour les entreprises, maîtrise du processus et du résultat pour les consommateurs.

Le souci principal des acteurs du commerce électronique est bien aujourd'hui de « donner confiance » aux consommateurs. Cette confiance, indispensable à l'acte d'achat préalable, passe par plusieurs moyens, qu'ils soient techniques (sécurisation, etc.) ou juridiques. S'il est aujourd'hui acquis que, dans un contexte national, les transactions obéissent aux lois et aux processus de résolution internes à chaque pays, le développement d'un commerce international par internet pose à nouveau la question de la loi applicable en cas de différend entre un consommateur et une entreprise situés dans deux pays distincts (loi du pays ou consommateur ou loi du pays de l'entreprise ?). Cette question, ainsi que celle de l'exequatur, est centrale pour le développement du commerce électronique et pour une lutte efficace contre les contenus délictueux. Elle doit être résolue, mais des solutions à court terme semblent difficilement envisageables.

Face à cette situation d'incertitude juridique, l'émergence de processus alternatifs apparaît donc à certains acteurs comme un moyen de réintroduire une confiance dans l'acte d'achat international : en cas de différend, le consommateur aura la possibilité d'avoir recours à un mécanisme simple et rapide qu'il pourra en partie contrôler. Ces mécanismes présentent, en outre, l'intérêt d'avoir un coût de fonctionnement nettement plus limité qu'une action en justice au niveau international.

■ Dans le cas des conflits liés à un contenu illicite ou préjudiciable

Beaucoup de ces conflits mettent en jeu des particuliers entre eux concernent des domaines très variés du droit. Au niveau national, les citoyens, actifs sur la toile par l'intermédiaire de leurs pages personnelles, ne sont pas forcément informés de l'ensemble de la législation pouvant leur être applicable. À titre d'exemple, les questions relatives à la diffamation peuvent être délicates à appréhender. Au niveau international, où les différences de législations peuvent également être très prononcées (par exemple ce qui concerne la différence d'approche de la liberté d'expression entre l'Europe et les États-Unis), des conflits peuvent ainsi naître en toute « bonne foi », chacun analysant la situation selon ses propres critères culturels. Le recours à la justice apparaît, dans ces cas, lourd et inapproprié. Dans un tel contexte, les MARD peuvent apparaître comme des moyens simples et souples de « pacification » de ces conflits. L'objectif de « vider le conflit de sa substance », parce qu'il peut être dû à une différence d'approche culturelle, chaque partie réagissant selon son propre droit, prend tout son sens. Les MARD viseraient donc, dans ce cas, à introduire dans le réseau un élément de « proximité », et à régler des « conflits de voisinage ». L'objectif ne serait donc pas tellement, dans ce cas, de « redonner confiance », mais de créer, sur un réseau, par nature complexe et chaotique, un élément de « civilité », de règles non écrites de bon voisinage. Le rôle des processus alternatifs serait donc, au final, plus proche de celui des « juges de paix » français qui jugeaient non en droit, mais en équité.

Cet aspect de pacification des conflits, s'ils soulèvent des questions pratiques (langues utilisées, etc.) ne doit pas être négligé et semble aujourd'hui l'un des enjeux essentiels si l'on recherche une réelle appropriation de l'internet par les citoyens.

2. – Des limites identifiées : l'adhésion de bonne foi à la démarche

Si l'ensemble de ces avantages semble aujourd'hui clair notamment pour les conflits de consommation, il convient néanmoins de nuancer ce premier enthousiasme : les modes alternatifs ne peuvent être réellement efficaces que dans le cas où une « bonne foi » réciproque des parties en conflit existe (réelle volonté réciproque de trouver une solution satisfaisante). L'acceptation volontaire de la démarche est ainsi l'intérêt et la limite de ce mode de résolution des différends : essentiellement basés sur une volonté commune de compromis, ces modes alternatifs se révèlent inopérants pour certains types de conflits où la violation des droits est flagrante et assumée voire revendiquée par l'une des parties : c'est le cas pour certains types de contenu pouvant choquer (propagande, etc.). De même, elle atteint ses limites en cas de comportement volontairement dilatoire d'une des parties qui pourrait chercher, à l'occasion de cette procédure, à gagner du temps.

Dès lors, il apparaît que, si les MARD constituent une solution possible et intéressante pour impulser un développement du commerce en ligne, ils ne pourront pas résoudre l'ensemble des conflits nés en ligne et en particulier les différends nés d'une escroquerie, de procédés malhonnêtes, etc. Encourager le développement de ces processus est donc une réponse adaptée pour favoriser rapidement l'émergence de la confiance dans les échanges au niveau international et permettre en particulier la croissance du commerce électronique, mais cette réponse ne pourra à elle seule résoudre l'ensemble des conflits. L'existence de tels processus ne peut notamment justifier la mise à l'écart du débat sur la loi applicable : seule une clarification des règles et une mise en œuvre d'une exequatur efficace des procédures de justice au niveau international permettront de réellement combattre des comportements délictueux. Une telle perspective semblant cependant aujourd'hui encore lointaine, les MARD apparaissent à ce stade la réponse la mieux adaptée à ce manque de confiance et ils doivent donc être encouragés.

Les MARD doivent enfin se comprendre comme un mode complémentaire d'action pour les acteurs déjà en place. Le développement des modes alternatifs ne remet pas en cause les mécanismes de résolution des conflits existants, mais vient les compléter. En ce sens, ils doivent trouver leur spécificité par rapport à des structures déjà en place comme les associations de consommateurs, de lutte contre le racisme, etc., et les modes d'échange avec ces structures méritent d'être définis.

II. – Les textes français et internationaux

A. – Les textes français

On l'a vu, les modes alternatifs de règlements des différends, sous la forme de la médiation et de la conciliation, sont des processus connus depuis longtemps en France et, dans certains cas, déjà prévus par la loi.

La loi a en effet reconnu, à différentes reprises, ces mécanismes et dans des cas de figure variés. L'annexe 2 du présent rapport rappelle les textes juridiques s'appliquant aux procédures de médiation-conciliation en France. La législation française prévoit ainsi des processus de conciliation et de médiation dans le cadre des procédures judiciaires en droit civil, en droit de la famille, en droit social, en droit commercial et en droit pénal. On citera en particulier les articles 127 à 131 et 131-1 à 131-15 du Nouveau Code de procédure civile qui organisent le recours à la conciliation et également à la médiation, dans le cadre d'une procédure civile et rappellent que le juge peut toujours, dans ce cadre, faire appel à un processus de médiation ou de conciliation.

Il faut cependant souligner que ces dispositions ne prévoient le recours à un mode alternatif que dans le cadre d'une procédure judiciaire déjà engagée. Aucun texte ne définit réellement ni n'encadre ce que sont, d'une façon générale, ces processus alternatifs et ils ne prévoient bien entendu pas la possibilité d'un recours à un mode alternatif préalablement à l'action judiciaire, mais, *a contrario*, ne l'interdisent pas.

Les textes existant ne portent donc que sur l'articulation de la démarche judiciaire avec une démarche alternative. Ils sont cependant importants car on peut penser qu'ils reconnaissent *de facto* l'efficacité d'une démarche alternative en complément à une démarche judiciaire traditionnelle. Le fait que le législateur ait prévu, dans le cadre d'une démarche judiciaire, la possibilité pour le juge d'avoir recours à une démarche alternative illustre l'intérêt de ces approches dans la résolution des différends.

Dès lors que la solution à un différend est recherchée en dehors d'une procédure judiciaire, le droit se montre très peu contraignant. Ainsi, la médiation-conciliation entre une entreprise et un particulier ou entre deux particuliers n'est ni définie, ni encadrée par la loi.

Le travail du Forum a porté sur les procédures non judiciaires (dites « conventionnelles ») et pouvant être utilisées en amont ou concomitamment à une procédure judiciaire, mais indépendamment de cette dernière.

B. – Les textes internationaux et européens

Une grande attention est portée, on a eu l'occasion de le souligner, au niveau international, sur les modes alternatifs de règlement des différends, que ce soit au sein d'organismes internationaux (Union européenne, OCDE...) ou au sein de divers forums (GBDE, CCIP, TACD, etc.).

Les questions traitées au niveau international sont aujourd'hui globalement identifiées : place des modes alternatifs par rapport aux recours judiciaires déjà existant, nécessité ou non de les encourager, nécessité ou non d'encadrer leur développement pour garantir leur efficacité, etc.

À ce stade, aucun consensus sur ces questions ne semble s'être dégagé. Sans reprendre l'ensemble des débats, il est intéressant de rappeler les grandes lignes de la réflexion de quelques organisations internationales :

La Commission européenne est active sur ce thème depuis plusieurs années.

Plusieurs directives font ainsi directement référence aux modes alternatifs de règlement des différends. On peut en particulier signaler que la directive commerce électronique (2000/31/CE) traite en son article 17 des règlements extrajudiciaires des litiges, et demande aux États membres d'encourager leur développement afin de ne pas avoir de législation faisant obstacle à leur utilisation. Elle suggère également aux modes alternatifs se mettant en place de lui transmettre « *les décisions importantes qu'ils prennent en matière de services de la société de l'information ainsi que toute autre information sur les pratiques, les us ou les coutumes relatifs au commerce électronique.* »

La Commission européenne a par ailleurs publié deux recommandations concernant spécifiquement les modes alternatifs de règlement des différends. La première, en date du 30 mars 1998-98 (257) CE porte sur l'ensemble des modes alternatifs. La seconde, du 4 avril 2001-2001 (310) CE, ne porte que sur les modes alternatifs relatifs aux conflits de consommation. Si ces textes ne sont pas juridiquement contraignants pour les États membres, ils retiennent néanmoins quelques grands principes que les processus alternatifs devraient respecter pour garantir efficacité et impartialité de leur action. Ces principes, assez généraux semblent avoir été largement acceptés par les acteurs et ne plus réellement être remis en cause ; ils suscitent cependant des interrogations quant à leur mise en œuvre concrète. Cette approche non contraignante de la part de la Commission européenne repose sur l'adhésion volontaire des acteurs à ces recommandations et permet une grande souplesse. Elle a cependant été critiquée comme n'apportant pas aux consommateurs une véritable garantie quant à leur application.

Enfin, le 19 avril 2002, la Commission a rendu public un « Livre vert » sur les *Modes alternatifs de résolution des conflits relevant du droit civil et commercial.* Ce « Livre vert » est ouvert à commentaires jusqu'au 15 octobre 2002. Il convient de noter que, si ce document se contente, à ce stade, de poser des questions, il évoque néanmoins la piste d'un encadrement juridique des MARD, en particulier par la voie de directive. La commission ne semble donc pas suivre exactement la même démarche que dans ses précédentes recommandations, ce qui pourrait traduire de sa part un changement de perception et de traitement de ces outils.

Hors du strict champ européen, l'OCDE travaille également sur ce thème et a initié une étude visant à recenser, dans les législations nationales de chacun de ses vingt-quatre États membres, les éventuels blocages réglementaires ou législatifs qui pourraient empêcher le développement des MARD. La démarche de l'OCDE est proche de celle des recommandations de la Commission européenne : à ce stade, il s'agit d'une approche de clarification et d'incitation, plutôt que d'encadrement.

Les organisations privées comme le « Global Business Dialogue » (GBDe) ont élaboré leurs propres recommandations. Elles sont pour l'instant opposées à un encadrement international de ces processus, arguant de la nécessité d'une flexibilité et d'une logique purement contractuelle entre les parties en différends. Elles craignent l'introduction de rigidités dans un mécanisme souple et donc un retard à son développement.

Enfin, le monde consumériste s'intéresse également à ces aspects et travaille activement au niveau international pour régler les problèmes qui se posent, notamment à propos du commerce électronique. L'association Consumer International a ainsi rendu public en 2001 un rapport d'évaluation critique sur trente et une organisations proposant un mode alternatif de règlement des différends en ligne.

Au-delà des réflexions théoriques, les différentes organisations internationales, privées ou publiques, ont procédé à un recensement des différents modes alternatifs existant dans chaque pays ou entre pays (voir en particulier le document du 26 septembre 2000 élaboré par le GBDe). Dans le cadre de l'Union européenne, ce recensement a conduit à une mise en réseau des modes alternatifs identifiés au niveau de chaque pays (programme EEJnet). Parallèlement, depuis quelques semaines, un système de résolution des différends de consommation « en ligne » a été mis en place de manière expérimentale, grâce à un financement de l'Union européenne : le programme Ecodir a ainsi permis de passer du stade théorique à une démarche pratique.

Hormis ces quelques expérimentations menées au plan européen et quelques exemples outre-Atlantique, il faut souligner que, si la réflexion théorique ne manque pas, la mise en œuvre concrète de ces modes alternatifs reste encore balbutiante, que cette mise en œuvre soit le fait d'acteurs privés ou publics. L'une des raisons semble être que certains s'interrogent sur les modèles économiques permettant à ce type de structures de fonctionner de manière efficace et rentable (cf. infra III. – E. – L'interrogation sur les modèles économiques).

C. – Conclusion

Comme on le voit, la plupart des textes de droit positif, que ce soit au niveau français ou international (textes de lois, directives) favorisent le recours aux modes alternatifs, mais n'encadrent pas leur pratique. Seules les deux recommandations de la Commission tentent d'inciter les acteurs à adopter des principes communs.

Le débat aujourd'hui est de savoir s'il y a nécessité d'aller au-delà et donc d'encadrer juridiquement les modes alternatifs. C'est en grande partie l'objet du « Livre vert » de la Commission européenne. Certains considèrent ainsi que fixer, dans le droit positif, des règles applicables aux MARD, permettrait d'apporter un degré supplémentaire de confiance dans ces processus. D'autres soulignent au contraire le fait que ces processus peuvent prendre des formes très variées, et que l'intérêt réside bien dans leur souplesse qui ne s'accommode pas nécessairement d'une fixation par le droit.

Le Forum a donc examiné, dans la suite de ce document, les questions pouvant se poser justifiant ou non un encadrement juridique des modes alternatifs. C'est l'objet de la partie III. – Les interrogations à lever du présent rapport.

III. – Les interrogations à lever

Le développement de modes alternatifs de règlement des différends, à côté de solutions traditionnelles de nature judiciaire, soulève, tant au niveau français qu'international, de nombreuses questions. Cette partie du rapport entend les lister et s'efforcer d'apporter une réponse à ces interrogations.

A. – La place des MARD par rapport à la justice

La question de la place qui doit être reconnue aux MARD aux côtés du recours à la justice est une interrogation permanente qui demande à être examinée avec soin. Comme il a été dit dans la partie I. – *supra*, un règlement alternatif ne doit pas se comprendre comme une voie concurrente au recours traditionnel à la justice, mais comme une nouvelle opportunité offerte aux citoyens de résoudre des différends, préalablement ou concomitamment au recours à la voie judiciaire traditionnelle. C'est une voie souple, rapide et peu coûteuse dont la vocation est plus de « vider le conflit de sa substance » que de réellement déterminer qui a tort ou raison par rapport au droit. Elle n'est pas contraignante, au sens où chaque partie au différend accepte volontairement d'entrer dans ce processus pour qu'il puisse réellement fonctionner. C'est donc essentiellement une démarche basée sur une bonne volonté réciproque de trouver une solution satisfaisante, pas nécessairement juridique, à un différend.

1. – Le recours à un MARD exclut-il le recours à la justice ?

L'idée que le recours à un MARD, du moment qu'il se fait en connaissance de cause sur la nature du processus, priverait les parties d'un recours à la justice n'apparaît ni conforme au droit français ou européen, ni satisfaisant dans l'esprit. D'une part, une telle logique nécessiterait d'apporter des garanties fortes supplémentaires en terme de procédure de manière à prévenir toute manipulation par l'une ou l'autre des parties en présence. D'autre part, le simple fait d'entrer dans un processus de règlement alternatif ne peut garantir le résultat positif de ce processus : il peut y avoir échec du processus puisqu'un succès nécessite l'accord des deux parties ; il ne saurait dans ce cas être question de priver l'une des parties d'un recours ultérieur ou concomitant à la justice du simple fait de recourir à un MARD.

De même, l'idée d'imposer aux parties entrant dans un mode alternatif une obligation de résultat par une interdiction d'interrompre le processus n'apparaît pas souhaitable et changerait fondamentalement la nature même de ce processus en induisant une « négociation sous contrainte » au lieu d'une « discussion volontaire ».

La question peut néanmoins se reposer dans le cas d'une issue positive d'un tel processus. Si un accord intervient entre les parties, la mise en œuvre de cet accord peut-il être subordonné à un abandon des parties de toute volonté de recours ultérieur à la justice ? Une telle démarche nécessiterait certainement d'apporter aux parties des garanties visant :
– d'une part la mise en œuvre effective de l'accord conclu, donc l'existence d'éventuelles sanctions en cas de non application ;
– d'autre part la prévention de toute possibilité d'influence du tiers par l'une des deux parties en cas de situation manifestement déséquilibrée entre les parties (cas d'un consommateur et d'une entreprise par exemple).

De surcroît, un tel système reviendrait à priver les parties d'une possibilité de « repentir » sur un accord conclu dans des conditions non satisfaisantes.

En conséquence, on voit bien que, subordonner un accord élaboré dans le cadre d'un mode alternatif à l'abandon de toute volonté de recours ultérieur à la justice, apparaît comme un dévoiement des modes alternatifs en le transformant en un processus de justice parallèle. Les questions mentionnées ci-dessus devraient notamment être traitées, ce qui entraînerait une nécessité d'un encadrement de ces processus. Il apparaît donc que la possibilité d'abandonner un recours à la justice, ce qui serait d'ailleurs contraire à un principe général du droit, ne doit pas être retenue.

2. – Le recours préalable à un MARD pourrait-il être obligatoire ?

Les modes alternatifs de règlement des différends interviennent traditionnellement avant un éventuel recours à la justice, qui, dans tous les cas, doit rester possible. Ils peuvent être activés par l'une ou l'autre des parties en conflit, mais ne deviennent opérant qu'en cas d'acceptation du processus par les deux parties en présence, lesquelles ont, de plus, à tout moment la possibilité de sortir du processus si celui-ci ne leur convient plus.

Dès lors, il ne peut être question de forcer l'une ou l'autre des parties à entrer dans un tel processus. En effet, faire des MARD un mécanisme obligatoire, préalable à une saisine de la justice, serait contraire à leur esprit et les priverait de toute efficacité : c'est la volonté réciproque des parties d'aboutir à une solution qui fonde de facto l'intérêt de ces processus.

B. – L'accord conclu

Le résultat concret d'un processus alternatif de règlement des différends est toujours un accord entre les parties pour la mise en œuvre d'une solution leur permettant de clore leur litige. Un MARD ne se place donc nullement dans une zone de non droit : le droit commun des contrats a vocation à s'y appliquer. Cet accord peut prendre des formes variées : accord formalisé par écrit entre les parties et signées par elles, éventuellement par le tiers, accord verbal, disparition simple de l'objet du différend (par exemple, retrait d'une page internet posant problème), etc.

1. – Formalisme de l'accord ?

La question d'imposer systématiquement un formalisme écrit pour un accord conclu dans le cadre d'un MARD mérite d'être posée.

Il apparaît en effet plus sécurisant pour les parties, en cas de problème d'application de l'accord, de pouvoir se référer à un document formalisé. Mais à l'inverse, il convient de rappeler que le résultat du processus peut prendre des formes très diverses et la souplesse est alors sans doute préférable ; une formalisation contraignante et obligatoire n'apparaîtrait donc pas forcément efficace et risquerait d'aboutir à l'effet inverse à celui recherché, à savoir le consensus des parties. Ainsi, en matière de consommation, certains différends naissent, par exemple, d'une mauvaise compréhension d'une prestation attendue et une explication circonstanciée suffit parfois à les faire disparaître.

Cependant, il semble important qu'un accord qui impliquerait des concessions réciproques des parties sur des objets dont elles ont capacité à disposer (par exemple, renoncer à certaines formes d'action judiciaire pour un consommateur) fasse l'objet d'un écrit, surtout dans les cas des litiges de consommation où les parties en présence sont de différente nature.

Une telle position n'est pas sans soulever quelques questions : une formalisation écrite pourrait en effet s'assimiler à une transaction (au sens de l'article 2044 du Code civil). Dans ce cas, l'article 384 du Nouveau Code de procédure civile prévoit que : « *l'instance s'éteint accessoirement à l'action par l'effet de la transaction* ». En d'autres termes, et tout en tenant compte des dispositions d'ordre public pouvant venir contredire cette analyse, il semblerait qu'un accord pouvant être assimilé à une transaction priverait *de facto* les parties d'un possible recours ultérieur aux tribunaux, puisque la transaction « éteint » le différend : le recours à un tribunal ne peut exister s'il n'y a plus de conflit. Ainsi, même s'il a été affirmé qu'un processus de type MARD ne peut priver, par principe, les parties d'un recours à tout moment aux tribunaux, le résultat concret de ce processus pourrait quant à lui le faire dans le cas d'un accord pouvant être assimilé à une transaction. Une telle analyse amène certainement à prévoir, avant la formalisation d'un accord de type transactionnel, une information claire des parties sur sa nature et sa force contraignante, information qui relève certainement du tiers « facilitateur ».

En définitive, si une obligation de formalisme pour l'accord conclu peut paraître rassurant à certains, elle semble, dans les faits, trop contraignante : l'extrême variété des situations traitées dans un processus alternatif et la grande diversité des résultats positifs possibles de ces processus (disparition de l'objet du différend, accord verbal ou écrit, contrat, transaction, etc.) rendent illusoire et dangereux un encadrement formel. De même, si un formalisme écrit est retenu parce que permettant de fixer les engagements de chaque partie et donc de vérifier ultérieurement leur bonne mise en œuvre, il convient que les parties soient conscientes de la nature transactionnelle ou non de cet accord et de ses conséquences juridiques. Il pourrait alors relever de l'appréciation du tiers et de sa responsabilité que de proposer la formalisation écrite de l'accord tout en étant clair sur sa force contraignante et sa nature.

2. – Force exécutoire de cet accord ?

La question de la force exécutoire de cet accord se pose également : dans quelle mesure, un accord conclu positivement dans le cadre d'un processus alternatif lie-t-il les parties ? Cette question apparaît essentiellement corrélée à la nature de cet accord positif.

Ainsi, dans le cas d'un accord positif par disparition de l'objet du différend (par exemple cas d'un consommateur mécontent vis-à-vis d'une entreprise qui, après intervention d'un médiateur, comprend s'être trompé dans sa demande, etc.), la question de la force exécutoire de l'accord ne se pose pas. Dans d'autres situations, et en particulier lorsqu'il y a formalisation écrite de l'accord ou de la transaction, cette question peut être envisagée. En effet, dans le cas particulier d'une transaction, si on considère qu'elle peut priver l'une des deux parties d'un recours possible ultérieur à un tribunal, l'éventuelle non-exécution de l'accord par l'une des parties n'est pas acceptable. En d'autres termes, la formalisation écrite d'un accord, surtout dans le cas d'une transaction, ne peut permettre à l'une des deux parties de revenir ultérieurement sur cet accord pour ne pas exécuter ce qui a été convenu. Il importe de remarquer que l'article 1441-4 du Nouveau Code de procédure civile prévoit que le tribunal de grande instance peut conférer force exécutoire à une transaction, ce qui est susceptible de résoudre ce problème.

Il semble donc que la question de la force exécutoire de l'accord conclu doive être reliée à la forme de l'accord : dans le cas d'une formalisation écrite amenant à considérer l'accord comme une transaction, le caractère obligatoire de l'exécution de cet accord semble indispensable. Il appartient alors certainement au tiers, de la même façon qu'il devrait informer les parties de la nature transactionnelle de l'accord, de procéder aux diligences appropriées pour donner à cet accord sa force exécutoire.

En dehors de la transaction, on peut s'interroger sur l'importance réelle de cette question : processus volontaire consistant à vider un différend de sa substance, un mode alternatif de règlement ne peut donner lieu à des garanties quant à l'exécution de l'accord conclu. Il s'apparenterait alors à une justice parallèle sans en avoir les attributs. Le non respect de l'accord par l'une des deux parties aura pour seul effet de créer un nouveau différend, ce qui semble peu probable, considérant la volonté d'aboutir des parties. Il convient de rappeler ici que les processus de modes alternatifs ne peuvent fonctionner utilement qu'en cas de volonté réelle des parties d'aboutir à un accord. Cet accord, élaboré en toute connaissance et de manière volontaire, a alors toutes les chances d'être respecté. Reste à définir cette « connaissance » nécessaire à l'élaboration et la conclusion d'un accord équilibré. La question de la responsabilité du tiers (voir D. – Responsabilité et neutralité du tiers *infra*) peut donc être posée.

C. – Délais et confidentialité

1. – Les délais

Le principe d'un recours possible à la justice, à tous les stades de règlement du différend dans le cas d'un MARD est clairement souhaité. Or, un processus de règlement alternatif des différends d'une durée trop longue pourrait avoir pour conséquence de priver l'une des parties de ce recours possible. En effet, en matière de consommation par exemple, une action en garantie légale doit être intentée « dans de brefs délais » à compter de la découverte de vices cachés (la jurisprudence considérant ce bref délai comme étant de plusieurs mois) : un processus trop long de médiation-conciliation pourrait conduire les tribunaux à prononcer la forclusion de l'action.

Une telle hypothèse risquerait de susciter un comportement « opportuniste » et dilatoire de la part de certains acteurs qui seraient susceptibles de proposer un mode alternatif pour éviter une action en justice qui pourrait leur être défavorable. Si le risque de voir se développer cette stratégie de « gagner du temps » pour laisser passer les délais de prescription ne doit pas être surestimé, il ne peut être non plus négligé.

Trois voies semblent possibles :
– Prévoir dans la loi la suspension automatique des délais de prescription en cas de recours à un mode alternatif. L'avantage serait d'apporter une sécurité juridique aux acteurs, en particulier dans les différends entre une entreprise et un consommateur. Mais il conviendrait alors de définir plus précisément dans quelles conditions le recours aux MARD entraînerait une suspension de ces délais (une loi devrait intervenir pour organiser la suspension de ces délais). On risquerait alors d'aboutir à un encadrement juridique de ces modes alternatifs et à la mise en place de contraintes en terme de fonctionnement, structures, financements, etc., orientations qui seraient contraires à la nécessaire souplesse adaptative des MARD.
– Choisir une voie médiane : une loi prévoirait que les délais de prescription pourraient être suspendus par la volonté commune des parties en conflit, soit dans un accord entre les parties, soit dans une démarche « structurée ». Différents mécanismes pourraient ainsi être imaginés : par exemple, une « chambre d'enregistrement » officielle dans tous les tribunaux qui, lorsqu'elle serait sollicitée par des parties en conflit ayant recours à un mode alternatif, entraînerait la suspension des délais de prescription. Une telle solution aurait l'avantage de laisser souple la définition des modes alternatifs : la suspension des délais serait la résultante de la démarche volontaire des parties en différend, indépendamment du mode alternatif choisi pour organiser le dialogue. Cette suspension n'aurait pas, de plus, de caractère obligatoire ou systématique. Cette option serait donc utilisée ou non pour se donner plus de temps dans le dialogue. La reprise des délais de prescription devrait se faire par l'indication à la chambre d'enregistrement par l'une des parties ou le tiers de la fin du processus, que son issue soit positive ou non. Une telle solution mériterait certainement une analyse juridique plus approfondie de ses éventuelles conséquences pratiques, mais elle reste à explorer.
– Faire peser sur le tiers une obligation d'information des délais de prescription. L'entrée dans un processus alternatif nécessite, en effet, une information claire des parties sur le processus, les délais, etc. Cette information préalable devrait bien entendu inclure un rappel général de l'existence de ces délais de prescription. S'il n'appartient pas au tiers de s'engager à donner un conseil en la matière, il relève de ses attributions d'attirer l'attention des parties sur l'existence de ces contraintes juridiques : un processus ne peut valablement se dérouler que si les parties sont sans ambiguïté au courant des délais et des échéances restant à courir. Il serait alors possible de considérer que les délais de prescription sont pris en compte par

l'indication claire de leur existence faite par le tiers aux parties ; il leur incomberait alors de procéder aux vérifications des délais restant à courir. Une telle solution pose cependant la question de la responsabilité du tiers en cas d'information erronée ou partielle. Ce risque semble néanmoins limité puisque cette information devrait se borner à signaler l'existence de tels délais, et à inciter les parties à se renseigner sur ceux-ci dans leur cas particulier.

La mise en œuvre de la première hypothèse nécessiterait un encadrement juridique minimum des modes alternatifs. Elle doit donc être écartée. Les deux autres hypothèses peuvent apparaître plus complémentaires que concurrentes. Elles ne sont cependant pas de même nature : le dernier cas ne nécessite aucune modification législative, et peut reposer sur une incitation claire des acteurs. Prévoir une « chambre d'enregistrement » nécessiterait une étude approfondie de l'ensemble des délais de prescription concernés et l'analyse des conséquences possibles d'une telle démarche.

Il convient enfin de signaler que sans minimiser le risque relatif aux délais, il ne faut cependant pas le surestimer : les délais de prescription sont souvent de plusieurs mois et les processus alternatifs se doivent d'être plus rapides. La prise en compte de ces délais doit donc être envisagée tout en respectant le caractère souple et peur formalisée de ces processus.

2. – Confidentialité du processus et de l'accord

La question de la confidentialité du processus de MARD peut se poser à différents stades. Cette confidentialité semble cependant nécessaire au bon déroulement du processus : les échanges ne regardent que les parties en présence, et les discussions, pour qu'elles soient fructueuses, doivent pouvoir n'impliquer que les acteurs concernés. Le tiers facilitateur, qui reçoit et organise ces échanges, aura donc une obligation de prendre toutes les mesures nécessaires à la garantie de la confidentialité de ce processus. Il peut en revanche être amené à communiquer sur le processus lorsqu'il est achevé. Il doit par exemple pouvoir donner des éléments statistiques : nombre de différends traités de manière positive ou non, etc. Une telle communication apparaît nécessaire et naturelle.

La question de la confidentialité du contenu même de l'accord pose un problème différent. Elle semble en effet relever des seules parties en présence, et peut être une composante de l'accord final. Il appartient en effet aux parties de s'entendre, dans le cours du processus de médiation, sur cette question. L'éventuel non respect de cette confidentialité par l'une des parties entraînera ou non une remise en cause de l'accord, laissé au libre arbitre de l'autre partie.

Il apparaît ainsi illusoire de vouloir à toute force garantir une confidentialité absolue du contenu de l'accord. Cette question peut se poser dans le cas d'un recours à la justice postérieurement à la conclusion d'un accord positif : l'accord conclu peut-il être une pièce du dossier ? On ne comprendrait pas comment et sur quelle base vouloir empêcher que l'une des deux parties en conflit, pût, si elle le désirait, présenter cet accord au juge. De la même manière que la meilleure garantie de l'exécution de l'accord est la bonne volonté des parties au début du processus, la meilleure garantie de sa confidentialité est la bonne exécution des engagements pris.

D. – Responsabilité et neutralité du tiers

1. – La responsabilité du tiers

La responsabilité juridique du tiers doit s'envisager par rapport à son « métier » : simple « facilitateur » chargé d'organiser le dialogue, cette responsabilité est essentiellement « morale » vis-à-vis des engagements et principes présentés aux parties, par exemple dans une charte déontologique.

Au titre de ses engagements « déontologiques » figure évidemment une information claire et complète des parties sur le processus alternatif : la nature, les avantages et les limites de celui-ci doivent être exposés aux parties afin qu'elles s'y engagent en toute connaissance de cause. Cette information n'est pas un conseil personnalisé qui relève, lui, de l'assistance juridique dont peut s'entourer chacune des parties. Le tiers devra jouer son rôle de facilitateur au cours du processus même de médiation. Sa responsabilité à ce stade ne peut être engagée que sur le terrain du droit commun que si par exemple, il sort de son rôle neutre de « facilitateur » pour amener l'une des parties à conclure un accord qui lui serait défavorable. Le déroulement du processus pouvant donner lieu à des documents écrits, échanges, etc., l'éventuelle responsabilité du tiers du fait d'un éventuel biais introduit pourra donc être établie *a posteriori*, même s'il ne faut pas sous-estimer cette difficulté.

On peut donc considérer que, sauf en cas de comportement fautif délibéré de la part du tiers ou d'un manquement grave à sa charte de déontologie, la responsabilité du tiers ne saurait être engagée dans un processus MARD.

Dans une hypothèse, la responsabilité du tiers peut néanmoins être engagée en cas de résultat positif de l'accord : si ce dernier s'avère contraire à l'ordre public ou s'il est manifestement léonin. Il apparaît ainsi nécessaire que le tiers « facilitateur » ait la capacité de mettre fin à un processus en cours, de sa propre initiative, même si les parties en présence ne le demandent pas. Il appartiendra donc au tiers de gérer une situation de ce type au cas par cas et de savoir se retirer d'un processus.

2. – La neutralité du tiers

La « neutralité » du tiers et son « impartialité » dans le processus sont souvent évoquées. Il apparaît cependant que cette neutralité et cette impartialité doivent se traduire dans le processus même du dialogue et non dans le statut du tiers. Ainsi, dans le cas des conflits de consommation, le fait qu'un tiers puisse être financé par une entreprise ou un groupe d'entreprises n'est pas, en soit, à éviter du moment que son rôle tend à faciliter le dialogue (l'analyse serait évidemment différente dans le cas d'un arbitrage). Introduire des contraintes fortes quant au statut du tiers n'est pas forcément pertinent et risquerait de remettre en cause l'économie existante pour les modes alternatifs en matière de consommation *(cf. infra)*. En revanche, une information sur les éventuels liens entre le tiers et l'une des parties est indispensable. Informée de manière non ambiguë sur ces possibles liens, l'autre partie pourra choisir ou non d'accorder sa confiance au tiers, et d'entrer ainsi en toute connaissance de cause dans le processus de MARD.

E. – L'interrogation sur les modèles économiques

Les MARD sont donc, par nature, variés et divers. Ils reposent cependant tous sur la présence et l'action d'un tiers neutre, extérieur au conflit, qui va organiser le dialogue entre les parties. La question du financement de ce service se pose.

Cette question doit être envisagée sous deux aspects :
– la rémunération de l'activité d'organisation ou d'assistance au dialogue (prendre contact avec les parties, échanger les documents, organiser éventuellement des réunions, procéder au secrétariat éventuel des réunions, etc.) ;
– la rémunération du tiers lui-même (la personne physique présente avec les parties).

Ces deux aspects méritent d'être séparés : s'il est en effet envisageable que le tiers ne soit pas rémunéré pour son activité (cas des systèmes de médiation en France où certains médiateurs sont parfaitement bénévoles), il est difficile d'envisager que les dépenses liées à l'activité de secrétariat ne soient pas au minimum remboursées et que les personnes s'occupant de ces tâches ne soient pas rémunérées. Ces dépenses, sans être forcément très importantes prises isolément, peuvent devenir assez substantielles en cas de succès du processus alternatif. Une réelle professionnalisation de cette activité peut alors être envisagée, mais elle pose forcément la question de la rémunération du tiers.

Plusieurs hypothèses émergent aujourd'hui quant au financement de l'activité de secrétariat du tiers : rémunération de cette activité par les parties prenantes au différend. Ce modèle économique fonctionne déjà dans le cas de l'arbitrage ou pour la médiation entre professionnels : ce sont les sociétés en conflit qui vont elles-mêmes rémunérer à la fois le secrétariat et les tiers. Ce modèle n'est cependant envisageable que si les parties en différend trouvent un intérêt objectif à financer ce mode de résolution du conflit. Cet intérêt peut être de nature variée : rapidité de la procédure par rapport à une action en justice, coût moindre de cette procédure, souplesse et simplicité de la procédure, etc. On peut cependant douter que ce modèle économique fonctionne dans tous les cas de figure, en particulier si les conflits portent sur des petits montants (ou sur des éléments non financiers : diffamation, etc.) pour lesquels les parties en présence n'ont pas envie ou n'ont pas les moyens de réellement investir (conflits entre particuliers par exemple). De même, si les moyens financiers des parties sont disproportionnés (conflit entre une entreprise et un particulier par exemple), un partage égalitaire des coûts de la médiation serait difficilement acceptable par l'une des deux parties.

■ Rémunération du secrétariat par l'une des parties au différend

Ce cas de figure existe en particulier dans les conflits de consommation : certaines grandes entreprises ont ainsi créé des médiateurs internes chargés de résoudre des différends avec des consommateurs lorsque le service client n'est plus en mesure de gérer la situation. C'est le cas d'entreprises publiques (La Poste, SNCF, etc.), ou de grandes entreprises privées (Société Générale, etc.). Une variante consiste à faire financer ce système de médiation non par une entreprise, mais par un groupe d'entreprises. Le médiateur et son secrétariat sont alors souvent rattachés à un syndicat ou une fédération professionnelle (par exemple, le médiateur de la Fédération française des sociétés d'assurance – FFSA, le médiateur de l'Association des sociétés financière – ASF, etc.). Dans ce cas l'ensemble des charges et la rémunération du tiers est assurée par la partie au conflit ayant intérêt à proposer ce type de résolution du différend (l'entreprise ou le groupe d'entreprises en l'occurrence). Ce mode de financement peut, bien entendu, reposer la question de l'impartialité du tiers et sa neutralité. Mais, on l'a vu plus haut, cette question ne devrait pas être un frein au financement des modes alternatifs par les entreprises désireuses de développer ces outils de résolution des différends. À défaut, on peut douter du développement des modes alternatifs dans le domaine de la consommation : un financement direct par les parties prenantes dans le cas des conflits de consommation apparaît en effet illusoire. L'expérience de l'entreprise canadienne « e-resolution » semble avoir montré les limites d'un financement direct.

■ Rémunération par une tierce partie extérieure au conflit. Cette tierce partie peut être publique ou privée

Un financement public est le plus simple à imaginer : il s'agirait alors de financer l'existence de tiers neutres permettant de renouer un dialogue dans une situation de conflit entre deux parties. Ce financement pourrait porter sur la mise en place des outils de secrétariat permettant ce dialogue, sans rémunérer forcément le tiers. C'est l'économie aujourd'hui du système européen Ecodir où seule l'activité de secrétariat est financée par le programme européen ; c'est également le cas pour certaines médiations judiciaires où les aspects de secrétariat sont prises en charge par des structures extérieures au médiateur (greffes des tribunaux, etc.). Ce financement pourrait prendre la forme de subvention à des initiatives de structures associatives, rattachées ou non aux associations de consommateurs.

Un financement privé est également possible. Ce financement pourrait être :
– Spécifique, dans les cas où une entreprise aurait un intérêt objectif à financer un système de médiation : soit pour améliorer son activité (cas du site d'enchères « Ebay » qui, pour résoudre les conflits entre des particuliers mécontents de la transaction nouée sur sa plate-forme, finance un système de médiation neutre), soit pour son image, soit comme complément à un service plus global (cas des labels ou certificats qui pourraient imposer le recours à des MARD aux entreprises désirant obtenir ce label, et financer ainsi l'existence de processus alternatifs), etc.
– Général, dans les cas où une fraction d'un service général aux consommateurs pourrait être consacré au financement de tels processus. Par exemple, un financement de ces initiatives par le biais des polices d'assurance à la consommation, etc. Cette dernière piste est cependant, à ce stade, une simple hypothèse qui mériterait d'être mieux définie.

Au-delà du financement de la plate-forme de secrétariat, le financement du tiers doit être envisagé : on peut en effet douter de l'intérêt de mettre en place une activité uniquement basée sur le bénévolat. Une activité rémunérée, même de manière complémentaire à une autre activité, permet un meilleur contrôle et une évaluation plus fine de la performance de ce tiers. Une telle approche soulève cependant d'autres questions : type de contrat liant la structure de secrétariat au tiers, nature de cette rémunération, statut possible de ce tiers, qualification et mesure de son activité, etc.

Il apparaît donc qu'il n'existe pas aujourd'hui un seul modèle économique pour ces modes alternatifs. Cette diversité n'est pas réellement un souci car elle traduit l'adaptabilité du système à différents types de situation. Il convient cependant de souligner que, dans certains cas (pour les conflits entre particuliers notamment), aucun modèle économique privé probant ne semble avoir réellement émergé. Un modèle basé sur un financement public pourrait donc apparaître comme la meilleure réponse. À défaut, les systèmes alternatifs de règlement se mettant en place ne traiteront qu'une partie des conflits sans s'occuper des différends « de proximité » qui peuvent également se révéler très importants tant en nombre qu'en qualité pour les citoyens.

Conclusion : rappel des recommandations et des pistes d'action

En se saisissant du sujet des MARD le Forum des droits sur l'internet avait pour objectif d'étudier ces processus afin de déterminer dans quelle mesure ils pouvaient être un élément constitutif d'une forme de régulation sociale de la vie sur les réseaux et par là même, un apport à la nécessaire confiance qui doit encore s'établir.

Pour traiter la question dans toute sa plénitude, le Forum a souhaité s'intéresser non pas seulement aux modes de résolution en ligne mais à l'ensemble des différends nés en ligne et à l'utilisation d'un mode alternatif pour les résoudre.

Le travail effectué par les deux groupes, qui ont d'abord fonctionné séparément puis ont estimé opportun de se rapprocher a conduit, à dégager les principes (en guise de recommandations) et les pistes suivantes.

1. – Les principes sur lesquels reposent les MARD

– Les MARD sont des outils de paix sociale qui doivent permettre de renouer un dialogue qui a été rompu. Les modes alternatifs n'entendent pas donner raison ou tort à l'une des parties. Ce sont des instruments de pacification plus que de justice faisant plus appel à l'équité qu'au droit. Ils permettent de « vider les conflits de leur substance ». Ils sont appréciés des citoyens car ils leur permettent d'être acteurs de la sortie d'une situation de conflit les concernant, et non plus simples spectateurs.

– Les MARD prévoient dans tous les cas la présence d'un tiers, distinct des parties, dont la mission est de faciliter le dialogue. Ce tiers a un rôle plus ou moins actif dans la recherche de la solution. Le travail du Forum s'est concentré autour des MARD dans lesquels le tiers joue un rôle de facilitateur auprès des parties et non d'arbitre, cas où le tiers a un pouvoir de décision.

– Les MARD sont des compléments naturels des procédures judiciaires traditionnelles. Ils doivent donc être compris comme des processus « à côté » des recours judiciaires traditionnels. Ils ne peuvent donc prétendre se substituer à ces derniers ni en constituer une étape préalable obligatoire.

– Les MARD apparaissent particulièrement pertinents dans le cas des conflits transnationaux liés au développement du commerce électronique car ils offrent un règlement rapide, d'un coût modéré, évitant les questions complexes liées au droit international privé. Bien que peu développés aujourd'hui dans ces domaines, ils peuvent également offrir des solutions très pertinentes pour des différends dits de « proximité », intervenus entre des particuliers ou entre un consommateur et une petite entreprise. Ces situations, qui risquent de représenter une part importante des différends survenus en ligne dans le futur, sont insuffisamment prises en compte dans la pratique actuelle des MARD.

– Les MARD ne doivent pas faire l'objet d'un encadrement juridique mais être laissés libres de se développer dans leur diversité.

En effet, un encadrement réglementaire de ces processus les transformerait en outils de justice parallèle ce qui ne correspond pas à leur positionnement. La nécessaire structuration de ces processus doit donc relever de l'incitation et de la pédagogie plutôt que de la loi. À cet égard, il convient d'inciter à l'adoption de règles déontologiques communes à ces processus afin d'accroître leur lisibilité et leur crédibilité et donc la confiance que l'internaute peut mettre en eux.

– L'information préalable des parties au début du processus est un élément clé de la nécessaire structuration des MARD. Cette information doit avoir pour objet de bien faire comprendre aux parties ce qu'est ce processus qu'elles ont accepté et ce qu'elles peuvent en attendre. Il s'agit donc de bien situer les MARD par rapport aux autres modes d'action tout en soulignant l'intérêt et les limites de ce type de démarche. En outre, les questions de confidentialité du processus, de suspension des délais de prescription, de force exécutoire de l'accord, etc. doivent être clairement évoquées auprès des parties.

– Si des modèles économiques semblent émerger pour les MARD de consommation et illustrer l'adaptabilité de ces processus, il paraît difficile d'envisager un mode de financement exclusivement privé pour les modes alternatifs liés à des conflits entre particuliers. Dans ce cas, l'aide de l'État devrait être orientée en priorité vers des expériences respectant les règles déontologiques précédemment évoquées et vers un soutien à la formation du tiers facilitateur.

2. – Les pistes d'action

Sur la base des principes qui viennent d'être énoncés, le groupe a considéré qu'il convenait de poursuivre cette première réflexion par la mise en place d'actions concrètes selon le programme suivant :
– contribuer de manière active au débat européen sur les MARD, en particulier en répondant aux interrogations soulevées par la Commission dans son « Livre vert » du 19 avril dernier. Une réponse du Forum sera faite avant septembre 2002 ;
– élaborer un cadre déontologique de référence permettant de clarifier l'information préalable nécessaire à fournir aux parties au début d'un processus alternatif. L'objectif sera d'apporter aux acteurs désirant créer un mode alternatif de règlement des différends une charte déontologique garantissant aux parties le respect de certains principes ;
– réfléchir à la formation du tiers. Cette formation est, en effet, la garantie de la qualité, de l'objectivité et par là même, la crédibilité des MARD ;
– développer un portail d'information général et pédagogique sur la médiation – conciliation permettant une information complète du public et un renvoi vers les processus existant ;
– travailler, plus largement, à la mise en place d'une structure opérationnelle de résolution des différends liés aux litiges en ligne.

Le groupe de travail se réunira en juillet et invite les acteurs intéressés à le rejoindre dans la suite de ses travaux.

Annexe 1 :
les auditions menées par le Forum

Les membres des groupes de travail du Forum tiennent à remercier les personnes suivantes d'avoir accepté de participer aux auditions organisées :

Mme **Myriame Bacqué**, CMAP.

Mme **Claude Beau**, magistrate.

Mme **Bedard**, responsable juridique SVD.

Mme **Latifa Bennari**, association l'Ange Bleu.

M. **Matthieu Boissavy**, avocat.

Mme **Anne Carblanc**, OCDE.

M. **Philippe Dailey**, délégué général du syndicat de la vente directe – SVD.

M. **Thimothy Fenoulhet**, Commission européenne.

M. **Frizon**, médiateur de la Fédération française des sociétés d'assurance.

M. **Jérôme Giusti**, avocat.

M. **Frédéric Goldsmith**, directeur juridique – SNEP.

M. **Jean-Jacques Gomez**, conseiller à la Cour de Cassation.

Mme **Natalie Jouen Arzur**, directeur des services consos de France Télécom.

M. **Gérard Kerforn**, MRAP.

Mme **Catherine Kessedjian**, université de Paris I.

Mme **Michèle Lindeperg**, Conseil économique et social).

M. **Pascal Rogard**, ARP.

Mme **Monique Sassier**, UNAF.

Mme **Marielle Thuau**, Direction des affaires civiles et du sceau – ministère de la Justice.

M. **Ullmo**, médiateur ASF.

M. **Arnaud Valette**, GBDe.

M. **Van der Puyl**, Procirep.

Annexe 2 :
les textes français et européens

■ Rappel des différentes interventions législatives

A. – Médiation et conciliation en matière civile

20 mars 1978. Décret n° 78-381 relatif aux conciliateurs de justice (modifié par les décrets n° 81-583 du 18 mai 1981, n° 93-254 du 25 février 1993 et n° 96-1091 du 13 décembre 1996).

8 février 1995. Loi n° 95-125 relative à l'organisation des juridictions et à la procédure civile, pénale et administrative.

22 juillet 1996. Décret n° 96-652 relatif à la conciliation et à la médiation judiciaire (voir les articles 131 et s. du NCPC).

18 décembre 1998. Loi n° 98-1163 relative à l'accès au droit et à la résolution amiable des conflits.

28 décembre 1998. Décret n° 98-1231 portant modification du code de l'organisation judiciaire et du Nouveau Code de procédure civile.

21 janvier 1998. Recommandation du Conseil de l'Europe n° R (98) 1 du comité des ministres aux États membres sur la médiation familiale.

8 juin 2000. Directive 2000/31/CE sur le commerce électronique (article 17, règlement extrajudiciaire des litiges).

B. – Médiation en matière pénale

23 juin 1999. Loi n° 99-515 renforçant l'efficacité de la procédure pénale (voir les articles 41-1 et s. du Code de procédure pénale).

29 janvier 2001. Décret n° 2001-71 modifiant le Code de procédure pénale et relatif aux délégués et aux médiateurs du procureur de la République et de la composition pénale.

15 septembre 1999. Recommandation du Conseil de l'Europe n° R (99) 19 du comité des ministres aux États membres sur la médiation pénale.

■ Liste des textes applicables

A. – Droit civil : dispositions générales

– Médiation et conciliation : dispositions communes

Art. 21 à 26 de loi n° 95-125 du 8 février 1995 (tentative de conciliation-médiation préalable).

– Conciliation

Art. 21 et art. 127 à 131 NCPC (dispositions générales).

Art. 768 du NCPC (tribunal de grande instance).

Art. 830 à 835, 840, 841 et 847 du NCPC (tribunal d'instance).

Art. 941 du NCPC (cour d'appel).

Art. 882, 887 et 888 du NCPC (tribunal paritaire de baux ruraux).

Art. 1 à 9 ter du décret du 20 mars 1978 relatif aux conciliateurs de justice.

– Médiation

Art. 131-1 à 131-15 du NCPC.

B. – Conciliation judiciaire en droit de la famille

Art. 251 à 252-3 du Code civil (procédure de divorce).

Art. 1108 à 1113 et 1074 du NCPC (tentative de conciliation dans la procédure de divorce).

C. – Conciliation judiciaire en droit social

– En matière de conflit individuel

Art. 879 NCPC.

Art. R. 516-8 à R. 526-20-1 du Code du travail.

– En matière de conflit collectif

Art. L. 523-1 et s. du Code du travail.

– En matière de saisie des rémunérations

Art. R. 145-9 du Code du travail.

D. – Droit commercial

Art. 863 NCPC (tribunal de commerce).

Art. L. 611-3 et L 611-4 du Nouveau Code du commerce (redressement des entreprises en difficultés).

E. – L'accord issu des modes alternatifs de règlements des conflits

Art. 384 du NCPC (extinction de l'instance et force exécutoire des actes constatant l'accord des parties).

Art. 1441-4 du NCPC.

F. – Droit pénal

Art. 41-1 et s. du Code de procédure pénale.

Art. R 15-33-30 et s. du Code de procédure pénale (voir le décret du 29 janvier 2001).

■ Les textes européens

A. – Les deux recommandations

Recommandations de la Commission du 30 mars 1998 concernant les principes applicables aux organes responsables pour la résolution extrajudiciaire des litiges de consommation - 98 (257) CE.

Recommandation de la Commission du 4 avril 2001 relative aux principes applicables aux organes extrajudiciaires chargés de la résolution consensuelle des litiges de consommation - 2001 (310) CE.

B. – Les directives

On trouve cependant mention des ADR dans plusieurs autres textes :

– La directive commerce électronique 2000/31/CE traite en son article 17 des règlements extrajudiciaires des litiges, et demande aux États membres d'encourager leur développement et de ne pas avoir de législation faisant obstacle à leur utilisation. Elle suggère également aux MARDs de lui transmettre « *les décisions importantes qu'ils prennent en matière de services de la société de l'information ainsi que toute autre information sur les pratiques, les us ou les coutumes relatifs au commerce électronique.* »

– La directive 98/10/CE relative à la fourniture d'un réseau ouvert de télécommunication, dans son article 26, évoque la possibilité pour les consommateurs de saisine d'un organisme indépendant « *dans les cas de litige opposant les utilisateurs à un organisme au sujet de leurs factures de téléphone ou des modalités et conditions de fourniture du service téléphonique.* » Cette directive invite également les États membres à créer « *des procédures d'accès facile et en principe peu onéreuses* [...] *au niveau national pour régler ces litiges d'une manière équitable et transparente et en temps opportun.* »

C. – Les textes complémentaires

– Le « Livre vert » sur les *Modes alternatifs de résolution des conflits relevant du droit civil et commercial*. Ce « Livre vert » est ouvert à commentaires jusqu'au 15 octobre 2002.

– Le « Livre vert » sur *La protection des consommateurs dans l'union européenne* traite dans son chapitre 4.4 de « L'autorégulation et la corégulation ». Il propose en particulier de définir le non-respect d'un engagement volontaire d'une entreprise à l'égard d'un consommateur comme une « *pratique commerciale trompeuse ou déloyale* ». Ce document souligne en effet qu'actuellement, seuls les engagements repris dans une publicité et non respectés peuvent être soumis aux conséquences prévues dans la directive sur la publicité trompeuse. Le « Livre vert » propose également d'étendre cette obligation générale aux « *associations commerciales et d'autres organisations émettant des recommandations sur les pratiques et établissant des codes, etc.* ».

– Le projet de règlement relatif aux promotions des ventes dans le marché intérieur souhaite, en son article 6 encourager le « *développement de mécanismes de règlement extrajudiciaire pour le règlement de différend* ». Le projet prévoit en particulier la fourniture gratuite d'une adresse destinée à recevoir les plaintes (6-2), une réponse sous six semaines, par écrit (6-3), une mention obligatoire d'un recours à un MARD si pertinent et de fournir sur demande tout renseignement quant à ce mécanisme (6-4).

Annexe 3 :
composition des groupes de travail

Le groupe de travail pour les modes alternatifs de règlement des différends pour les questions de consommation était composé de :

Mme **Isabelle FALQUE-PIERROTIN**, Forum des droits sur l'internet.

Mme **Anne CARBLANC**, Organisation pour la coopération et le développement économique (OCDE).

M. **Dominique DU CHATELIER**, Fédération des entreprises de vente à distance (FEVAD).

Mme **JOËLLE FREUNDLICH**, Association pour le commerce et les services en ligne (ACSEL).

M. **Laurent GOMIS**, Confédération du logement, de la consommation et du cadre de vie (CLCV).

Mme **Isabelle DE LAMBERTERIE**, Centre national de la recherche scientifique (CNRS).

Mme **Frédérique OLIVIER**, Mouvement des entreprises de France (MEDEF).

Mme **Aline PEYRONNET**, Direction générale de la concurrence, consommation et répression des fraudes (DGCCRF).

M. **Bernard SIOUFFI**, Fédération des entreprises de vente à distance (FEVAD).

M. **Yves SIROT**, Organisation générale des consommateurs (ORGECO).

M. **Michel VIVANT**, université de Montpellier.

Le groupe de travail pour les modes alternatifs de règlement des différends pour le contenu illicite et préjudiciable était composé de :

Mme **Isabelle FALQUE-PIERROTIN**, Forum des droits sur l'internet.

M. **Sébastien CANEVET**, chapitre français de l'Internet Society (ISOC).

M. **Jean-Christophe LE TOQUIN**, Association des fournisseurs d'accès (AFA).

M. **Jacques LOUVIER**, magistrat, Direction du développement des médias (DDM service du Premier ministre).

M. **Thierry DE SURMONT**, SACEM.

M. **Arnaud VALETTE**, GBDe.

M. **Gerard KERFORN**, Mouvement contre le racisme et pour l'amitié entre les peuples (MRAP).

M. **Olivier GAINON** (Forum des droits sur l'internet) puis **M. Bertrand DELCROS** ont été les rapporteurs de ces deux groupes.

Internet et communication électorale

Recommandation adoptée le 29 août 2002

Introduction

■ Contexte

L'internet s'est imposé cette année à l'ensemble des candidats aux élections présidentielle et législative comme un vecteur de propagande électorale incontournable, comme un nouvel outil de communication capable de toucher au plus près l'électeur. En effet, l'ensemble des candidats déclarés à l'élection présidentielle disposait de leur plate-forme en ligne, et nombreux sont les prétendants aux sièges de députés ayant également choisi de développer ce canal d'information et de communication avec les électeurs. De plus, la forte diffusion de ce nouveau moyen de propagande et d'information a entraîné l'apparition de nouvelles techniques de communication politique qui suscitent de nombreuses questions au regard de la vie privée et de la démocratie.

Dans ce contexte, et en l'absence de dispositions spécifiques du Code électoral concernant la « web-campagne », on peut craindre que le défaut d'information des candidats sur la portée du droit ne donne lieu à certains litiges comme en ont été saisis les tribunaux administratifs puis le Conseil d'État à la suite, notamment, des élections municipales de 2001.

■ Rappel

Même si la plupart des sites de candidats ont redoublé d'idées pour créer une nouvelle forme d'interactivité avec les électeurs, le Forum des droits sur l'internet rappelle qu'ils restent soumis à la plupart des règles législatives traditionnelles qui s'accompagnent d'une jurisprudence de plus en plus complète.

C'est pour cette raison que le Forum a rendu public le 27 mars 2002 un dossier d'information juridique (« Internet et communication électorale », Forum des droits sur l'internet, 27 mars 2002) dont l'ambition était à la fois de signaler aux équipes de campagne des candidats aux élections présidentielles et législatives les principales règles de droit applicables aux outils de propagande électorale mais aussi de souligner les incertitudes portant sur l'interprétation et l'application de ces règles. Le dossier invitait par ailleurs les équipes des candidats à la prudence sur certains thèmes juridiques encore mal encadrés par la jurisprudence et débattus de manière souvent contradictoire par la doctrine.

■ Concertation et consensus

À la suite de la constitution de ce dossier d'information juridique, le Forum des droits sur l'internet a souhaité recueillir les réactions des experts des principales formations politiques. Deux réunions de travail se sont ainsi déroulées au Forum les 24 avril et 27 mai.

La présente recommandation est à la fois le fruit du consensus que les experts et praticiens des formations politiques ont exprimé devant le Forum des droits sur l'internet, mais aussi de la réflexion du Forum sur la nécessaire adaptation du droit aux réalités spécifiques de l'internet.

Cette recommandation propose des règles applicables à tous les types d'élections. Il faut noter qu'elle n'aborde pas le thème du respect des données personnelles collectées sur les sites de candidats qui a été largement traité par la Commission nationale de l'informatique et des libertés mais, qu'en revanche, elle constate l'apparition de nouvelles techniques de « marketing » politique.

■ Esprit de la recommandation

Cette recommandation est guidée par trois principes :
– le cadre juridique de la « web-campagne » existe : en aucun cas ces nouvelles pratiques de communication électorale ne pourront s'affranchir des règles générales applicables à la communication audiovisuelle telle qu'elle est définie par la loi du 30 septembre 1986 relative à la liberté de communication modifiée par la loi du 1er août 2000, ni contrevenir aux principes du Code électoral. De manière générale, le Forum des droits sur l'internet rappelle que le média internet reste soumis à la plupart des règles législatives et réglementaires traditionnelles et à une jurisprudence de plus en plus complète ;
– la vitalité de la démocratie ne peut que profiter de la multiplication des sites internet des candidats. Ceux-ci doivent donc bénéficier d'un cadre juridique adapté aux réalités de la « web-campagne » ;
– la communication électorale en ligne n'en est qu'à ses débuts et les usages sont loin d'être stabilisés. La prudence s'impose donc dans l'analyse des conséquences des nouvelles pratiques quant au cadre juridique qui leur serait nécessaire.

■ Destinataires de la recommandation

Cette recommandation est destinée à trois types d'acteurs :

1) Les candidats et leurs soutiens.

À l'intention des candidats et de leurs soutiens, la présente recommandation a pour objectif de prévenir d'éventuels litiges en leur indiquant, dans le cadre juridique existant, les attitudes qu'il conviendrait d'adopter.

2) Les autorités chargées de contrôler et de juger les élections.

À l'intention des autorités administratives chargées de contrôler les élections (commissions de contrôle, Commission nationale de contrôle des comptes de campagne et des financements politiques) et des juges de l'élection, le Forum des droits sur l'internet a souhaité apporter certains éclairages complémentaires dans le but de leur faciliter l'appréhension des différents aspects spécifiquement liés au contexte particulier de l'internet.

3) Le législateur et le gouvernement.

Le Forum des droits sur l'internet a également formulé, à l'occasion de cette recommandation, un certain nombre de souhaits d'action destinés au législateur et au gouvernement et portant sur une adaptation de la législation.

■ Réactions

Le Forum des droits sur l'internet vous invite à lui faire connaître vos réactions à l'adresse : (reagir@foruminternet.org).

I. – Propagande électorale et réglementation des contenus

A. – Licéité des sites de campagne

L'application aux sites internet de candidats des règles relatives à la propagande électorale posées par les articles L. 50-1 et L. 52-1 du Code électoral, est contestée lorsqu'elle n'a pas été simplement écartée par la jurisprudence.

La jurisprudence et les nombreuses réponses ministérielles (à titre d'exemple : Rep. Zimmermann, n° 39358, *JO* du 28 février 2000) indiquent que la mise en ligne et la mise à jour des sites de campagne ne doivent pas être prohibées dans les délais prévus par le Code électoral pour les moyens de propagande audiovisuelle.

En effet, un site internet ne saurait être assimilé à un numéro d'appel téléphonique ou télématique gratuit, dont, aux termes de l'article L. 50-1 du Code électoral, la communication au profit d'un candidat est interdite trois mois avant le scrutin, ainsi que l'a jugé le Conseil d'État (8 juillet 2002, *élections municipales de Rodez*). Dans le même sens, le juge de première instance s'était fondé sur le fait que : « *l'accès au site internet de la liste* [...] *entraînait en principe le paiement d'une communication téléphonique* », et que l'on ne saurait par conséquent arguer de la gratuité du service pour estimer que la mise en ligne d'un site internet contreviendrait aux dispositions de l'article L. 50-1 du Code électoral (*élections municipales de Rodez*, tribunal administratif de Toulouse, 25 septembre 2001 [12]).

Dans le prolongement d'une telle décision, il peut donc être souhaitable que le juge estime également que la mention de l'adresse du site du candidat sur les documents de campagne, tracts et affiches, ne contrevient pas aux dispositions de l'article L. 50-1 précité.

De même, la disposition de l'article L. 52-1 du Code électoral, qui interdit tout recours à des procédés de publicité commerciale à des fins de propagande par un moyen de communication audiovisuelle pendant les trois mois précédant l'élection ne doit pas être interprétée comme remettant en cause la licéité des sites de campagne eux-mêmes. Le Conseil d'État a en effet jugé que « *si la réalisation et l'utilisation d'un site internet par la liste de M. C. ont constitué une forme de propagande électorale par voie de communication audiovisuelle, cette action de propagande n'a, en l'espèce, alors que le contenu du site, dont le candidat assumait l'entière responsabilité à des fins électorales, n'était accessible qu'aux électeurs se connectant volontairement, pas revêtu un caractère de publicité commerciale* » (8 juillet 2002, *élections municipales de Rodez* précité).

---

[12] http://www.foruminternet.org/documents/jurisprudence/lire.phtml?id=229

Recommandation :

Le Forum des droits sur l'internet souhaite que, dans le prolongement d'une jurisprudence qui estime que l'accès à un site internet, notamment parce qu'il entraîne le paiement d'une communication téléphonique et procède d'une démarche volontaire, n'entre pas dans le champ d'application des dispositions de l'article L. 50-1 du Code électoral, le juge de l'élection considère également que la mention de l'adresse du site du candidat sur les documents de campagne, tracts et affiches, ne contrevient pas aux dispositions de l'article L. 50-1 précité.

B. – Usage des couleurs et des symboles nationaux

L'article R. 27 du Code électoral précise que « *les affiches ayant un but ou un caractère électoral qui comprennent une combinaison des trois couleurs : bleu, blanc et rouge sont interdites* ». Bien que ne concernant pas les sites internet, cette disposition doit inciter les créateurs de sites à la retenue dans l'usage des couleurs et symboles nationaux.

Le Conseil d'État a précisé le champ d'application de l'article R. 27 du Code électoral en estimant que la combinaison des couleurs bleu, blanc, rouge n'est interdite que pour les affiches électorales (Conseil d'État, 14 janvier 2002, *élections municipales de Saint-Gervais-les-Bains* ; Conseil d'État, 22 juin 2001, *élections cantonales de l'Isle-Adam*).

Ceci laisse la possibilité de se servir de ces trois couleurs dans d'autres supports : le Conseil constitutionnel a ainsi jugé, pour l'élection des députés, que l'usage des trois couleurs n'était pas interdit sur les circulaires (Conseil constitutionnel, 23 octobre 1997, Assemblée nationale, *Seine-Saint-Denis, 6ᵉ circonscription*).

Cependant, même si les sites internet n'entrent pas dans le champ d'application de l'article R. 27, le candidat doit, dans la réalisation d'un site, veiller à ne pas abuser des couleurs et symboles nationaux comme, par exemple, le logo de la République française. Une utilisation trop systématique des couleurs et symboles nationaux pourrait être qualifiée par le juge de « manœuvre » de nature à altérer la sincérité du scrutin. Si en effet une telle utilisation risquait de créer une confusion dans l'esprit de l'électeur, le juge pourrait la censurer. Il a ainsi été récemment jugé, dans le domaine commercial, que « *la représentation du visage de la République personnifiée, dans un rectangle sombre avec les mentions "Liberté, égalité, fraternité, République française", créait un risque de confusion dans l'esprit du public et donnait à penser que la société privée était une émanation de l'État* » (TGI de Paris, 3 mai 2002, *Newtech interactive*).

Recommandation :

Le Forum des droits sur l'internet recommande aux candidats de faire un usage modéré des couleurs nationales sur leurs sites internet, même si l'application à ceux-ci d'une disposition qui ne réglemente que les affiches électorales semble exclue. Par extension, le Forum recommande également une totale prohibition sur le site internet d'un candidat de tout ce qui pourrait créer une confusion dans l'esprit de l'électeur (logos officiels etc.) et qui serait ainsi de nature à porter atteinte à la sincérité du scrutin.

C. – Sites internet et diffusion de tracts

Pour chaque type d'élection, il existe des dispositions qui limitent les moyens de la propagande électorale. Ainsi, l'article R. 29 du Code électoral prévoit que les candidats ne peuvent faire imprimer ou envoyer aux électeurs, avant chaque tour de scrutin qu'une seule circulaire. La diffusion des pratiques de propagande électorale en ligne pourrait favoriser la révision de ces dispositions, peu respectées de fait dans la communication de matériels de campagne traditionnels.

L'article R. 29 du Code électoral, pris pour l'application des articles L. 165, L. 211, L. 240 et L. 356 du Code électoral réglemente notamment la propagande électorale et les moyens de communications y afférents en prévoyant que chaque candidat ne peut faire imprimer qu'une seule circulaire sur un feuillet. De même, pour les candidats aux élections au Parlement européen, l'article 18 de la loi du 7 juillet 1977 et le décret du 28 février 1979 réglementent strictement les moyens de propagande électorale. On pourrait se demander si de telles dispositions, entendues trop strictement, ne risqueraient pas d'empêcher la diffusion de tracts, voire de tout matériel de campagne sur les sites internet.

Ces dispositions n'ont cependant certainement pas pour effet de rendre illégale la communication électorale par le biais du nouveau moyen de communication qu'est le site internet. En effet, ces dispositions reçoivent une application limitée dans le cadre des campagnes électorales classiques : le Conseil d'État a estimé que l'absence de respect de ces prescriptions n'était pas source d'annulation d'une élection sauf en cas de manœuvre frauduleuse (CE, 9 février 1990, *élections municipales de Miniac-Morvan*). Il n'y a pas de raison de penser qu'elles devraient recevoir une application plus stricte dans le cadre de la campagne sur internet.

On peut cependant regretter que subsiste dans le droit électoral des dispositions qui sont si éloignées des pratiques actuelles, ainsi que des exigences du débat démocratique. La limitation du nombre de documents électoraux autorisés, déjà obsolète dans le cadre des campagnes classiques, le devient encore plus à l'heure où les candidats peuvent actualiser leur site web quasiment en permanence.

Recommandation :

Le Forum des droits sur l'internet souhaite du législateur une clarification des règles s'appliquant à la diffusion de tracts. Il paraîtrait souhaitable d'adapter les articles L. 165, L. 240, L. 211 et L. 356 du Code électoral aux actuelles réalités de la campagne en ne limitant plus l'impression et l'utilisation du matériel de campagne des candidats.

D. – Sites internet et diffusion de bulletins

L'article L. 165 du Code électoral prévoit une limitation du nombre et des dimensions des bulletins de vote que les candidats peuvent faire imprimer et envoyer aux électeurs, ce qui pose la question de l'encadrement des pratiques des candidats qui offrent aux électeurs le téléchargement des bulletins de vote sur leur site internet.

Le Code électoral, tout en laissant à chaque candidat le soin de faire imprimer et diffuser ses bulletins de vote, fixe des règles concernant la diffusion et la forme des bulletins. Ces règles visent notamment à imposer un format strict pour les bulletins de vote, de façon à assurer le secret du vote. L'article R. 30 du Code électoral précise des dimensions maximales autorisées et renvoie aux prescriptions applicables pour chaque catégorie d'élections pour fixer le libellé et la dimension maximale des caractères.

Or, le recours à l'internet pour offrir le téléchargement des bulletins peut permettre aux candidats des économies d'impression de leurs bulletins, notamment dans le cas des élections nationales où tous les candidats n'ont pas de représentants sur l'ensemble du territoire. Ce recours au téléchargement n'est pas interdit et a déjà été validé implicitement par la jurisprudence (Conseil d'État, assemblée, 3 décembre 1999). Il n'est pas considéré que le premier alinéa de l'article R. 29, qui limite le nombre de bulletins que chaque candidat peut faire imprimer, s'oppose à l'offre de téléchargement de bulletins. Le téléchargement des bulletins de vote sur internet appelle cependant certaines précautions.

En premier lieu, les candidats doivent veiller à respecter les règles applicables à l'élection en cause, qui peuvent notamment leur imposer la remise d'un bulletin à une commission départementale de propagande siégeant auprès du préfet. Ainsi, dans le cas des élections européennes, l'article 12 du décret du 28 février 1979 interdit notamment la prise en compte des bulletins autres que ceux qui sont remis par les mandataires des listes dont les noms sont notifiés aux préfets de département en application de l'article 2 du même décret. Le Conseil d'État (assemblée, 3 décembre 1999) a ainsi jugé que ne pouvaient pas être pris en compte dans un département donné les bulletins en faveur d'une liste qui n'avait pas désigné de mandataire dans le département en question et dont aucun mandataire n'avait donc remis un modèle de bulletin. Autrement dit, dans un tel cas, les bulletins téléchargés sur internet ne pouvaient pas être pris en compte.

En second lieu, les candidats doivent veiller à n'offrir le téléchargement de bulletins sur leur site internet que par des moyens qui garantissent le format de ces bulletins tel qu'il est fixé en application notamment de l'article R. 30 du Code électoral. Il leur faut éviter que les bulletins téléchargés risquent, une fois imprimés, de prendre un format différent de celui prescrit par les textes, car les suffrages ainsi exprimés par des bulletins « hors normes » risqueraient d'être annulés ou l'élection entachée d'irrégularité. Il a en effet été jugé qu'un format double du format autorisé pouvait constituer une manœuvre portant atteinte au secret du vote et à la sincérité du scrutin (Conseil d'État, 6 décembre 1967, *élections municipales de Magnanville*).

Recommandations :

Le Forum des droits sur l'internet recommande aux candidats qui décident de diffuser leurs bulletins de vote par téléchargement sur leur site internet de s'assurer du respect de toutes les règles posées par les textes concernant l'élection en cause, s'agissant notamment du dépôt d'exemplaires des bulletins de vote auprès des autorités.

Le Forum des droits sur l'internet recommande aux candidats de n'offrir sur leur site internet le téléchargement des bulletins de vote qu'en utilisant des formats informatiques qui garantissent le respect des normes posées par les textes, notamment en ce qui concerne la dimension des bulletins et celle des caractères utilisés.

E. – Gel des sites de campagne la veille du jour du scrutin

L'article L. 49 du Code électoral, qui réglemente les moyens de propagande autorisés la veille et le jour du scrutin, a longtemps fait naître des questions sur la pratique à retenir pour les sites internet dans cette période. Un récent arrêt du Conseil d'État ainsi qu'un communiqué de la Commission nationale de contrôle de l'élection présidentielle ont clarifié le droit en autorisant le maintien en ligne du site à condition qu'aucun ajout n'y soit fait à partir de la veille du scrutin à zéro heure.

Le premier alinéa de l'article L. 49 du Code électoral, qui interdit de « *distribuer ou faire distribuer, le jour du scrutin, des bulletins, circulaires et autres documents* » n'a pas pour effet d'empêcher le maintien en ligne d'un site, même si ce dernier contient la reproduction des documents dont la distribution est prohibée par ces dispositions. En effet, il a été jugé que « *le maintien sur un site internet, le jour du scrutin, d'éléments de propagande électorale, n'est pas assimilable à la distribution de documents de propagande électorale au sens des dispositions précitées du premier alinéa de l'article L. 49* » (Conseil d'État, 8 juillet 2002, *élections municipales de Rodez*).

Le deuxième alinéa de l'article L. 49, qui interdit « *à partir de la veille du scrutin à zéro heure [...] de diffuser ou de faire diffuser par tout moyen de communication audiovisuelle tout message ayant le caractère de propagande électorale* » est en revanche applicable aux sites internet des candidats, qui sont regardés comme des moyens de communication audiovisuelle.

Cette disposition n'est cependant pas interprétée comme prohibant le maintien en ligne du site, mais seulement comme interdisant sa modification. En effet, « *le maintien sur un site internet, le jour du scrutin, d'éléments de propagande électorale ne constitue pas, lorsqu'aucune modification qui s'analyserait en nouveaux messages n'a été opérée, une opération de diffusion prohibée par les dispositions précitées du second alinéa de l'article L. 49* » (Conseil d'État, 8 juillet 2002, *élections municipales de Rodez*). Il est donc recommandé de ne plus modifier le contenu du site la veille du scrutin à zéro heure.

Dans le même sens, la Commission nationale de contrôle de l'élection présidentielle, composée de hauts magistrats chargés de prévenir les difficultés juridiques dans l'organisation de cette élection, avait considéré le 17 avril 2002 que les sites de campagne doivent être gelés et passifs la veille du scrutin en demandant « *que les candidats ne procèdent plus à des modifications du contenu de leur site internet* » à zéro heure et « *de ne plus inscrire de nouvelles informations ou de nouveaux argumentaires sur leur site internet à compter de cette date et d'y faire cesser toute activité interactive, notamment sous forme de dialogue en direct avec les internautes* ».

Recommandation :

Le Forum des droits sur l'internet recommande aux candidats de cesser toute nouvelle publication la veille du scrutin à zéro heure et de désactiver tous les services interactifs (chats, forums...) mis à disposition sur leur site. Le Forum des droits sur l'internet recommande également aux responsables des sites de candidats de faire cesser tout postage de matériel de propagande par voie électronique dans ce délai, ainsi que de suspendre tout accès aux fonctionnalités facilitant l'envoi de textes et autres ressources depuis le site du candidat.

F. – Sites internet et procédés de publicité commerciale

Le Code électoral prohibe l'usage de tout procédé de publicité commerciale par un moyen de communication audiovisuelle dans la période de trois mois précédant un scrutin. Appliquée à la publicité sur l'internet, cette règle interdit aux candidats certaines pratiques de promotion de leurs sites. Elle pourrait aussi leur interdire certaines procédures de référencement.

L'article L. 52-1 du Code électoral interdit pendant la période de trois mois précédant le premier tour, « *l'utilisation à des fins de propagande électorale de tout procédé de publicité commerciale par voie de presse ou par tout moyen de communication audiovisuelle* ». Cette règle interdit certaines pratiques de promotion des sites des candidats. La publicité sur internet par l'achat de bannières destinées à accroître la notoriété des candidats est ainsi certainement à exclure.

En revanche, et sous peine de méconnaître la nature même de l'internet, toute forme de lien hypertexte pointant vers le site d'un candidat ne doit pas être assimilée à une forme de publicité prohibée. Il faut à cet égard distinguer les liens hypertextes qui sont de nature informative et qui sont autorisés, de ceux qui sont publicitaires. Ainsi, même si c'est sur la demande d'un candidat, la mise en place sans rémunération d'un hyperlien vers le site du candidat à partir d'un site tiers ne s'aurait être assimilée à de la publicité, puisque le choix de faire connaître le site de campagne appartient à l'auteur du site tiers et que les deux sites n'entretiennent aucune relation commerciale.

Par ailleurs, l'interdiction de la publicité pose également la question de la licéité de certaines pratiques de référencement sur les annuaires et les moteurs de recherche. Souvent le référencement du site du candidat est opéré gratuitement à la demande du candidat. Dans certains cas, notamment pour les élections nationales, il est même effectué systématiquement à l'initiative de l'annuaire ou du moteur à des fins d'information et d'orientation des usagers du réseau.

La difficulté peut naître des pratiques de certains moteurs ou annuaires qui proposent contre rémunération, soit un référencement accéléré, soit l'achat de mots clés. Dans les deux cas, ces services peuvent se révéler indispensables pour la visibilité des sites des candidats. C'est notamment vrai pour les élections locales où les moteurs et annuaires ne pratiquent pas un référencement systématique et où les campagnes sont parfois courtes au point qu'un délai classique de référencement en six semaines enlève une bonne part de son intérêt à la constitution d'un site.

Afin que soient respectées toutes les potentialités démocratiques du web, le Forum des droits sur l'internet estime que la prohibition de la publicité ne doit pas être entendue trop largement. Le principe reste que chaque candidat est libre de choisir les moyens de se faire connaître, avec pour seule réserve qu'il ne peut pour cela recourir à de la publicité commerciale. Or le référencement, compte tenu de son importance dans le fonctionnement du web, revêt une portée plus informative que véritablement commerciale. De même qu'un candidat est libre de dépenser de l'argent pour imprimer des affiches, il apparaît important d'autoriser les candidats à se faire référencer, même contre rémunération.

Recommandations :

Le Forum rappelle aux candidats que l'insertion contre rémunération de bannières et autres liens promotionnels s'apparente clairement à un procédé de publicité commerciale et est donc à proscrire dans le cadre de toute campagne électorale.

Le Forum des droits sur l'internet recommande aux autorités de contrôle et aux juges des élections de ne pas regarder systématiquement les liens hypertextes qui pointent vers les sites des candidats comme des procédés de publicité. Il convient de prendre en compte la nature informative de beaucoup de ces liens qui, quand ils ne sont pas établis contre rémunération, ne sont pas publicitaires et ce, même s'ils sont établis à la demande du candidat.

En l'absence actuelle de jurisprudence sur ce sujet, le Forum des droits sur l'internet recommande aux candidats la prudence dans le recours aux référencements payants et à l'achat de mots clés sur les moteurs et annuaires de recherche. Il n'est pas impossible que de telles pratiques soient assimilées à de la publicité commerciale.

Le Forum des droits sur l'internet recommande aux autorités de contrôle et aux juges des élections d'autoriser les candidats, sous réserve naturellement de l'inscription dans le compte de campagne, à souscrire aux offres de positionnement contre rémunération par achat de mots clés ou aux offres de référencement accéléré par les annuaires et moteurs de recherche.

G. – Diffusion du résultat des élections et publication des sondages

1. – Diffusion du résultat des élections

L'article L. 52-2 du Code électoral dispose que : « *en cas d'élections générales, aucun résultat d'élection, partiel ou définitif, ne peut être communiqué au public par la voie de la presse ou par tout moyen de communication audiovisuelle* [...] *avant la fermeture du dernier bureau de vote* [...]./*En cas d'élections partielles, les mêmes dispositions s'appliquent jusqu'à la fermeture du dernier bureau de vote de la circonscription territoriale intéressée.* »

Cette interdiction s'applique aux sites internet des candidats comme à tout moyen de communication audiovisuelle.

2. – Publication des sondages

Dans un arrêt en date du 4 septembre 2001, la Cour de Cassation s'est prononcée, sur fondement de l'article 10 de la Convention européenne des Droits de l'homme, contre la loi du 19 juillet 1977 dont l'article 11 interdisait la publication, la diffusion et le commentaire de tout sondage pendant la semaine précédant un scrutin.

La loi du 19 février 2002 a modifié le régime de la publication des sondages. Depuis l'entrée en vigueur de cette loi, l'interdiction de leur publication est limitée à la veille du scrutin et au jour du scrutin lui même. Par ailleurs, même s'il est précisé à l'article

11 modifié que cette interdiction « *ne fait pas obstacle à la poursuite de la diffusion des publications parues ou des données mises en ligne avant cette date* » cela n'autorise pas une nouvelle publication ou diffusion dudit sondage.

Pour l'application de cette prohibition maintenant limitée à la veille et au jour du scrutin, il convient d'adopter une certaine vigilance en ce qui concerne les liens hypertextes vers des pages montrant des résultats de sondages dont la publication est interdite en cette période.

En effet, le juge a déjà pu interpréter la présence d'un lien hypertexte, réalisé pendant la période interdite depuis le site d'un candidat, comme étant un nouveau mode d'accès au sondage. C'est ce que le tribunal de grande instance de Paris a notamment estimé en indiquant que « *la mise en place en France d'un hyperlien-entre le site français de (Paris-Match www.parismatch.com) et le site américain (geocities), sur lequel était hébergée la page personnelle à* Paris-Match, des sondages – *constitue bien l'infraction reprochée* » (TGI de Paris, 6 avril 2001, MM. *Amaury, Jeambar, Thérond et Sergent c/ministère public*).

En conséquence, la mise en place d'un lien hypertexte vers un site qui diffuse de nouveaux sondages pendant la période interdite risque de contrevenir aux nouvelles dispositions de l'article 11 de la loi du 19 juillet 1977 modifiée.

Il est donc probable que la réforme de la loi du 11 juillet 1977, même si elle répond dans l'urgence à une question sensible, ne résout pas toutes les questions ayant trait à la publication des sondages. La période d'interdiction, même si elle maintenant plus brève, risque en effet de voir se développer des pratiques destinées à contourner la loi notamment par le biais de liens hypertextes.

Recommandation :

Par prudence, le Forum des droits sur l'internet recommande à tous les responsables de sites, non seulement de ne plus insérer ni publier de sondages pendant la période d'interdiction mais aussi, de désactiver, sous peine d'amende prévue à l'article L. 90-1 du Code électoral, tout lien hypertexte vers un site pouvant éventuellement permettre la consultation d'un sondage.

H. – Le cas des sites de collectivités territoriales

L'article L. 52-1 al. 2 du Code électoral précise qu'« *à compter du premier jour du sixième mois précédant le mois au cours duquel il doit être procédé à des élections générales, aucune campagne de promotion publicitaire des réalisations ou de la gestion d'une collectivité ne peut être organisée sur le territoire des collectivités intéressées par le scrutin* ».

Le Code électoral interdit aux collectivités territoriales d'accorder, sous quelque forme que ce soit, des dons ou avantages directs ou indirects aux candidats. L'ouverture d'un site par la collectivité durant cette période risque ainsi d'être assimilée par le juge, au regard de son contenu notamment, à un avantage indirect consenti à un candidat.

Toutefois, des précisions ont été apportées par la jurisprudence. Le Conseil d'État a considéré que la création par une commune d'un site internet, qui ne comportait qu'une présentation générale de la commune, ne devait pas être automatiquement regardée comme une campagne de promotion publicitaire des réalisations ou de la gestion d'une collectivité au sens de l'article L. 52-1 du Code électoral (CE, 2 juillet 1999, *élections cantonales de Portel*).

De même, le Conseil d'État prend en compte le contenu du site pour vérifier s'il contrevient aux dispositions du deuxième alinéa de l'article L. 52-1. Il s'est ainsi fondé sur la circonstance qu'un site « *contient des informations générales sur la région concernée* » pour juger que sa création ne doit pas être regardée comme une campagne de promotion publicitaire des réalisations ou de la gestion d'une collectivité au sens de ces dispositions (Conseil d'État, 8 juillet 2002, *élections municipales de Rodez*).

La création d'un site internet par une collectivité locale n'est donc concernée par les dispositions de l'article L. 52-1 du Code électoral que si son contenu relève de la promotion des réalisations de l'exécutif sortant. En revanche, une présentation objective ou des informations pratiques à la population ne contreviendrait pas aux dispositions de l'article L. 52-1.

En conséquence, si le site d'une collectivité ne mentionne pas le bilan d'un candidat, il peut naturellement être maintenu en ligne tant que la communication de la collectivité et celle du candidat sont bien séparées.

Un récent arrêt du Conseil d'État entérine d'ailleurs cette pratique en considérant que le fait de continuer, quelques heures avant les élections, à rendre accessible sur le site de la mairie la « lettre du maire » est légal sous réserve qu'il n'y comporte aucun « *message ayant le caractère de propagande électorale* » (CE, 6 mars 2002, *élections municipales de Bagnères-de-Luchon*).

Recommandation :

Le Forum rappelle que les sites des collectivités locales doivent se conformer aux obligations de neutralité et de sobriété telles que définies par l'article L. 52-1 al. 2 du Code électoral et précisées par la jurisprudence. Le Forum recommande donc de ne pas procéder à une mise à jour du site spécifiquement réalisée dans une perspective électorale : tout élément susceptible d'être regardé comme une campagne de promotion d'un candidat doit ainsi être évité. En effet, les mises à jour inhabituelles et injustifiées tendant à rendre compte de manière répétitive et abusive des activités d'un candidat pourraient entraîner l'annulation de l'élection. Il convient donc de veiller à ce que le site ne contienne que des écrits à caractère purement informatif et que l'aspect, la présentation ou les rubriques dudit site ne soient pas modifiées à l'avantage d'un candidat.

II. – Questions relatives au financement des campagnes électorales

A. – Intégration dans le compte de campagne des dépenses liées à la réalisation d'un site internet

Toutes les dépenses imputables à la mise en œuvre et à l'animation d'un site de campagne par un candidat ou sous son contrôle doivent, en principe, être comptabilisées dans le compte de campagne du candidat.

L'article L. 52-17 du Code électoral prévoit ainsi que : « *Lorsque le montant d'une dépense déclarée dans le compte de campagne ou ses annexes est inférieur aux prix habituellement pratiqués, la Commission nationale des comptes de campagne et des financements politiques évalue la différence et l'inscrit d'office dans les dépenses de campagne [...]. La somme ainsi inscrite est réputée constituer un don, au sens de l'article L. 52-8, effectué par la ou les personnes physiques concernées. La commission procède de même pour tous les avantages directs ou indirects, les prestations de services et dons en nature dont a bénéficié le candidat.* »

Les dépenses de réalisation et de maintenance du site internet doivent être intégrées au compte de campagne sur la base d'une évaluation au prix du marché, puisque l'article L. 52-17 du Code électoral impose de prendre en compte les « *prix habituellement pratiqués* ».

Dans le cas où un site internet aurait été créé par le candidat préalablement à l'ouverture de la campagne, seules devraient être intégrées au compte les dépenses qui sont directement rattachables à la campagne. Il s'agit alors d'évaluer le nombre de pages concernées et la dépense correspondante au prix du marché, en prenant également en compte une partie des frais d'hébergement du site.

Les mêmes principes s'appliquent dans le cas où le candidat n'aurait pas de site web propre, mais utiliserait un site internet ami ou recourrait à un site partagé entre plusieurs candidats. Il convient alors d'évaluer la fraction de la dépense correspondant à ce site qui peut être attribuée au candidat, en proportion par exemple du nombre de pages qui lui sont consacrées, et de l'intégrer au compte de campagne.

Si certains ont pu s'inquiéter que de « faux amis » puissent créer des sites en sorte d'obliger le candidat à intégrer les dépenses à son compte, ce risque doit être relativisé car l'appréciation du juge est pragmatique : il faut un certain lien entre le candidat et l'initiative de la dépense pour que s'applique l'obligation d'intégration au compte. L'article L. 52-12 du Code électoral dispose que sont réputées faites pour le compte du candidat « *les dépenses exposées directement au profit du candidat et avec l'accord de celui-ci, par les personnes physiques qui lui apportent leur soutien, ainsi que par les partis et groupements politiques qui ont été créés en vue de lui apporter leur soutien ou qui lui apportent leur soutien* ».

Enfin, il faut également préciser que seuls doivent être intégrés les frais qui correspondent à de la promotion électorale. Dans le cas des candidats qui se voient consacrer quelques pages sur un site qui n'est pas à proprement parler un site de campagne ou un site politique, l'intégration au compte de campagne dépendra de la teneur de ces pages. Dans le cas d'un journal, le juge intègre la dépense dans le compte si le document comporte des photographies ou autres éléments rédactionnels consacrés expressément à la promotion personnelle du candidat (Conseil constitutionnel, 9 décembre 1993, Ass. nat. *Loir-et-Cher, 1re circonscription*), ce qui suggère *a contrario* qu'une information factuelle est toujours possible sans intégration au compte.

Recommandations :

Le Forum des droits sur l'internet recommande aux candidats la comptabilisation rigoureuse des dépenses liées à la « web-campagne » en prenant pour référence les prix du marché habituellement pratiqués pour ce type de prestation.

Le Forum des droits sur l'internet recommande à la Commission de contrôle des comptes de campagne et aux juges de l'élection de ne pas se fonder sur la simple mention d'un candidat sur le site internet d'un parti ou d'une association pour imposer l'intégration d'une dépense au compte de campagne. En prolongeant le raisonnement, et à l'instar de ce qui est pratiqué pour un journal, il est souhaitable que quelques pages sur un site puissent être regardées comme de l'information réalisée par l'auteur du site (ou mention factuelle) plutôt que comme une dépense électorale.

B. – Le cas des travaux réalisés à titre bénévole

Si le principe posé par l'article L. 52-17 du Code électoral est que les dépenses sont évaluées au prix du marché, il semble que la jurisprudence accepte cependant de prendre en compte la réalisation de certains travaux à titre bénévole.

Il a ainsi été jugé par le Conseil d'État que l'évaluation de certaines dépenses pouvait ne pas être faite au prix du marché dans le cas où elles correspondaient au « *travail personnel de militants exécutés à titre bénévole* ». Le point est jugé *a contrario* par le Conseil d'État, (section, 2 octobre 1996, *élections municipales d'Annemasse*) pour le cas où des avantages consentis à un candidat n'aurait pas consisté en de tels travaux bénévoles.

Cette jurisprudence a été appliquée par le Conseil d'État au travail de réalisation d'un site internet : le juge a en effet accepté de prendre en compte l'intervention de militants bénévoles pour conclure que l'évaluation de la dépense correspondante n'est pas sous-évaluée (10 juillet 2002, *élections municipales de Paris* 12e secteur).

Cette prise en compte par la jurisprudence du bénévolat est d'autant plus importante que la plupart des activités bénévoles traditionnelles (tractage, affichage...) n'entrent de fait pas dans les comptes de campagne : il est donc souhaitable que le temps passé par un militant à réaliser un site internet hors de son lieu de travail soit considéré comme étant une ressource gratuite pour le candidat au regard de la législation sur les comptes de campagne, exactement au même titre que le temps passé par un militant à distribuer des tracts ou à coller des affiches.

Cette jurisprudence dessine ainsi un équilibre entre deux exigences : le contrôle des dépenses, qui nécessite d'identifier les véritables dépenses effectuées, et la prise en compte des nouvelles formes de militantisme, puisqu'il ne serait pas équitable de pénaliser une forme de militantisme par rapport à une autre, en autorisant aux militants les seules tâches non qualifiées et en sanctionnant par là même des activités bénévoles plus qualifiées (réalisation d'un site internet par exemple) au seul motif qu'elles sont plus facilement quantifiables.

On ne peut donc que souhaiter que cette jurisprudence soit confirmée et appliquée également par le Conseil constitutionnel pour les élections dont il est le juge.

C'est pourquoi, sans méconnaître la nécessité de contrôle, on peut souhaiter que soit reconnue, par la Commission nationale de contrôle des comptes de campagne et des financements politiques et par le juge, l'existence possible du bénévolat pour divers types de prestations, y compris techniques (réalisation et maintenance de sites).

Même inférieures aux prix du marché, les évaluations avancées par les candidats en ce qui concerne leurs dépenses de réalisation et de mise à jour de site devraient ainsi être acceptées si les candidats apportent les éléments prouvant leur recours au bénévolat des militants.

Enfin, il faut relever que ce recours au bénévolat pourrait se voir assigner un plafond, puisque les dons des personnes physiques aux candidats sont plafonnés à 4 600 € par l'article L. 52-8 du Code électoral. Un recours intensif pendant une période prolongée au bénévolat d'une personne hautement qualifiée pourrait conduire à dépasser ce seuil. Mais le risque reste très théorique du fait de la brièveté des campagnes électorales et de la probable prudence des autorités de contrôle dans l'évaluation financière du bénévolat.

Recommandations :

À titre de précaution, et dans l'attente d'une confirmation de la jurisprudence, le Forum des droits sur l'internet recommande aux candidats qui, compte tenu de leurs dépenses, n'ont aucun risque d'atteindre le plafond de dépenses, de comptabiliser et d'intégrer à leur compte de campagne les travaux réalisés à titre bénévole par des militants pour la réalisation et la mise à jour des sites.

Le Forum des droits sur l'internet souhaite, de la part de la Commission nationale des comptes de campagne et des financements politiques ainsi que des juges de l'élection, une confirmation et une généralisation de la jurisprudence reconnaissant la possibilité du recours au bénévolat pour divers types de prestations, y compris techniques (réalisation et maintenance de sites), réalisées par le biais de l'internet en dehors du temps de travail. Même inférieures aux prix du marché, les évaluations avancées par les candidats en ce qui concerne leurs dépenses de réalisation et de mise à jour de site devraient ainsi être acceptées si les candidats apportent les éléments prouvant leur recours au bénévolat des militants.

C. – Prohibition des dons des personnes morales

L'article L. 52-8 du Code électoral pose un principe de prohibition des dons, qu'ils soient directs ou indirects, en provenance des personnes morales, à la seule exception des partis ou groupements politiques.

Cette disposition interdit le « bénévolat d'entreprise ». Si les candidats peuvent recourir au travail bénévole des militants sans avoir à intégrer de dépenses correspondantes dans leur compte, il faut veiller à ce que ce travail ne soit pas réalisé dans le cadre d'une entreprise ou avec les moyens de celle-ci. Si c'était le cas, il ne s'agirait plus d'un bénévolat du militant mais d'un don de l'entreprise qui l'emploie, ce qui tomberait sous le coup de la prohibition posée par l'article L. 52-8 du Code électoral.

En outre, la réalisation ou l'hébergement de pages web consacrés à un candidat par une entreprise ou par un comité de soutien (comme par exemple une association), seraient susceptibles, s'ils étaient suffisamment circonstanciés pour être regardés comme une dépense de campagne, de susciter des contentieux au regard de la prohibition des dons des personnes morales à des candidats. Ils sont donc obligatoirement à proscrire au regard des dispositions de l'article L. 52-8.

En revanche, un candidat qui souhaite disposer de quelques pages sur internet sans créer un site est libre de faire héberger ses pages sur le site d'un parti ou groupement politique, puisque la prohibition des dons des personnes morales ne s'applique pas à ceux-ci.

La jurisprudence est cependant assez stricte dans l'appréciation de ce qui constitue un parti ou groupement politique : une personne morale de droit privé qui s'est assigné un but politique ne peut être regardée comme un « parti ou groupement politique » au sens de l'article L. 52-8 que si elle relève des articles 8, 9 et 9-1 de la loi du 11 mars 1988 relative à la transparence financière de la vie politique ou si elle s'est soumise aux règles fixées par les articles 11 à 11-7 de cette même loi. Le Conseil constitutionnel a par ailleurs jugé que les sections locales des partis, qui ne sont pas nécessairement soumises aux mêmes contrôles que les partis eux-mêmes, pouvaient apporter des dons à un candidat (13 février 1998, Ass. nat, *Val-d'Oise, 5ᵉ circonscription, Journal officiel* p. 2570).

Recommandations :

Le Forum des droits sur l'internet recommande aux candidats de veiller à ne recourir au travail bénévole de militants que dans un cadre non professionnel c'est-à-dire après s'être bien assuré qu'ils le font effectivement hors de leur lieu de travail et sans avoir utilisé du matériel professionnel. Le travail des militants dans leur cadre professionnel et avec les moyens d'une entreprise risquerait d'être requalifié comme un don d'une personne morale.

Le Forum des droits sur l'internet recommande aux candidats de rembourser l'association ou l'organisme qui héberge, même à titre amical, les pages de leur site, et d'intégrer ainsi la dépense au compte de campagne.

D. – Sur la licéité du recours à des services gratuits

Une récente décision du Conseil constitutionnel ouvre la porte à l'utilisation par les candidats de services rendus gratuitement sur internet, et ce malgré l'interdiction du don des personnes morales précisée par l'article L. 52-8 du Code électoral.

L'article L. 52-8 du Code électoral interdit à toutes les personnes morales, « *à l'exception des partis ou groupements politiques,* [de] *participer au financement de la campagne électorale d'un candidat, en lui consentant des dons sous quelque forme que ce soit, ou en lui fournissant des biens, services ou autres avantages directs ou indirects à des prix inférieurs à ceux qui sont habituellement pratiqués ».* Cette disposition a longtemps semblé interdire le recours des candidats à des services gratuits pourtant largement accessibles au public, comme l'hébergement gratuit de sites. Offerts sans contrepartie financière, de tels services risquaient d'être regardés par le juge comme des dons prohibés.

Cette situation n'était pas satisfaisante, dès lors qu'elle contribuait nécessairement à renchérir le coût des « web-campagnes », sans véritable justification. En effet, l'esprit de l'article L. 52-8 n'est pas d'interdire le recours aux prestations qui seraient mises gratuitement et sans discrimination à la disposition de tous les candidats, mais plutôt de les prémunir de pressions exercées par des personnes morales qui leur auraient consenti des dons. À l'évidence, une telle disposition ne devrait pas s'opposer à ce que des candidats puissent user de services en ligne gratuits et accessibles à tous. C'est pourquoi il est souhaitable que les services gratuits, dès lors qu'ils sont à la disposition de tous les candidats sans discrimination puissent être utilisés par les candidats.

Une récente décision rendue par le Conseil constitutionnel en matière électorale le 25 juillet 2002 (n° 2002-2682, Assemblée nationale, *Savoie, 1re circonscription*) a adopté une position favorable à l'utilisation des services gratuits par les candidats. Le juge a estimé que *« que l'hébergement gratuit de pages relatives à la campagne d'un candidat par une société fournisseur d'accès à internet ne méconnaît pas les dispositions précitées (de l'article L. 52-8) dès lors que, conformément aux conditions générales d'utilisation de ce service relatives à l'hébergement de pages personnelles, tout candidat – et d'ailleurs toute personne – a pu bénéficier du même service auprès de la même société ».*

Cette avancée jurisprudentielle doit être saluée et on ne peut qu'espérer que la solution retenue par le Conseil constitutionnel le sera également par l'ensemble des juges électoraux. Dans l'attente de cette généralisation, une certaine prudence doit toutefois être observée par les candidats.

Recommandations :

Le Forum des droits sur l'internet recommande aux candidats la prudence dans l'utilisation des services gratuits de toutes sortes (hébergement, forums, « chats »...). En l'état actuel du droit, et dans l'attente de la confirmation de la récente décision du Conseil constitutionnel, le recours à de tels services risque encore d'être assimilé à des dons de personnes morales qui tombent sous le coup de l'interdiction posée par l'article L. 52-8 du Code électoral.

Le Forum des droits sur l'internet souhaite qu'une interprétation souple de l'article L. 52-8 du Code électoral soit confirmée par l'ensemble des juges de l'élection en autorisant les candidats à recourir à des services qui leur sont offerts gratuitement sur l'internet, comme ils le sont à toute personne : la vitalité de la démocratie ne peut que profiter de la multiplication des sites internet des candidats.

III. – Questions de droit des médias : responsabilité des gestionnaires de sites et droit de réponse

A. – Responsabilité des gestionnaires de services interactifs

La loi du 1er août 2000 modifiant la loi du 30 septembre 1986 relative à la liberté de communication a assimilé les services de communication en ligne à des services de communication audiovisuelle. Cette large définition de la communication audiovisuelle a notamment pour conséquence d'appliquer la responsabilité éditoriale aux gestionnaires de sites de campagne en sus de la responsabilité de droit commun.

Cependant, une incertitude demeure en ce qui concerne la responsabilité des gestionnaires de sites au regard des messages diffusés sur les chats et forums de discussion. Il n'est pas possible, à l'heure actuelle, d'affirmer que les exploitants de tels services interactifs pourront bénéficier de l'exonération de responsabilité telle qu'elle est définie dans l'article 43-8 de la loi du 30 septembre 1986 modifiée par celle du 1er août 2000. À défaut d'une application de cette disposition, c'est vers un régime de droit commun qu'il faudra se tourner : l'analyse juridique comme la jurisprudence récente invitent dès lors à une gestion prudente de ces espaces d'interactivité. Compte tenu du cadre juridique actuel, une telle gestion devrait s'effectuer soit en modérant *a priori* les services interactifs, soit en opérant un contrôle régulier *a posteriori* des messages postés.

Sans aller jusqu'à aborder de façon complète la question de la responsabilité juridique des exploitants de forums de discussions, qui fait par ailleurs l'objet de réflexions de la part d'un groupe d'experts au sein du Forum des droits sur l'internet, il apparaît important d'attirer l'attention des candidats sur le problème de la responsabilité des gestionnaires de services interactifs afin qu'ils ne soient pas soumis au risque de la mise en œuvre de leur responsabilité pénale ou civile pour défaut de vigilance.

Recommandation :

Le Forum des droits sur l'internet recommande aux gestionnaires des sites de candidats d'opérer un contrôle du contenu des messages postés sur leur forum de discussion soit par le biais d'une modération *a priori* soit, si le responsable préfère préserver le dynamisme des débats, en effectuant un contrôle régulier *a posteriori*. Dans tous les cas, le Forum des droits sur l'internet recommande aux gestionnaires de sites de faire droit, dans un court délai, aux demandes d'effacement de tout message qui porterait préjudice à un tiers.

B. – Droit de réponse en ligne

Si, comme le suggère une interprétation littérale de la loi du 29 juillet 1982, le droit de réponse applicable aux services de communication audiovisuelle s'étend aux sites internet, les candidats se verraient imposer des obligations que l'on pourrait regarder comme excessives.

En l'état actuel du droit, les gestionnaires de sites internet des candidats sont astreints à un droit de réponse dont le régime juridique est sujet à de fortes incertitudes. En toute hypothèse, ils doivent être prêts à faire droit à toute demande de droit de réponse afin de prévenir toute action en référé qui se fonderait sur le trouble manifestement illicite qui résulterait du maintien en ligne d'une diffusion incriminée. En l'absence de certitude sur le régime du droit de réponse en ligne, les sites internet peuvent se voir appliquer le régime de droit commun de l'article 809 du Nouveau Code de procédure civile, qui permet au juge d'ordonner toute mesure pour faire cesser un tel trouble.

S'agissant du régime de droit de réponse en matière audiovisuelle, le texte éventuellement applicable est le premier alinéa de l'article 6 de la loi du 29 juillet 1982 : « *Toute personne physique ou morale dispose d'un droit de réponse dans le cas où les imputations susceptibles de porter atteinte à son honneur ou à sa réputation auraient été diffusées dans le cadre d'une activité de communication audiovisuelle* ».

En matière électorale, le délai de droit commun pour faire droit à la demande de droit de réponse est réduit, puisque l'alinéa 8 de l'article 6 dispose que « *pendant toute la campagne électorale, lorsqu'un candidat est mis en cause, le délai de huit jours prévu au 6e alinéa est réduit à 24 heures* ». Le juge des référés peut en principe être saisi sous 24 heures si l'éditeur du site auquel le demandeur a adressé sa demande y oppose un refus ou n'y répond pas. Les alinéas 3 et 4 précisent également que « *la réponse doit être diffusée dans des conditions techniques équivalentes à celles dans lesquelles a été diffusé le message contenant l'imputation invoquée* [et qu'] *elle doit également être diffusée de manière que lui soit assurée une audience équivalente à celle du message précité* ». Il pourrait sembler que ces dispositions ont vocation à s'appliquer aux sites internet, puisque les sites internet sont classiquement, en application de la loi du 30 septembre 1986, regardés comme des moyens de communication audiovisuelle.

Or les difficultés d'application du droit de réponse à l'internet ont récemment conduit le juge des référés du tribunal de grande instance de Paris à écarter l'application de l'article 6 de la loi du 29 juillet 1982 aux sites internet (5 juin 2002, ordonnance de référé du tribunal de grande instance de Paris, à propos du site Gotha. fr). Il a été jugé que « *les dispositions de la loi* [...] *relatives au droit de réponse en matière audiovisuelle, n'apparaissent pas davantage appropriées aux circonstances de l'espèce, au regard tant des mesures matérielles prescrites pour la diffusion de la réponse, inadaptées à un service de communication en linge, – qui par la forme de sa diffusion, est, alors, plus proche du support écrit qu'audiovisuel -, qu'aux difficultés tenant à la détermination des dates précises, prévues par ces textes, notamment pour l'insertion de la réponse* ». Le juge a donc choisi de faire application de l'article 809 du Nouveau Code de procédure civile, faute de pouvoir se fonder sur les textes régissant le droit de réponse en matière audiovisuelle.

Cette jurisprudence témoigne d'une nécessité d'adapter le droit de réponse au média internet. L'article 9 du projet de loi sur la société de l'information déposé sur le bureau de l'Assemblée nationale mais non discuté, avait proposé d'engager cette adaptation.*

---

* (voir l'exposé des motifs de cet article 9 :
http ://www.assemblee-nationale.fr/projets/pl3143.asp).

Les difficultés d'application du droit de réponse à l'internet seraient encore plus fortes en matière électorale. En effet les règles de droit de réponse en matière audiovisuelle ont été conçues pour un contexte particulier caractérisé par la diffusion de masse des informations et par la rareté des médias. S'il est important que la radio et la télévision, qui touchent un large public et doivent en période électorale respecter un équilibre des temps de parole, soient astreintes à un droit de réponse très exigeant, on peut douter que le même régime doive s'appliquer aux sites internet des candidats, qui constituent des moyens de communication électorale. À l'extrême, le fait qu'une personne puisse ouvrir un droit de réponse dans toute publication en ligne qui l'aurait mis en cause, pourrait favoriser l'inflation de demandes auprès des sites des candidats eux-mêmes et entamer notamment leur liberté de dialogue avec des contributeurs extérieurs.

Recommandations :

Dans un contexte d'incertitude juridique, le Forum recommande aux candidats de faire droit à toute demande de droit de réponse dans les 24 heures. Même s'il n'est pas certain que le droit de réponse accéléré en matière électorale prévu par l'article 6 de la loi du 29 juillet 1982 soit applicable à l'internet, il est plus prudent pour les candidats de s'y conformer, puisque le juge, se prononçant sur la base de l'article 809 du Nouveau Code de procédure civile, pourrait leur imposer des obligations similaires à celles du droit de réponse accéléré prévue par la loi de 1982. Pour les exploitants de services interactifs (comme les responsables d'un forum de discussion...) le droit de réponse peut être facilement satisfait dans le cadre d'une simple réponse en ligne à la contribution mise en cause.

Le Forum des droits sur l'internet recommande au législateur de clarifier le régime du droit de réponse en ligne en déterminant notamment si des règles spécifiques en matière électorale doivent être prévues.

IV. – Les nouvelles techniques de « marketing » politique

Les récentes « web-campagnes » ont donné lieu à de nouvelles formes de communication politique utilisant toutes les ressources « marketing » qui s'offrent sur l'internet. La connaissance de l'électeur et son ciblage, afin d'adapter le message politique du candidat, entraînent des pratiques politiques de plus en plus contestées qui interviennent fréquemment à l'insu des internautes et se révèlent également parfois intrusive dans la vie privée du citoyen. Certains s'inquiètent d'une telle dérive mettant en danger la vie privée du citoyen et la démocratie.

La Commission nationale de l'informatique et des libertés (CNIL) s'est déjà intéressée à cette forme de communication politique et a condamné l'envoi en nombre de messages électroniques à destination d'adresses collectées sur des espaces publics de l'internet (sites web, forums...) que l'on appelle aussi *spamming* (communication du 21 février 2002 « Communication politique, sites web et protection des données personnelles »). De plus, la CNIL vient récemment de dénoncer au parquet de Paris un site qui a, durant la campagne des présidentielles 2002, collecté des informations nominatives et recueilli des opinions politiques en entretenant volontairement le flou quant à son origine et à la destination de ces informations. De tels procédés, faits à l'insu des internautes, montre bien l'importance qu'il y a à demander à l'internaute de confirmer son inscription à un certain nombre de services (abonnement à des lettres d'information, inscription à des forums...) et de mettre en place un descriptif exhaustif de toutes les « prestations » offertes à l'internaute l'informant de ses engagements.

Par ailleurs, un autre type de pratique observé sur l'internet à l'occasion de la « web-campagne » entraîne également un certain nombre d'inquiétudes auprès des candidats : il s'agit de la diffusion de rumeurs ou de fausses informations concernant l'un ou l'autre des candidats. De telles pratiques devraient être prises en compte par le juge de l'élection au même titre que celles qui peuvent être constatées dans la propagande électorale sous forme papier.

Recommandations :

Le Forum des droits sur l'internet recommande la mise en place d'un système de confirmation des inscriptions volontaires d'adresses électroniques (abonnement à des lettres d'information, inscription à des forums...) et d'un descriptif exhaustif de toutes les « prestations » offertes à l'internaute l'informant de ses engagements.

Le Forum des droits sur l'internet souhaite que la diffusion, par des candidats, de rumeurs ou fausses informations sur des sites internet soit prise en compte, par les juges des élections, au même titre que celle constatée dans la propagande électorale sous forme papier.

Relations du travail et internet

Recommandation adoptée le 17 septembre 2002

Le déploiement des technologies de l'information et notamment d'internet dans les entreprises est aujourd'hui en cours. Les médias s'en font largement l'écho. Les conséquences de ce phénomène ne sont cependant pas encore totalement maîtrisées, ni toujours bien comprises. L'appropriation par le salarié et l'entreprise des potentialités nouvelles qu'offrent ces nouveaux outils est loin d'être un processus achevé. Il reste que les technologies de l'information modifient les conditions de travail quotidiennes du salarié et les relations individuelles et collectives qui se nouent au sein de l'entreprise.

Certes, les problématiques qu'elles suscitent ne sont pas entièrement nouvelles : ainsi la question de l'utilisation personnelle d'internet pour la consultation de sites ou l'envoi de méls n'est pas sans rappeler certaines interrogations apparues lors de la mise en place du téléphone ou du développement du minitel. Cependant, les technologies de l'information représentent une rupture technologique majeure par rapport aux innovations antérieures du fait de leurs spécificités : numérisation des données, traçabilité et stockage des informations, accès facile à distance, mode de travail en réseau, démultiplication de l'information... Elles ne peuvent donc être simplement intégrées dans l'entreprise par un décalque des comportements et usages liés aux technologies antérieures.

Évidemment, l'impact de l'internet sur les libertés individuelles et collectives au sein de l'entreprise doit s'analyser au regard du cadre juridique existant s'appliquant aux relations du travail et reposant, notamment, sur le principe du lien de subordination qui unit le salarié ou le fonctionnaire à son employeur.

La France n'est pas le seul État à réfléchir à ces questions ; des pays comme l'Espagne, l'Allemagne ou encore la Grande-Bretagne s'interrogent sur l'impact de l'internet au sein de l'entreprise et la manière de reconnaître l'existence d'une sphère personnelle sur son lieu de travail. La Belgique a même légiféré en la matière [13].

Le Forum des droits sur l'internet a souhaité apporter sa contribution sur ce thème car l'entreprise constitue pour beaucoup de salariés un des lieux privilégiés d'accès aux nouvelles technologies et en particulier à internet. Le Forum a donc mis en place en juillet 2001 un groupe de travail intitulé « Relations du travail et internet ». Le travail de ce groupe poursuit pour partie la réflexion entamée par la CNIL sur la surveillance des salariés ; il s'articule également avec les réflexions menées par les partenaires sociaux ainsi qu'avec les dispositions prises par la fonction publique.

---

[13] La Belgique a pris un arrêté royal le 12 juin 2002 relatif à la protection de la vie privée des travailleurs à l'égard du contrôle des données de communication électroniques en réseau.

Le groupe de travail constitué par le Forum a auditionné de nombreuses personnalités qualifiées et a réuni l'ensemble des partenaires sociaux. Il a également recueilli les témoignages et les opinions des internautes lors de deux forums de discussion organisés à l'automne 2001 et au printemps 2002. En conséquence, la réflexion et les propositions attachées à cette recommandation ne sont pas un simple travail théorique mais le résultat d'un processus de concertation qui a été finalisé le 31 juillet 2002 par le Conseil d'orientation du Forum après avis de l'ensemble des adhérents du Forum des droits sur l'internet, soit une cinquantaine d'entreprises, associations ou groupements, public ou privés, représentant la diversité des acteurs de l'internet.

■■ Quelques préalables...

Toute réflexion sur l'influence des technologies de l'information sur les relations du travail doit prendre en compte la grande diversité des organisations concernées. Tout d'abord, si ce rapport prend comme base d'analyse le secteur privé, un certain nombre de réflexions formulées trouve à s'appliquer au champ de la fonction publique. Ensuite, les problématiques rencontrées divergent fortement en fonction de la taille de l'entreprise : les PME ne sont souvent qu'au début de l'introduction des technologies de l'information, alors que les grandes entreprises ont désormais un recul de plusieurs années sur les pratiques liées à celles-ci. Enfin, les problématiques sont sensiblement différentes selon le type d'activité de la société : certaines entreprises, notamment dans le secteur de la « nouvelle économie » ou encore dans le secteur bancaire et financier, utilisent massivement les technologies de l'information qui sont le support naturel de leur activité ; elles offrent donc à un très grand nombre de leurs salariés un accès à ces outils, et notamment à internet ; dans d'autres entreprises, au contraire, comme les entreprises industrielles, un nombre important de salariés a, de fait, un usage très limité de ces nouveaux outils.

En conséquence, et compte tenu de ces différences d'usage, il ne saurait souvent être question de proposer des solutions uniques ou trop théoriques. Le Forum pense que, dans un tel contexte, **l'expérimentation** au cas par cas doit être privilégiée et un **dialogue approfondi** doit être mené entre les différents acteurs de l'entreprise afin de parvenir ensemble à un consensus sur l'utilisation des technologies de l'information. En outre, **le Forum a voulu privilégier une approche pragmatique et opérationnelle visant, à partir d'une analyse juridique approfondie, à proposer aux acteurs de l'entreprise des outils concrets de mise en œuvre**. Ces trois principes méthodologiques irriguent l'ensemble des propositions qui figurent dans le rapport.

Dans une première partie, le Forum a souhaité développer une vision prospective de l'influence des technologies de l'information sur la définition du travail. Dans une deuxième partie, le Forum veut répondre aux questions des salariés et des entreprises sur le contrôle de l'utilisation d'internet sur le lieu de travail. Enfin, dans une troisième partie, le Forum s'est intéressé aux possibilités qu'offrent les technologies de l'information pour moderniser et renouveler le dialogue social.

L'ensemble de ces recommandations est attendu par la direction des relations du travail du ministère des Affaires sociales, du Travail et de la Solidarité pour servir de base aux discussions que la direction souhaite lancer avec les partenaires sociaux à l'automne.

Première partie – les technologies de l'information modifient le rapport au travail

Les technologies de l'information exercent une influence sur l'évolution générale du travail. L'enjeu stratégique qu'elles représentent pour l'entreprise est d'ailleurs souligné par 78 % des salariés et 55 % des entreprises [14]. Elles ne sont pas seules en cause mais elles accompagnent, voire accélèrent, des évolutions lentes des modes de fonctionnement des entreprises lesquelles doivent être analysées au regard du cadre juridique et organisationnel existant. Elles posent plus spécifiquement la question de l'interpénétration des sphères professionnelles et personnelles des salariés.

I. – Les technologies de l'information ébranlent le cadre juridique et organisationnel traditionnel du travail

A. Les modalités du travail évoluent

Le travail salarié est traditionnellement marqué par le rapport de subordination qui existe entre le salarié et son employeur. Ce rapport d'autorité s'inscrit jusqu'à présent dans un cadre strictement délimité autour du lieu et du temps de travail. Or, les technologies de l'information modifient cette vision traditionnelle du travail sur deux points principaux.

En premier lieu, le développement de ces outils au sein de l'entreprise accompagne les changements de fonctionnement de celle-ci et son éloignement du modèle taylorien.

L'activité de nombreuses entreprises s'oriente de façon croissante vers la production d'un capital immatériel lié à la connaissance. On pense en particulier à certaines entreprises de hautes technologies. Le travail ne s'organise plus autour d'une définition précise de tâches ou de missions à accomplir par le salarié mais autour d'une logique de mobilisation de ses compétences dans le processus productif. Cette évolution des exigences rend le travailleur plus autonome dans son organisation et de moins en moins enserré dans une organisation pyramidale et bureaucratique. En contrepartie, l'employeur attend de lui une plus forte implication au sein de l'entreprise et souhaite qu'il réponde à une obligation de résultats et pas seulement de moyens.

Par ailleurs, les entreprises s'organisent de plus en plus en réseau, tant vis-à-vis de leurs fournisseurs que de leurs clients. Certaines sociétés souhaitent même modifier

---

[14] Source : CEGOS, Paris Dauphine AIMS, juin 2002.

leurs conditions de fonctionnement avec leur force de travail afin de l'intégrer dans cette logique du réseau et faire d'elle un fournisseur de services. Cette évolution modifie le fonctionnement de l'entreprise vers un modèle plus décentralisé par centres de profit. Elle peut même modifier sa structure juridique par des opérations d'externalisation d'anciennes activités qu'elle exerçait auparavant vers d'autres entités avec lesquelles elle conserve un lien privilégié, voire exclusif. Les frontières de la firme deviennent donc plus floues au fur et à mesure que se développe cette organisation en réseau.

Dans un certain nombre d'entreprises, ces deux évolutions font éclater le modèle taylorien, fondé sur la division des tâches et une organisation hiérarchique de type pyramidal. Les nouvelles technologies peuvent accompagner le phénomène en facilitant la réorganisation par un système d'information adapté et des outils de mobilité. Ce constat doit certes être relativisé. Il existe des postes de travail au sein des entreprises, y compris des emplois utilisant les technologies de l'information, qui ne sont pas concernées par cette évolution et demeurent marquées par une approche taylorienne. On peut penser ici aux centres d'appel téléphoniques. Pour autant, un nombre de plus en plus élevé de travailleurs est concerné par cette évolution caractérisée par plus d'autonomie et de mobilité au profit du salarié.

En deuxième lieu, les nouvelles technologies modifient le cadre du travail en rendant floues les notions de temps et de lieu de travail.

Elles facilitent d'un côté l'existence d'une vie personnelle au bureau pendant le temps de travail. En effet, il devient aisé d'utiliser internet pour correspondre avec des interlocuteurs non professionnels par méls ou pour consulter à des fins non professionnelles des sites sur internet. Le phénomène n'est pas entièrement nouveau : le téléphone ou le minitel dans les entreprises ont donné lieu aux mêmes comportements. Cependant, internet amplifie les possibilités offertes au salarié et pose donc la question de la limite, voire de l'encadrement, de son utilisation, ce que nous verrons dans la deuxième partie de ce rapport.

Parallèlement, ces nouveaux outils facilitent une intrusion de la vie professionnelle dans la sphère personnelle. Ils permettent une poursuite du travail en dehors de l'entreprise et donc en dehors de ce que l'on considérait traditionnellement comme le temps de travail. Là encore, l'évolution n'est pas entièrement nouvelle. Il a toujours été possible d'amener un dossier professionnel chez soi pour travailler le soir ou le week-end. Mais les technologies de l'information étendent ces possibilités. La version la plus visible de cette évolution est le travail à distance où le domicile devient le lieu de travail. Mais de manière plus importante, les technologies de l'information favorisent le développement du travail « nomade ». Il devient possible de joindre le salarié à tout moment et en tout lieu sur son téléphone mobile. Celui-ci peut également transporter son bureau chez lui en travaillant sur son ordinateur portable. Il peut même consulter à distance les messages reçus sur son adresse professionnelle, en se connectant à distance au réseau interne de l'entreprise lorsqu'un extranet a été mis en place. Des entreprises comme Vivendi en France ou PeopleSoft aux États-Unis ont d'ailleurs pris l'initiative de financer, totalement ou partiellement, l'équipement personnel informatique de leurs salariés [15]. Il apparaît sur ce dernier point que les salariés britanniques sont parmi les salariés européens les mieux équipés puisque 8 % d'entre eux possèdent un ordinateur portable mis à leur disposition par leur société [16].

B. Ces évolutions suscitent différentes interrogations

1. – Au regard du lien de subordination existant entre l'entreprise et les personnes qu'elle emploie

Ce lien semble être ébranlé à deux titres : d'une part, au regard du salariat qui est le cadre juridique traditionnel du salarié au travail et, d'autre part, au regard de l'émergence d'un nouveau modèle d'entreprise, l'entreprise en réseau.

En effet, le développement de l'autonomie du salarié pose en premier lieu la question du maintien du salariat. La presse s'est faite l'écho du développement de cette catégorie des professionnels autonomes[17]. Le développement des « solos » dans les secteurs du conseil ou de l'informatique est le signe le plus tangible de cette évolution[18]. L'autonomie de ces travailleurs ne permettrait pas de les considérer comme des salariés soumis au lien de subordination. Leur compétence et leur expertise les rapprochent de fait de la situation des travailleurs indépendants ayant des liens économiques privilégiés avec l'entreprise. Ils semblent entrer dans une zone grise entre indépendance et salariat[19].

Certes, la notion de salarié est interprétée de manière extensive par le juge, indépendamment du contrat qui lie le travailleur à son employeur. Le juge n'hésite pas ainsi à requalifier des contrats d'entreprise (honoraires) en contrat de travail. Selon la Cour de Cassation, « *l'existence d'une relation de travail ne dépend ni de la volonté exprimée par les parties ni de la dénomination qu'elles ont donnée à leurs conventions mais à des conditions de fait dans lesquelles est exercée l'activité des travailleurs* » [20]. Dès lors que le contrat est marqué par un lien de subordination juridique, c'est-à-dire par le pouvoir de l'employeur de donner des ordres et des directives, d'en contrôler l'exécution et de sanctionner les manquements de son subordonné, le juge le requalifie en contrat de travail [21]. Le critère de subordination permet ainsi de qualifier de salariés des travailleurs conservant une très grande autonomie dans leur travail mais insérés dans un service organisé [22].

---

[15] En France, l'article 4 de la loi de finances pour 2001 a prévu que les salariés qui bénéficient d'une mise à disposition par leur entreprise de matériels informatiques neufs, de logiciels et de fourniture de prestations de services gratuitement ou à prix préférentiel ne sont pas imposés sur cet avantage dans la limite d'un montant de 1 525 € (10 000 Frs) à condition que ces opérations aient donné lieu à un accord d'entreprise ou de groupe, conclu selon les modalités prévues aux articles L. 442-10 et L. 442-11 du Code du travail. Cet avantage est également exonéré de cotisations et de contributions sociales.

[16] Source : étude du cabinet britannique e-Mori citée par le *Journal du net*, 13 juin 2001, http://solutions.journaldunet.com/0106/010613peoplepc.shtml

[17] Journal *Le Monde*, 2 juillet 2002.

[18] Une étude du ministère des Finances de septembre 2000 évalue l'augmentation du nombre d'entreprises de 0 à 1 personne dans le secteur du service aux entreprises de 25 % entre 1993 et 1998.

[19] Alain Supiot, « Les nouveaux visages de la subordination », *Droit social*, février 2000, p. 131.

[20] Soc., 19 décembre 2000, *Labbane, Bull. civ.*, V, n° 437, p. 337.

[21] Soc., 13 novembre 1996, *Société Générale, Bull. civ.*, V, n° 386, p. 275.

[22] Par exemple, des médecins dans une clinique.

Par ailleurs, le livre VII du Code du travail fait entrer dans le domaine du contrat de travail un certain nombre de catégories assez hétérogènes de professionnels. Il impose parfois la qualification de contrat de travail au contrat qui les lie à leur employeur, par exemple pour les VRP [23] ou organise une présomption de contrat de travail, par exemple pour les journalistes [24]. Pour autant, dans de nombreux cas, ces catégories ne bénéficient pas de l'ensemble des dispositions du Code du travail, à la différence des salariés traditionnels.

Cependant pour certains auteurs, le cadre actuel du Code du travail, même s'il permet de prendre en compte des situations variées témoignant d'une autonomie croissante des salariés, est inadapté pour saisir la réalité de cette fameuse zone grise, que certains nomment la « parasubordination » [25]. Ces professionnels autonomes devraient faire ainsi l'objet d'une catégorie juridique particulière, ainsi que certains pays européens comme l'Allemagne ou l'Italie l'ont admis, laissant une place plus importante au contrat pour régler les rapports entre eux-mêmes et leurs employeurs.

À l'opposé de cette position, d'autres auteurs considèrent que le salariat est suffisamment souple pour couvrir ce type de relations avec des professionnels autonomes qui dépendent économiquement d'une seule entreprise. Ils considèrent, d'ailleurs, qu'une vision trop atomisée du salariat n'offre pas les conditions d'une réelle performance des entreprises. En effet, celles-ci doivent mettre en place une réelle coopération collective pour être efficaces, notamment lorsque leur production devient immatérielle. Ces acteurs considèrent que cette coopération nécessaire interdirait, dans de nombreux cas, de limiter les relations avec les travailleurs intellectuels à de simples relations clients-fournisseurs car cela réduirait la performance de l'entreprise.

Au-delà de cette question de l'autonomie croissante du salarié, le modèle de la grande entreprise centralisée et intégrée cède la place à la notion de réseau d'entreprises. Ainsi, le salarié, bien que lié juridiquement avec une entreprise, se retrouve en fait dépendant de l'activité de l'ensemble du réseau. Certains auteurs ont relevé que le droit du travail ne prenait pas suffisamment en compte l'existence de ces réseaux d'entreprises pour les questions de santé et de sécurité ou de sous-traitance [26]. La question même de la conclusion de contrats entre le salarié et ces nouvelles entités se pose. Elle apparaît déjà en filigrane dans le maintien des contrats de travail lors d'opérations d'externalisation et donc de réorganisation de l'entreprise. Pour l'heure, et en dépit de quelques initiatives [27], les réseaux d'entreprises n'ont qu'une identité économique mais pas d'identité sociale. Un salarié est lié à une entreprise du réseau mais pas au réseau en lui-même. Cette contrainte juridique peut empêcher la mobilité du salarié au sein du réseau d'entreprises. Elle peut également être contraire à la réalité économique du réseau.

---

[23] Article L. 751-1 du Code du travail.
[24] Article L. 761-2 du Code du travail.
[25] Jacques Barthélémy, « Le professionnel parasubordonné », *JCP* 1996, I, 606.
[26] Alain Supiot, *Ibid*.
[27] Comme les groupements d'employeurs permettant de mettre à disposition de leurs membres des salariés liés à ces groupements par contrat de travail, en application de l'article L. 127-1 du Code du travail.

Le Forum considère que ces questions sont cruciales, complexes et dépassent le simple cadre des technologies de l'information qui ne sont, dans ce domaine, qu'un catalyseur des évolutions. Les économistes, les sociologues et les juristes seront amenés à les étudier de manière approfondie dans les prochaines années. Le Forum a néanmoins la conviction que cette réflexion ne pourra partir que de la pratique et notamment des besoins des entreprises et des travailleurs. **Les pouvoirs publics doivent contribuer à éclairer ce débat par ces travaux dans des instances telles que le commissariat général au Plan ou le Conseil économique et social.**

2. – Au regard des conditions de rémunération

La question du droit des auteurs salariés de droit privé est une question qui suscite des inquiétudes. En effet, très concrètement, aujourd'hui, bon nombre des contrats de travail des auteurs salariés prévoient que ces derniers cèdent leurs droits sur les œuvres créées pendant la durée du contrat de travail à leur employeur. Dans le domaine spécifique de la presse, des accords d'entreprises ont été conclus afin de prévoir des cessions de droits sur les œuvres futures des journalistes. Or, ces pratiques apparaissent juridiquement incertaines au regard du principe de la prohibition de la cession globale des œuvres futures visée par l'article L. 131-1 du Code de la propriété intellectuelle.

La Commission sur les droits des auteurs salariés de droit privé au sein du Conseil supérieur de la propriété littéraire et artistique (CSPLA) s'est penchée sur cette question mais n'a pu réunir les différentes parties autour d'une solution consensuelle. En 1998, le Conseil d'État dans son rapport intitulé *Internet et les réseaux numériques* avait abordé la question et évoqué un régime de rémunération des salariés s'inspirant de celui prévu en matière de brevet (art. L. 611-7 du Code de la propriété intellectuelle).

Cette question devra être résolue à l'occasion de la transposition de la directive du 22 mai 2001 sur l'harmonisation de certains aspects du droit d'auteur et des droits voisins dans la société de l'information.

3. – Au regard du temps de travail comme mesure de l'activité du salarié

L'économie taylorienne s'est développée sur une évaluation précise de la performance productive du travailleur physique, dans la fabrique ou l'usine. Mais comment mesurer la production d'un travailleur intellectuel ? Comment distinguer la part apportée par l'individu dans ce qui constitue de plus en plus une production collective ? Comment s'assurer que l'individu met au service de l'entreprise ses compétences de manière efficiente ? Assurer une mesure de la production est beaucoup plus difficile quand celle-ci est principalement immatérielle.

Dans ce contexte, le critère du temps de travail apparaît souvent insuffisant pour mesurer la contribution du salarié à la production immatérielle de l'entreprise. Ainsi, le temps de travail ne pourrait plus être la seule mesure du salaire. La contrepartie du salaire pourrait être, par exemple, la fixation d'un objectif à atteindre, voire une prestation à fournir dans un délai fixé tout en laissant au salarié une grande liberté d'organisation. À cet égard, la création récente de la catégorie des cadres autonomes [28] et du forfait-jours par la loi du 19 janvier 2000 relative à la réduction négociée du temps de travail est révélatrice de cette évolution.

Cependant, la jurisprudence a fixé un certain nombre de principes. Ainsi, si elle admet que l'employeur est en droit de définir unilatéralement le contenu des objectifs, encore faut-il que ces derniers soient réalistes [29]. Ces objectifs doivent également être adaptés aux horaires de travail du salarié et ne doivent pas le pousser à dépasser les durées maximales du travail, ni empiéter sur le temps de repos. De plus, la simple insuffisance de résultats au regard des objectifs fixés ne constitue pas en soi une cause de rupture du contrat de travail [30]. Le juge est amené à apprécier si les mauvais résultats procèdent d'une insuffisance professionnelle ou d'une faute imputable au salarié [31] tout en prenant en compte la situation du marché.

Ces évolutions vont de pair avec la question de la charge de travail. Cette question est essentielle pour la performance des entreprises qui doivent réussir à mobiliser leurs salariés tout en rendant la charge de travail acceptable pour eux. Elle peut remettre en question la définition même de l'organisation de la production.

Le Forum considère que la définition de la charge de travail doit faire l'objet d'une large discussion au sein de l'entreprise, non seulement avec les partenaires sociaux mais aussi avec les salariés et ceci à tous les niveaux de l'entreprise. En effet, la réalité de la charge de travail s'apprécie souvent à un niveau très décentralisé.

II – L'interpénétration entre sphère professionnelle et sphère personnelle doit être encadrée

Les technologies de l'information rendent floues les frontières entre vie privée et vie professionnelle. Cette interpénétration répond en partie à une volonté de souplesse recherchée par l'entreprise mais aussi par certains salariés. Ainsi, un salarié peut vouloir travailler à domicile pendant une période de sa vie professionnelle (présence d'enfants en bas âge par exemple). Il peut également utiliser les technologies de l'information pour travailler de manière nomade afin de gagner un peu de souplesse d'organisation. Le salarié peut ainsi décider de partir plus tôt et de terminer son travail à son domicile ou sur son trajet.

Le Forum considère que cette interpénétration facilitée par les nouvelles technologies n'est pas condamnable en soi mais qu'elle doit être encadrée, dans le souci de protéger à la fois l'entreprise et le salarié contre des comportements abusifs.

Il convient de distinguer deux cas de figure : celui du travail à domicile et celui du travail nomade. Dans le premier cas, il s'agit de faire du domicile un lieu de travail habituel du salarié, soit de manière exclusive, soit de manière partielle (par exemple,

---

[28] Article L. 212-15-3 du Code du travail.
[29] Cass. Soc., 22 mai 2001, *Société Expertises Galtié c/ M. Farrouilh, Bull. civ.*, V, n° 180, p. 142.
[30] Cass. Soc., 3 février 1999, *Société Dilux, Bull. civ.*, V, n° 56, p. 42.
[31] Cass. Soc., 3 avril 2001, *M. Grandemange c/ Société Point Provence Comasud, Bull. civ.*, V, n° 117, p. 91.

le salarié travaille deux jours par semaine dans l'entreprise et trois jours à son domicile). Dans le second cas, le lieu de travail habituel est l'entreprise mais le salarié décide de poursuivre son travail en dehors de l'entreprise de manière ponctuelle.

A. – L'employeur et le salarié doivent convenir de règles précises pour le travail à domicile

En principe, la relation de travail doit être exécutée dans un lieu déterminé et attribué par l'employeur. Il peut s'agir des locaux de l'entreprise ou de ses annexes. En tout état de cause, le lieu de travail doit être distingué du domicile du salarié [32].

Toutefois, cette distinction n'interdit pas de prévoir dans le contrat de travail que le domicile puisse être un lieu de travail habituel du salarié. En revanche, quand le travail à domicile n'est pas initialement prévu dans le contrat de travail, l'employeur ne peut imposer unilatéralement un tel bouleversement dans les conditions de vie du salarié. Comme l'a rappelé la Cour de Cassation dans son arrêt *Abram* du 2 octobre 2001, le salarié *« n'est tenu ni d'accepter de travailler à son domicile, ni d'y installer ses dossiers et ses instruments de travail »*.

Le travail à domicile doit donc s'effectuer sur la base du volontariat. D'ailleurs, les entreprises qui pratiquent le travail à distance reconnaissent la nécessité d'un volontariat du salarié pour que l'opération soit réellement un succès. L'encadrement du salarié doit également se montrer favorable à ce type d'organisation.

Partant de ce constat, **le Forum estime que la mise en œuvre du travail à domicile doit s'accompagner de trois précautions essentielles :**
– il est nécessaire de définir clairement un certain nombre d'éléments parmi lesquels les horaires et le contrôle du travail, les modalités d'assurance et d'aménagement du domicile, la prise en charge des frais professionnels, etc. ;
– il convient également de prévoir une période à l'issue de laquelle le salarié peut exercer un « droit au retour » afin de réintégrer les locaux de l'entreprise ;
– enfin, il faut prévoir le maintien d'un lien entre le salarié et la vie collective de l'entreprise en établissant des temps et des lieux de rencontre entre le salarié et sa communauté de travail.

Ces principes ont été reconnus dans l'accord-cadre sur le télétravail signé le 16 juillet 2002 au niveau européen entre les représentants des employeurs, UNICE/UEAPME et la CEEP, et la Confédération européenne des syndicats (CES) pour les employés.

Ces éléments doivent figurer dans un avenant au contrat de travail.

B. – Le travail nomade doit être encadré par la définition d'un véritable temps de repos continu et effectif

Le travail nomade permet la poursuite du travail en dehors de l'entreprise. Il est source d'une porosité entre vie professionnelle et vie privée qui n'est pas sans risques tant pour le salarié que pour l'entreprise.

---

[32] Le Code du travail prévoit d'ailleurs, dans ses articles L. 721-1 et suivants, l'existence d'un statut pour le travailleur à domicile. Mais ce statut ancien et peu appliqué ne convient plus à la situation des salariés travaillant sur internet.

Pour le salarié, l'interpénétration de la vie professionnelle et de la vie personnelle ne doit pas aboutir à une confusion des deux sphères. L'équilibre personnel de l'individu nécessite qu'une frontière puisse être respectée entre travail et repos. Le salarié ne peut être en situation de travail 24 heures sur 24, 7 jours sur 7 sans aucun moyen de se « déconnecter » de son milieu professionnel. Le téléphone portable, nouvel instrument d'astreinte, qui permet de joindre à tout moment et en tout lieu le salarié est à cet égard un bon exemple de ce que certains appellent la « laisse électronique ». Le corps social dans son ensemble, ne peut se satisfaire d'une trop grande perméabilité entre espace public et espace privé. Afin de garantir un équilibre de vie au salarié, la sphère de la famille et de l'intimité de la vie privée doit être protégée. Cette sphère doit pouvoir se distinguer de la sphère professionnelle où s'exercent les compétences du salarié.

L'entreprise a également intérêt à bien distinguer vie professionnelle et vie personnelle. Elle court, en effet, différents risques en feignant d'ignorer cette ligne de partage. Elle peut apparaître moins attractive pour recruter les salariés qui aspirent à cet équilibre entre vie professionnelle et vie personnelle. Elle pourrait également encourir des risques juridiques en cas de conflit avec un salarié. En effet, ce dernier pourrait tenter de faire valoir à l'encontre de son employeur un empiétement du travail commandé en dehors du temps et du lieu de travail. Les technologies de l'information représentent alors une arme redoutable aux mains du salarié. Elles lui permettent en effet de garder des traces de son activité : enregistrement du temps passé sur son ordinateur portable ou bien temps de connexion à l'extranet de l'entreprise... L'employeur peut ainsi se voir infliger des condamnations fortes pour non-paiement d'heures supplémentaires, voire s'exposer à des poursuites pénales sur le fondement du travail dissimulé [33].

Ce constat d'une interpénétration entre vie professionnelle et vie personnelle a conduit bon nombre d'observateurs à évoquer la mise en place d'un véritable droit à la déconnexion.

Le Forum constate que le cadre légal matérialise ce droit à la déconnexion en instituant un droit au repos.

L'employeur doit prendre en compte le cadre légal du travail, notamment les dispositions applicables au repos quotidien de 11 heures consécutives [34] et au repos hebdomadaire de 35 heures [35]. Pendant ce temps de repos, le salarié ne peut être ni

---

[33] Délit visé aux articles L. 324-9 et L. 324-10 du Code du travail.

[34] L'article L. 220-1 du Code du travail instaure en faveur de l'ensemble des salariés un droit au repos qu de 11 heures consécutives. Si le texte autorise des dérogations à cette règle, ce n'est que de façon lir dans des hypothèses bien spécifiques. Le texte prévoit deux types de dérogations à cette règle : « [*convention ou un accord collectif étendu peut déroger aux dispositions de l'alinéa précédent, da conditions fixées par décret, notamment pour des activités caractérisées par la nécessité d'assur continuité du service ou par des périodes d'intervention fractionnées. Ce décret prévoit également les cor dans lesquelles il peut être dérogé aux dispositions du premier alinéa à défaut de convention ou d collectif étendu, et en cas de travaux urgents en raison d'un accident ou d'une menace d'accident ou de exceptionnel d'activité* ».

[35] Qui résulte du temps de repos de 24 heures prévu par l'article L. 221-4 et du temps de repos de 11 he l'article L. 220-1.

en situation de travail effectif, ni en situation d'astreinte [36]. Ces dispositions garantissent au salarié un temps pendant lequel il peut librement vaquer à ses occupations[37]. Dans une décision du 10 juillet 2002, la Cour de Cassation a estimé que le temps de repos « *suppose que le salarié soit totalement dispensé directement ou indirectement, sauf cas exceptionnels, d'accomplir pour son employeur une prestation de travail même si elle n'est qu'éventuelle ou occasionnelle* ». Le salarié peut donc s'appuyer sur ces garanties légales pour bénéficier d'un réel droit à la déconnexion permettant de sauvegarder le respect de sa sphère personnelle.

Néanmoins, les technologies de l'information peuvent être utilisées pour réduire ce temps de repos. Le salarié peut être joint à tout moment par le biais du téléphone portable. Il peut également décider de faire transférer ses méls professionnels vers son domicile. La convergence des techniques rendra cette évolution encore plus inéluctable notamment lorsque le salarié pourra en tout lieu lire ses messages professionnels sur son téléphone portable. Cette intrusion dans la sphère personnelle se fait souvent de manière spontanée de la part de l'employeur mais aussi des collègues du salarié. Ce dernier peut même être parfois l'artisan de cette confusion.

Le Forum estime qu'une discussion interne doit s'amorcer au sein des entreprises afin d'assurer l'application effective de ce droit à la déconnexion par l'instauration de règles claires.

L'appropriation de ces outils par l'ensemble de la collectivité de travail permettra sans doute de réduire les dérives les plus nettes. Pour autant, un débat doit s'engager pour permettre la prise de conscience de la nécessité de fixer des règles collectives afin d'éviter un débordement excessif de la sphère professionnelle sur la sphère personnelle.

Cette discussion rejoint celle relative à la définition de la charge globale de travail dont on a vu précédemment qu'elle doit pouvoir être assurée en toute objectivité pendant le temps de travail afin d'éviter toute poursuite de l'activité pendant le temps de repos.

Mais elle doit également faire émerger des règles de « bonne » utilisation des technologies de l'information.

Ainsi, il est nécessaire de mettre au clair les conditions de reroutage des méls ou d'accès à distance au réseau de l'entreprise. Il apparaît également nécessaire de bien définir les règles d'utilisation du téléphone portable. Ces règles doivent assurer que les facilités offertes par les modalités modernes de communication n'entraînent pas un envahissement de la sphère personnelle du salarié. Elles peuvent passer par des restrictions techniques limitant l'utilisation de ces outils en dehors du temps de travail

---

[36] En application de l'article L. 212-4 bis du Code du travail, l'astreinte est une période pendant laquelle le salarié, sans être à la disposition permanente et immédiate de l'employeur, a l'obligation de demeurer à son domicile ou à proximité afin d'être en mesure d'intervenir pour effectuer un travail au service de l'entreprise. De façon constante la Cour de Cassation considère que les périodes d'astreinte ne constituent ni un travail effectif, ni une période de repos (Cass. soc., 4 mai 1999, *Bull. civ.*, V, n° 187, p. 137).
[37] Ph. Waquet, « Le temps de repos », *Droit Social* 2000, p. 288.

(par exemple, par une limitation des facultés d'accès à l'extranet en dehors du temps de travail) dans l'intérêt bien compris des deux parties au contrat.

Le Forum estime que ces bons usages des technologies de l'information devraient être formalisés dans des codes de bonne conduite établis par l'employeur avec les institutions représentatives du personnel.

Deuxième partie – l'utilisation d'internet par les salariés sur le lieu de travail

Un nombre de plus en plus important de salariés est connecté à internet sur son lieu de travail. On estime ainsi que 20 % des salariés français disposent d'un accès internet professionnel [38]. L'entreprise est donc un lieu privilégié d'accès et d'usage de ces nouvelles technologies. Aujourd'hui prévaut un certain flou dans les droits et devoirs respectifs des différents acteurs de l'entreprise quant à l'utilisation de ces technologies. Si celles-ci doivent devenir des éléments permanents et quotidiens de la vie des entreprises, il devient nécessaire de définir un cadre d'usage dans lequel elles peuvent se développer, dans le respect des intérêts des salariés et des employeurs.

I. – Un objectif : définir un cadre clair et transparent fixant les règles d'utilisation d'internet dans l'entreprise

A. – Le Forum constate qu'il existe une attente des salariés afin d'utiliser internet à des fins personnelles

Les technologies de l'information et, en particulier internet, permettent au salarié d'accomplir facilement et discrètement toute une série d'actes de la vie quotidienne. Il peut ainsi de son poste et pendant son temps de travail, réserver un billet de train, prendre des contacts avec l'administration ou communiquer par mél avec un ami. Certes, ces possibilités existaient précédemment avec le téléphone et le minitel. Néanmoins, avec internet, les possibilités sont plus larges. Passée la phase de découverte, le salarié est tenté d'utiliser l'outil qui est mis à sa disposition par l'employeur à des fins non-professionnelles.

De nombreux salariés connectés considèrent que cette utilisation personnelle doit être acceptée par l'employeur. Elle n'est d'ailleurs souvent que la contrepartie de l'interpénétration entre vie personnelle et vie professionnelle. Si leur employeur peut empiéter sur leur vie personnelle, par exemple en leur confiant des ordinateurs portables pour pouvoir assurer leur activité de manière nomade ou en les joignant sur leur téléphone portable, il apparaît logique qu'ils puissent utiliser internet à des fins personnelles sur le lieu de travail.

Certains vont jusqu'à considérer que cette utilisation est un droit que doit leur assurer l'employeur. Pour ces salariés, l'entreprise devrait favoriser l'existence d'une sphère

---

[38] Étude IPSOS réalisée pour le *Nouvel Hebdo* du 8 février 2002.

118

personnelle au bureau et donc permettre à tous les salariés d'avoir un accès aux technologies de l'information.

Sans aller aussi loin, la plupart des salariés considèrent que l'employeur ne devrait pas pouvoir accéder aux informations reçues, émises ou détenues provenant de son utilisation personnelle d'internet. En effet, ils estiment que cette prise de connaissance serait une atteinte à leur vie privée, protégée par l'article 9 du Code civil et les stipulations de l'article 8 de la Convention européenne de sauvegarde des Droits de l'homme et des libertés fondamentales auxquelles la jurisprudence de la Cour de Cassation et de la Cour européenne des Droits de l'homme donne un effet dans les relations entre salariés et employeurs. Une question apparaît particulièrement sensible à de nombreux salariés : la question de l'ouverture des courriers électroniques que certains d'entre eux considèrent comme couverts par le secret des correspondances, protégé à l'article 226-15 du Code pénal [39].

Or, on ne peut, dans cette optique, méconnaître les particularités de l'outil internet qui ne permet pas au salarié de faire disparaître ses actions personnelles sur le réseau. En effet, l'information numérique est aisément stockable. Elle peut facilement être retracée par l'employeur. Il est même dans la nature de ces nouveaux outils de permettre le contrôle des traces laissées par les employés, faisant craindre le spectre d'une cybersurveillance, plus insidieuse mais plus efficace que les anciens contrôles exercés par l'employeur sur les salariés.

B. – Les employeurs ne peuvent renoncer à leur contrôle sur l'utilisation d'internet par les salariés – y compris lorsque celle-ci est effectuée à des fins personnelles

Compte tenu de leur responsabilité de gestion de l'entreprise, les employeurs se doivent d'être particulièrement vigilants par rapport aux risques pour l'entreprise que soulève l'utilisation d'internet.

D'une part, l'utilisation d'internet peut fragiliser l'intégrité des systèmes d'information de l'entreprise qui sont devenus essentiels à son activité économique.

La sécurité des réseaux peut être mise en danger par les données entrant dans l'entreprise, que ce soit par voie de méls ou de téléchargement. De même, l'entreprise doit veiller à ce que ses réseaux ne soient pas encombrés au risque de ralentir ou de paralyser son activité, par exemple par des téléchargements de fichiers trop importants ou par l'envoi de pièces jointes de taille excessive. L'utilisation personnelle peut mettre en danger les réseaux de l'entreprise.

De plus, les employeurs mettent en avant la possibilité de comportements nuisibles pour l'entreprise liés à l'utilisation d'internet.

---

[39] L'article 226-15 du Code pénal prévoit que « *Le fait, commis de mauvaise foi, d'ouvrir, de supprimer, de retarder ou de détourner des correspondances arrivées ou non à destination et adressées à des tiers, ou d'en prendre frauduleusement connaissance, est puni d'un an d'emprisonnement et de 45 000 € d'amende. Est puni des mêmes peines le fait, commis de mauvaise foi, d'intercepter, de détourner, d'utiliser ou de divulguer des correspondances émises, transmises et reçues par la voie des télécommunications ou de procéder à l'installation d'appareils conçus pour réaliser de telles interceptions* ».

Tout d'abord, l'entreprise peut voir sa responsabilité engagée pour une utilisation illicite ou fautive d'internet sur le lieu de travail. En effet, civilement, l'employeur est responsable, en tant que commettant de ses salariés, des fautes commises par ceux-ci dans leur utilisation d'internet pendant le temps de travail, sur le fondement de l'article 1384 alinéa 5 du Code civil. Certes, l'employeur peut s'exonérer de sa responsabilité si son préposé agit hors des fonctions auxquelles il est employé, sans autorisation et à des fins étrangères à ses attributions. Toutefois, sa responsabilité peut être largement recherchée. Sa vigilance s'impose donc [40].

De plus, l'employeur peut légitimement désirer ne pas voir se développer la consultation de sites licencieux ou l'envoi de messages douteux depuis le lieu de travail. Dans ce cadre, il peut souhaiter éviter tout dérapage, ne serait-ce que pour éviter des retombées négatives en terme d'image.

L'employeur veut éviter qu'un salarié déloyal utilise internet pour communiquer avec ses concurrents et mette ainsi en danger les secrets de l'entreprise, par exemple en envoyant par mél le fichier de clientèle.

Enfin, **certains employeurs souhaitent contrôler l'utilisation d'internet pour contrôler la productivité de leurs salariés.** Certes, le contrôle de l'activité du salarié incombe en premier lieu à son supérieur hiérarchique direct ; si le salarié passe un temps excessif en consultation de sites ou en envoi de méls, son supérieur devrait constater que sa productivité n'est pas optimale. Néanmoins, la difficulté dans certains cas de mesurer l'activité complique cette mission. Certains employeurs souhaitent accompagner ce contrôle managérial d'un contrôle de l'utilisation d'internet pour éviter le développement d'un usage abusif sans aucun rapport avec l'activité professionnelle.

C. – Un besoin de clarification entre les logiques des salariés et des employeurs

On constate que les logiques des employeurs et celle de salariés quant à l'utilisation des nouvelles technologies ne sont pas toujours convergentes en théorie. En pratique cependant, la conciliation prévaut souvent : la quasi-totalité des employeurs ne peut que prendre acte de l'existence d'une utilisation personnelle d'internet par les salariés. Ces pratiques avaient d'ailleurs déjà été constatées avec l'utilisation du téléphone dans les entreprises. De même, l'employeur n'a ni les moyens, ni la volonté de contrôler l'utilisation que fait chaque salarié d'internet. Il souhaite uniquement pouvoir sanctionner d'éventuels abus d'utilisation. Enfin, la quasi-totalité des salariés ont conscience que le bureau reste un lieu de travail.

Dès lors, de nombreux acteurs considèrent qu'un arrangement tacite, non écrit, suffit entre salariés et employeurs sur cette utilisation. Une telle solution pose néanmoins

---

[40] La responsabilité pénale des entreprises paraît plus difficile à mettre en œuvre. En effet, l'article 120-2 du Nouveau Code pénal prévoit une responsabilité des personnes morales pour des infractions commises pour leur compte et par leurs représentants. De plus, la responsabilité pénale de l'entreprise ne peut être mise en œuvre que si elle est expressément prévue par une disposition spéciale pour l'infraction considérée. Le risque pour l'entreprise de voir sa responsabilité pénale engagée pour une illégalité commise par un salarié en dehors de ses fonctions, à l'occasion de l'utilisation personnelle d'internet, apparaît donc faible.

différents problèmes. Elle ne définit pas ce qui est permis et ce qui est interdit. Elle laisse un flou qui rend plus difficile l'intervention de l'employeur en cas de difficultés. Après tout, si aucune règle n'a été fixée, quel contrôle peut-il mener et surtout quelles sanctions peut-il prendre en cas d'usage excessif ou indélicat ? De manière symétrique, elle laisse la porte ouverte à toutes les spéculations sur les pratiques réelles des employeurs. Comment le salarié peut-il être sûr qu'il n'est pas soumis à un contrôle systématique de l'employeur quand il envoie un message personnel ?

Dans l'hypothèse où l'on souhaite véritablement que les nouvelles technologies se déploient dans l'entreprise pour en devenir un outil quotidien, où l'on souhaite créer de la confiance, ce type de réponse n'est plus acceptable. Il faut clarifier le cadre d'usage et définir de façon précise les droits et devoirs respectifs des acteurs de l'entreprise quant à leur utilisation d'internet.

II. – Une philosophie générale : une présomption d'utilisation professionnelle d'internet au travail mais la possibilité d'une utilisation personnelle raisonnable et encadrée

A. – Le Forum considère qu'internet reste avant tout un outil mis à la disposition du salarié par l'employeur en vue d'une utilisation professionnelle

L'utilisation personnelle ne peut être considérée comme un droit du salarié. Rien n'impose à l'employeur de fournir un accès internet au salarié pour lui permettre de développer une utilisation personnelle de l'outil. En effet, l'accès est d'abord conditionné à l'activité économique du salarié. Si cet accès ne lui est pas nécessaire professionnellement, l'entreprise n'a aucune obligation de lui en fournir un. De même, en cas d'abus, rien n'interdit à l'entreprise de priver le salarié indélicat de l'accès à internet.

Certaines entreprises ont décidé de mettre en place des bornes interactives afin de permettre à leurs salariés d'accéder à la consultation de sites ou à des messageries pendant leur temps de pause. De telles initiatives sont évidemment très positives. Pour autant, elles demeurent un choix de l'entreprise et non une obligation pour elle.

B. – Mais le Forum considère qu'il est difficile de refuser par principe toute utilisation personnelle d'internet sur le lieu de travail

Une telle interdiction de principe ne semble pas illégale. Le Forum estime que le règlement intérieur qui l'édicterait ne serait pas pour autant illicite dès lors qu'internet sur le lieu de travail reste un outil de l'employeur mis à disposition des salariés à des fins uniquement professionnelles.

Mais **cette interdiction absolue est difficilement applicable juridiquement** car sa méconnaissance ne pourrait être automatiquement sanctionnée si un salarié décidait, en dépit de l'interdiction, d'utiliser internet à des fins personnelles.

En premier lieu, toute sanction doit être proportionnée à la faute commise, en application de l'article L. 122-43 du Code du travail. Ce principe de proportionnalité interdit une sanction en cas d'usage raisonnable par le salarié. Il serait en effet difficile pour un employeur de mettre à pied un salarié pour un message anodin échangé avec sa femme. La sanction serait considérée comme disproportionnée par rapport à la faute commise.

En second lieu, il restera difficile pour l'employeur d'apporter la preuve d'une utilisation personnelle prohibée. Dans son arrêt *Nikon* du 2 octobre 2001[41], sur lequel nous reviendrons, la Cour de Cassation a estimé que, même dans un cas où une interdiction absolue de l'usage personnel a été édictée, l'employeur ne peut prendre connaissance des messages personnels émis par le salarié ou reçus par lui grâce à un outil informatique mis à sa disposition pour son travail. Cette protection du secret de la correspondance empêchera, en pratique, l'employeur d'apporter la preuve que l'interdiction a été méconnue.

En outre, cette interdiction absolue apparaît socialement difficilement acceptable. Elle est en décalage avec les pratiques actuelles et surtout futures des salariés. Quand un équipement avec un accès à internet est installé, l'utilisation personnelle est quasiment induite et entre d'ailleurs dans le processus d'appropriation de la technologie. L'interdiction posée est donc méconnue et perd toute crédibilité. Elle est, de plus, contraire à la volonté de l'employeur de demander au salarié d'être autonome et responsable.

L'entreprise doit donc admettre une utilisation d'internet à des fins personnelles par les salariés qui y ont accès. Mais cette utilisation personnelle doit demeurer raisonnable. L'employeur est alors fondé à contrôler cette utilisation.

III. – Les modalités du contrôle de l'utilisation personnelle : un contrôle loyal, transparent et proportionné

Le contrôle effectué par l'employeur sur l'utilisation personnelle ne doit pas empiéter sur les libertés du salarié qui s'exercent également sur le lieu de travail. Il doit donc s'exercer suivant l'exigence de proportionnalité et de justification fixée à l'article L. 120-2 du Code du travail qui prévoit que « *Nul ne peut apporter aux droits des personnes et des libertés individuelles ou collectives des restrictions qui ne seraient pas justifiées par la nature de la tâche à accomplir ni proportionnée au but recherché* ». Par ailleurs, il doit s'effectuer dans la loyauté et la transparence afin de créer les conditions de la confiance entre l'employeur et ses salariés.

Le Forum considère que trois modalités essentielles doivent guider ce contrôle afin que celui-ci soit pleinement efficace.

A. – Le salarié doit distinguer les documents qu'il considère comme personnels des documents professionnels

Sur le lieu de travail, le salarié est d'abord considéré comme étant dans une situation professionnelle. Ainsi, s'il dispose d'une boîte aux lettres électronique ou d'un

---

[41] Soc., 2 octobre 2001, *Société Nikon France SA c/ M. Onof, Bull. civ.*, V, nº 291, p. 233.

ordinateur, c'est d'abord en tant qu'agent économique de l'entreprise. Ainsi, la quasi-totalité des méls qui lui sont adressés ou qu'il envoie sont des méls professionnels qui concernent son activité. De même, la quasi-totalité des fichiers qu'il stocke sur son disque dur sont des fichiers qui concernent l'entreprise. Il n'utilise alors les outils qui sont mis à sa disposition que pour le compte de l'entreprise. Il est normal que celle-ci puisse accéder à l'ensemble des messages ou des fichiers qui concernent son activité dans le cadre par exemple d'une absence maladie du salarié ou pour cause de réduction du temps de travail.

En revanche, si le salarié souhaite protéger les informations qu'il considère comme étant personnelles, il doit les distinguer des informations professionnelles qui peuvent toujours être lues par l'employeur et échappent au secret de la correspondance.

1. – Les salariés doivent distinguer le courrier personnel du courrier professionnel

Le secret de la correspondance est une liberté publique protégée par les articles 226-15 et 432-9 du Code pénal [42]. Il est également protégé par l'article 8 de la Convention européenne de Droits de l'homme comme composante de la vie personnelle qui stipule que « *toute personne a droit au respect de sa vie privée et familiale, de son domicile et de sa correspondance* ».

Le juge français a reconnu depuis fort longtemps l'existence d'un secret des correspondances au profit des salariés [43]. L'employeur qui ouvre un pli adressé à son employé dans un but malveillant commet un délit pénalement sanctionnable[44]. Or, il a été jugé qu'un courrier électronique personnel est assimilable à une correspondance protégée par le Code pénal[45]. La Cour de Cassation, dans son arrêt *Nikon* précité, a également estimé que l'employeur ne peut, sans violer le secret des correspondances, prendre connaissance des messages personnels émis ou reçus par le salarié.

Mais la majorité des courriers électroniques envoyés ou reçus par un salarié est en fait adressée à l'entreprise pour laquelle il travaille. Et, la jurisprudence de la chambre criminelle considère que lorsqu'une correspondance est adressée à un membre d'une organisation avec son nom et son appartenance à cette organisation, sans l'indication sur les enveloppes du caractère personnel de la correspondance, et que le contenu de ces correspondances a été adressé à l'individu en sa qualité de membre de l'organisme, ce dernier étant le véritable destinataire, il n'y pas d'atteinte au secret des correspondances [46].

---

[42] Cet article 432-9 du Code pénal réprime le fait pour une personne dépositaire de l'autorité publique ou chargée d'une mission de service public d'ordonner, de commettre ou de faciliter hors les cas prévus par la loi, l'interception ou le détournement des correspondances émises, transmises ou reçues par la voie des télécommunications, l'utilisation ou la divulgation de leur contenu.
[43] Voir ainsi, cour d'appel de Paris, 17 juin 1938, *Mas et association de la critique dramatique c/ de Rovera et Signorino, Dalloz Hebdomadaire*, p. 520.
[44] Crim., 18 juillet 1973, *Bull. Crim.* nº 336.
[45] Cour d'appel de Paris, 17 décembre 2001, confirmant le tribunal correctionnel de Paris, 2 novembre 2000.
[46] Crim., 16 janvier 1992.

Le Forum considère que cette interprétation du secret des correspondances doit s'appliquer au courrier électronique reçu ou envoyé par le salarié dans l'entreprise, que ce soit par internet ou par une messagerie interne à l'entreprise.

En l'absence de toute indication, le message électronique doit être considéré comme un message professionnel et non comme un message personnel. L'entreprise doit donc avoir accès à ces courriers, ne serait-ce que pour répondre aux méls reçus pendant l'absence du salarié. En conséquence, le salarié doit veiller à bien distinguer les méls personnels des méls professionnels.

Cette distinction peut être assurée de deux manières :
– le salarié peut décider d'envoyer et de recevoir ses courriers personnels par une boîte personnelle hébergée sur un serveur externe de messagerie. L'employeur aura alors accès en principe à l'intégralité des messages présents sur la boîte professionnelle ;
– le salarié peut indiquer la mention « personnel » dans l'objet de son message. Il marque ainsi sa volonté que ce message soit considéré comme une correspondance personnelle, protégée par le secret des correspondances, ce qui suppose que son employeur ne pourra alors prendre connaissance de son contenu.

Néanmoins, si un message est adressé au salarié sans que figure la mention « personnel » en objet et que le contenu de celui-ci est en fait personnel et donc protégé par le secret des correspondances, il appartiendra à l'administrateur réseau qui serait amené à en prendre connaissance de le requalifier en message personnel.

Le Forum considère en revanche que la cryptologie ne peut apparaître comme une solution réaliste pour assurer la confidentialité des messages personnels du salarié.

Tout d'abord, il y a peu de chances pour que l'employeur laisse entrer sur son réseau des messages cryptés qui pourraient éventuellement être porteurs de virus. Ensuite, les limites de la cryptologie ne garantiraient pas, en tout état de cause, l'inviolabilité du message. Rien n'empêche, en effet, de décrypter le message dans l'hypothèse d'un cryptage peu puissant. La solution ne peut donc être technologique. Elle passe d'abord par les conditions d'une confiance réciproque entre les employeurs et les salariés.

2. – Le salarié doit distinguer ses fichiers personnels sur son disque dur

Pour le disque dur, cette distinction entre sphère personnelle et sphère professionnelle peut passer par la création d'un répertoire intitulé « personnel » sur le disque dur du salarié. Celui-ci pourra contenir les fichiers que le salarié considère comme personnels.

3. – Le salarié doit s'engager à ne pas transformer des informations professionnelles en informations personnelles

La distinction entre fichiers et messages personnels et professionnels permet de préserver la confidentialité de la vie personnelle du salarié sur le lieu de travail. Elle doit néanmoins passer par un engagement du salarié à ne pas qualifier des informations professionnelles en informations personnelles. Cette obligation doit être mentionnée dans le règlement intérieur. Elle découle du principe selon lequel « *le contrat de travail est exécuté de bonne foi* » [47].

B. – Des modalités de contrôle loyales et transparentes doivent être définies

La confiance passe par la définition de règles claires sur l'utilisation d'internet. Mais elle nécessite également que l'employeur indique les contrôles qu'il effectue pour s'assurer du respect de ces règles.

1. – Un contrôle technique peut toujours être exercé

Le contrôle technique fait partie du fonctionnement normal du système d'information de l'entreprise : celle-ci doit pouvoir, par des logiciels appropriés, contrôler et rejeter éventuellement des pièces jointes aux messages ou des fichiers téléchargés qui contiendraient des virus informatiques. Elle doit également pouvoir empêcher le téléchargement de fichiers trop volumineux (par exemple vidéos). Ce contrôle, indispensable au respect de la sécurité de l'entreprise ne s'exerce pas sur le contenu de l'information, il s'agit d'un contrôle « aveugle » qui ne porte pas atteinte à la vie privée du salarié.

2. – L'employeur peut également exercer, s'il le souhaite, un contrôle en volume

Ce contrôle peut s'exercer en matière de consultation de sites sur internet : nombre de pages consultées, temps de connexion global etc. Il peut également s'exercer en matière de méls. Dans ce cadre, l'employeur a accès au nombre de messages envoyés ou reçus ainsi qu'à la taille et à la nature des pièces jointes.

Nul doute qu'un tel contrôle ne peut être systématique pour l'ensemble des salariés, ne serait-ce que par la charge de travail qu'il représente. Mais il n'en demeure pas moins qu'il est légal et peut devenir légitime s'il s'agit de cerner des abus, comme un temps de consultation excessif. Il peut également permettre de contrôler indirectement que l'appellation « personnel » est utilisée à bon escient. Ainsi, l'envoi d'un fichier client confidentiel de grosse taille sera détecté par ce contrôle en volume même si le mél est indiqué comme étant personnel... De même, le répertoire « personnel » sur le disque dur peut faire l'objet d'un contrôle en volume (nombre de fichiers détenus, taille de ces fichiers, nature de ces fichiers).

3. – Le contrôle du contenu de l'information doit être limité

Compte tenu des principes exposés ci-dessus, l'employeur ne pourra accéder, ni aux méls indiqués comme personnels ou ainsi requalifiés par l'administrateur, ni aux fichiers contenus dans l'espace personnel du disque dur. Il ne pourra accéder en principe qu'aux informations de nature professionnelle.

Un tel dispositif peut néanmoins être tempéré. Ainsi, il peut être nécessaire de prévoir un accès de l'employeur à des messages ou à des fichiers personnels dans des cas exceptionnels, par exemple, s'il existe des comportements pénalement

---

[47] Article L. 120-4 du Code de travail inséré par la loi du 17 janvier 2002.

sanctionnables. Dans ce cas, on peut estimer que le principe de proportionnalité, posé à l'article L. 120-2 du Code du travail, ne serait pas méconnu.

Le Forum estime néanmoins que la mise en place d'une telle procédure exceptionnelle doit être encadrée. Elle doit d'abord être décrite précisément dans l'annexe au règlement intérieur relative à l'utilisation d'internet. Elle doit également prévoir des garanties spécifiques pour le salarié. Ainsi, la divulgation par l'administrateur réseau des informations sollicitées par l'employeur ne doit pouvoir intervenir qu'après que le salarié a été averti du contrôle et que celui-ci a été effectué en présence d'une tierce personne, comme par exemple, un représentant du personnel.

En matière de **consultation de sites,** le Forum estime que l'employeur peut mettre en place des **logiciels de filtrage** qui permettent de régler l'essentiel des problèmes que l'entreprise peut rencontrer en matière de consultation de sites préjudiciables ou illicites ainsi qu'en matière d'encombrement du réseau en raison du téléchargement de fichiers, comme par exemple des fichiers vidéos de taille excessive (par exemple 2 Mo). Mais les institutions représentatives doivent être informées des modalités du filtrage (catégories de filtres mises en place, liste des mots-clés).

4. – L'employeur doit rappeler aux salariés la nécessité de protéger leurs informations et les informer sur la durée de conservation des données collectées

Le respect de la confidentialité des données personnelles passe par l'utilisation de mots de passe. L'entreprise doit prévoir leur mise en place afin que chaque salarié puisse protéger les informations personnelles qui le concernent. En effet, il faut veiller à ce que les salariés ne puissent accéder aux informations concernant leurs collègues s'ils ne sont pas habilités à le faire. À titre d'illustration, un salarié chargé d'établir les fiches de salaire ne doit pas pouvoir, s'il n'est pas habilité à le faire, accéder au fichier de la notation des salariés.

Par ailleurs, l'entreprise doit informer les salariés de la durée de conservation des données de connexion recueillies dans le cadre du contrôle. **Le Forum s'associe à la préconisation émise par la CNIL de conserver les données de connexion pour une durée maximale de six mois** [48].

C. – L'administrateur réseau doit protéger la confidentialité des données personnelles

Les administrateurs réseaux possèdent le mot de passe administrateur qui leur permet d'accéder aux serveurs de fichiers, aux serveurs web et aux serveurs de

---

[48] L'article 29 de la loi sur la sécurité quotidienne du 12 novembre 2001 impose aux opérateurs de télécommunications l'effacement ou l'anonymisation des données de connexion avec deux exceptions liées aux besoins de facturation et aux besoins des enquêtes pénales. Mais, même si ce point mérite explicitement d'être confirmé par les textes, les entreprises ne peuvent être aisément considérées comme des opérateurs de télécommunications au sens des dispositions de cette loi. En effet, elles possèdent des réseaux indépendants qu'elles ouvrent à leurs salariés et non au public. Elles ne seraient donc pas soumises à l'obligation d'effacement ou d'anonymisation des données de connexion. Ces dispositions nationales devront être rapprochées des stipulations de la convention cybercriminalité du 23 novembre 2001 http://conventions.coe.int/Treaty/FR/Treaties/Html/185.htm qui imposent aux États d'adopter les mesures nécessaires pour permettre la conservation des données informatiques.

messagerie. Ils peuvent donc potentiellement prendre connaissance de l'ensemble des données reçues, émises ou élaborées par un salarié.

La cour d'appel de Paris, dans un arrêt du 17 décembre 2001, a rappelé qu'il « *est dans la fonction des administrateurs de réseaux d'assurer le fonctionnement normal de ceux-ci ainsi que leur sécurité* » ce qui implique qu'ils aient un accès à l'ensemble des données du réseau afin de régler les problèmes techniques ou de sécurité informatique. Mais les administrateurs réseaux ne peuvent utiliser le contenu de l'information ainsi trouvée quand cette divulgation porterait atteinte au secret de la correspondance. Cette obligation peut, on l'a vu, lui imposer de requalifier un message en message personnel s'il s'aperçoit que tel est le cas.

Mais au-delà de ce secret, l'administrateur réseau devrait veiller à ne divulguer à personne au sein de l'entreprise, y compris à sa hiérarchie et à ses collègues, les informations personnelles qui concernent un salarié dont il peut avoir connaissance dans le cadre de ses fonctions. Outre le contenu des messages indiqués « personnels », cette obligation de confidentialité devrait également être étendue au contenu des fichiers que le salarié aura stockés dans l'espace personnel de son ordinateur.

Le Forum estime que cette obligation de confidentialité de l'administrateur réseau doit être inscrite dans l'annexe au règlement intérieur consacrée aux technologies de l'information afin d'être totalement transparente. Ainsi, les salariés connaîtront l'étendue de la protection accordée au contenu des données qu'ils considèrent comme personnelles.

De surcroît, **le Forum pense qu'au-delà de cette mention, il serait nécessaire de consacrer un véritable secret professionnel des administrateurs réseaux dans la loi**.

Ce secret ne devrait pas couvrir le seul secret des correspondances mais l'ensemble des contenus personnels du salarié comme par exemple ses fichiers. Il s'attacherait à la fonction d'administration du réseau et non à une personne nommément désignée. Il prévoirait également explicitement que le fait pour l'autorité hiérarchique du salarié ou de l'administrateur réseau de demander à ce dernier de violer ce secret serait une infraction pénale.

IV. – Les outils juridiques de mise en œuvre de ces principes : une annexe au règlement intérieur et une information transparente

A. – La définition des règles d'utilisation d'internet doit passer par une annexe au règlement intérieur

La plupart des entreprises ayant mis en place des accès internet ont adopté des chartes définissant les règles d'usage devant être respectées par les salariés.

Le contenu de ces chartes est en fait très divers selon les entreprises. Certaines ne sont que des rappels généraux de consignes de prudence ou de bonne utilisation des technologies. D'autres, en revanche, entendent poser des obligations pouvant faire l'objet de sanctions. De même, le statut des chartes diffère d'une entreprise à l'autre.

Certaines prennent la forme d'annexes au règlement intérieur. D'autres sont des documents portés à la connaissance des salariés. De même, certaines entreprises demandent l'adhésion des salariés au texte alors que d'autres se contentent de porter à leur connaissance les stipulations de la charte.

L'importance des chartes est incontestable : elles ont souvent permis une première clarification des règles applicables dans l'entreprise ; elles ont également favorisé le lancement d'un dialogue interne avec les représentants du personnel et les salariés visant à concilier les points de vue. Dans cette optique, elles jouent un rôle éminemment positif dans l'appropriation par l'employeur et les salariés des problématiques liées aux technologies de l'information.

Pour autant, si elles n'ont pas été prises suivant les modalités du règlement intérieur, les prescriptions impératives qu'elles comportent ne peuvent conduire à des sanctions disciplinaires. En effet, les documents qui portent des prescriptions générales et permanentes dans le domaine de l'hygiène, de la sécurité et de la discipline sont considérés comme des adjonctions au règlement intérieur qui doivent être adoptées dans les mêmes formes que ce dernier [49]. Les dispositions de la charte, si elles ne se limitent pas à des règles purement techniques ou de savoir-vivre, doivent donc être adoptées suivant la procédure du règlement intérieur pour être applicables. Elles doivent être soumises pour avis au comité d'entreprise ou, à défaut, à l'avis des délégués du personnel ainsi que, le cas échéant, à l'avis du comité d'hygiène et de sécurité. Elles doivent également faire l'objet de mesures de publicité et être transmise à l'inspecteur du travail[50]. La modification de ces règles doit s'effectuer suivant les mêmes modalités.

Le Forum recommande que les principes définis ci-dessus soient intégrés dans une annexe au règlement intérieur après une concertation préalable avec les institutions représentatives du personnel, voire une négociation si les partenaires le souhaitent.

B. – L'employeur doit informer les salariés des modalités de contrôle de l'utilisation d'internet

De façon générale, l'introduction dans l'entreprise des technologies de l'information doit donner lieu à une information et à une consultation du comité d'entreprise en application de l'article L. 432-2 du Code du travail. Cette obligation semble trop souvent ignorée par les entreprises.

De façon plus spécifique, l'article L. 432-2-1, alinéa 3, du même code dispose que « *Le comité d'entreprise est informé et consulté, préalablement à la décision de mise en œuvre dans l'entreprise, sur les moyens ou les techniques permettant un contrôle de l'activité des salariés* ».

À défaut de consultation du comité d'entreprise, la preuve obtenue par le dispositif de surveillance sera considérée comme illicite en droit du travail et ne pourra être utilisée en cas de conflit avec le salarié [51].

---

[49] En application de l'article L. 122-39 du Code du travail.
[50] Article L. 122-36 du code du travail.
[51] Soc., 15 mai 2001, *Aymard c/ Cabinet Regimbeau, Bull. civ.*, V, n° 168, p. 132.

Par ailleurs, il est également nécessaire d'informer les salariés sur les modalités du contrôle. Cette obligation de transparence résulte de l'article L. 121-8 du Code du travail qui dispose qu'aucune information concernant personnellement un salarié ou un candidat à un emploi ne peut être collectée par un dispositif qui n'a pas été porté préalablement à la connaissance du salarié ou du candidat à l'emploi. Là encore, un dispositif de surveillance qui n'a pas été porté à la connaissance du salarié ne pourra être utilisé en cas de problèmes [52].

De manière générale, le Forum considère que l'élaboration de ces règles d'usage d'internet sur le lieu de travail doit être l'occasion d'un dialogue approfondi avec les salariés et les représentants du personnel.

Seul ce dialogue peut permettre d'établir la confiance entre salariés et employeurs et de faire émerger un consensus sur les règles d'utilisation d'internet sur le lieu et pendant le temps de travail.

C. – L'employeur doit respecter les obligations de déclaration à la CNIL

Tout traitement automatisé d'informations nominatives doit être déclaré auprès de la CNIL en application de la loi du 6 janvier 1978. Le non-respect de cette formalité est sanctionné par une peine d'emprisonnement de trois ans et une amende de 45 000 €[53].

De plus, en droit du travail, l'absence de déclaration à la CNIL empêchera l'employeur d'utiliser les données obtenues grâce au système de contrôle en cas de conflit avec son salarié, une telle preuve étant considérée comme illicite [54].

Troisième partie : l'enjeu en terme de dialogue social

Si les technologies de l'information modifient en profondeur les modalités d'organisation du travail et les relations entre employeurs et salariés, elles apparaissent également de nature à transformer les modalités du dialogue social dans l'entreprise. Certes, il est illusoire de penser qu'elles peuvent remplacer les modes traditionnels de communication et d'action des représentants du personnel. Le contact physique direct entre les salariés et leurs représentants demeure indispensable. D'ailleurs, aujourd'hui, la consultation des pages des institutions représentatives du personnel et en particulier des pages syndicales sur les intranets des entreprises demeure peu importante si l'on en croit les chiffres avancés par certaines entreprises qui ont conclu un accord en ce domaine. Mais les technologies de l'information peuvent s'avérer un complément utile et précieux à ces canaux traditionnels. Elles peuvent, dans certains cas, permettre aux institutions

---

[52] Soc., 20 novembre 1991, *Néocel, Bull. civ.*, V, n° 519, p. 323. En matière pénale, en revanche, une telle preuve serait admissible.
[53] Code pénal, article 226-16.
[54] CA Paris, 7 mars 1997, société suisse d'assurances générales.

représentatives du personnel de toucher des salariés avec lesquels un contact direct est difficile en raison de l'éloignement géographique, par exemple quand le salarié travaille à domicile ou se trouve en situation d'emploi du temps décalé. Elles peuvent également favoriser une plus grande proximité et un meilleur suivi de la relation entre les représentants du personnel et les salariés. Elles sont donc de nature à permettre un enrichissement et un renouvellement du dialogue social dans l'entreprise.

Cette évolution ne se limite pas aux seules organisations syndicales. Elle concerne également les autres institutions représentatives du personnel que sont les délégués du personnel, les comités d'hygiène, de sécurité et des conditions de travail et les comités d'entreprise. Dans ce dernier cas, d'ailleurs, l'utilisation des technologies de l'information apparaît souvent déjà acquise, ne serait-ce que pour informer les salariés sur les sorties culturelles ou sportives...

Aujourd'hui, le phénomène est limité : tout en étant conscients des possibilités qu'offrent les intranets et les messageries pour renouveler les modalités de communication avec les salariés, les partenaires sociaux sont encore dans une phase d'appropriation de ces outils. Ces technologies sont récentes et certains représentants du personnel sont peu préparés, voire formés, à les utiliser dans le cadre de leur mandat. De leur côté, les employeurs semblent envisager l'utilisation de ces outils par les institutions du personnel avec circonspection, en l'absence de visibilité sur l'utilisation qui peut en être faite. En conséquence, les accords d'entreprise connus demeurent peu nombreux, on peut en dénombrer une vingtaine.

Pour autant, cette problématique est un enjeu majeur pour l'avenir des entreprises. Dans des organisations qui se structurent autour des systèmes d'information, le dialogue social doit s'adapter aux mutations technologiques ; celles-ci peuvent même dans certains cas le renouveler. Les partenaires sociaux commencent d'ailleurs à prendre conscience de cette importance. Ainsi, l'accès aux technologies de l'information par les organisations syndicales a été un des points évoqués dans la position commune sur les voies et moyens de l'approfondissement de la négociation collective du 16 juillet 2001 signée entre les partenaires sociaux qui renvoie cette question à la négociation de branche (www.medef.fr/refondation/refhtm/ref05-negociation-collective.htm). De même, cette question a été largement développée dans les recommandations du ministère de la Fonction publique du 19 juin 2001 pour une charte ministérielle sur l'utilisation des technologies de l'information et de la communication par les organisations syndicales dans la fonction publique (www.fonction-publique.gouv.fr/reforme/admelec/syndicats2.htm).

Dans un tel contexte, le Forum des droits sur l'internet entend indiquer un certain nombre de points permettant d'accompagner la réflexion sur cette utilisation des technologies de l'information pour renouveler le dialogue social dans l'entreprise et permettre une modernisation sociale négociée.

I. – Un constat : le Code du travail ne prévoit pas un accès pour les représentants du personnel aux réseaux de l'entreprise

Le Code du travail prévoit, dans un certain nombre d'articles, l'affichage de certaines informations émanant des représentants du personnel. L'article L. 412-8 du Code du travail prévoit ainsi que « *l'affichage des communications syndicales s'effectue librement sur des panneaux réservés à cet usage* ». De même, les institutions représentatives du personnel ont également la possibilité d'afficher certaines informations [55]. L'article L. 412-8 prévoit également que les « *publications ou tracts de nature syndicale peuvent être librement diffusés aux travailleurs de l'entreprise dans l'enceinte de celle-ci aux heures d'entrée et de sortie du travail* ».

L'applicabilité de l'article L. 412-8 du Code du travail aux supports numériques fait débat.

Pour le panneau d'affichage, l'article L. 412-8 ne semble pas exclure par principe un affichage électronique des informations syndicales sur une page du site intranet de l'entreprise. Mais la question peut devenir plus complexe si l'on prend en compte les possibilités de lien avec des sites externes. Serait-on encore dans le domaine de l'affichage des communications syndicales ?

Pour les méls, la jurisprudence a parfois effectué des parallèles entre les anciennes et les nouvelles modalités de communication pour considérer qu'un accès des représentants du personnel à la messagerie de l'entreprise est possible. Ainsi, un syndicat pourrait communiquer par messagerie électronique dans la mesure où cela ne gêne pas le fonctionnement du réseau, que seuls les salariés sont destinataires du message et que ces tracts peuvent être lus hors du temps de travail [56]. Dans d'autres cas, la jurisprudence assimile les nouveaux outils et les canaux traditionnels prévus par des dispositions conventionnelles propres à l'entreprise. Ainsi, le TGI de Rouen a estimé que la possibilité, prévue par disposition conventionnelle, pour chaque section syndicale de procéder à la distribution de circulaires et de journaux syndicaux à l'intérieur de l'entreprise et d'utiliser les dispositifs de courrier interne permet de distribuer des tracts par mél [57]. Mais l'envoi d'e-tracts entre difficilement dans le cadre légal d'une diffusion aux heures d'entrée et de sortie du personnel.

En tout état de cause, d'autres formes plus interactives de communication ne semblent pas couvertes par l'actuel article L. 412-8 du Code du travail comme des forums de discussion organisés par les organisations syndicales sur le site intranet de l'entreprise. Ceux-ci ne peuvent s'apparenter à un affichage de communications syndicales ou à la diffusion de tracts. On voit également mal comment on pourrait les faire entrer dans le cadre de la réunion mensuelle que peuvent organiser les sections

---

[55] L'article L. 424-2 du code prévoit ainsi que les délégués du personnel peuvent faire afficher les renseignements qu'ils ont pour rôle de porter à la connaissance du personnel sur des emplacements obligatoirement prévus et destinés aux communications syndicales, et aux portes d'entrée des lieux de travail.

[56] TGI Nanterre, 25 juin 1990.

[57] TGI Rouen, 6 septembre 2001, *Caisse d'épargne de Normandie c/ CGT CEHN et Couralet*.

syndicales pour leurs adhérents dans l'enceinte de l'entreprise en dehors du temps de travail de ces derniers [58].

Compte tenu de ces incertitudes, le Forum constate que les représentants du personnel ne peuvent exiger un droit d'accès aux réseaux de l'entreprise sur le fondement des dispositions actuelles du Code du travail.

En réalité, en l'état actuel des textes, l'employeur doit offrir des moyens d'information aux représentants du personnel. Une fois ses obligations remplies, dans la très grande majorité des cas aujourd'hui à travers un panneau de bois ou la distribution de tracts papiers, il n'est pas tenu légalement d'accorder un accès des représentants du personnel à l'intranet ou à la messagerie de l'entreprise.

Il est vrai également qu'une assimilation pure et simple des différentes modalités d'information et de communication apparaît difficile. Le passage d'un support papier (affichage sur le panneau en bois ou distribution de tract) à un support numérique permet des usages très différents et suppose surtout l'utilisation d'une infrastructure essentielle de l'entreprise. De plus, dans la quasi-totalité des entreprises, l'ensemble des salariés ne dispose pas d'un accès à l'intranet ou à la messagerie. Ces discriminations interdisent une substitution pure et simple des anciennes et des nouvelles modalités d'information et de communication.

II – Une position : les représentants du personnel doivent pouvoir avoir accès aux intranets et aux messageries

Il semble aujourd'hui naturel de donner accès aux représentants du personnel aux infrastructures de l'entreprise. Bien entendu, un tel accès **ne peut être envisagé qu'à la condition que ces réseaux existent et soient largement utilisés par les salariés au sein de l'entreprise.** À cet égard, on ne peut que souligner une nouvelle fois la grande diversité de situation des entreprises en matière de développement des technologies de l'information. Cette hétérogénéité doit prévenir toute tentative d'imposer des solutions uniformes à l'ensemble des sociétés. On comprend que les petites entreprises ne peuvent mettre en place un intranet ou une messagerie uniquement à des fins de développement du dialogue social. Il ne peut y avoir accès des institutions représentatives du personnel que si les outils existent.

Quand tel est le cas, le refus d'autoriser par principe l'accès aux représentants du personnel aux outils de communication utilisés quotidiennement au sein de l'entreprise apparaît incompatible avec la volonté de promouvoir un dialogue social actif. Il est également difficile d'expliquer ce refus à des salariés qui utilisent quotidiennement ces outils et que l'employeur souhaite responsabiliser. Un rejet de principe risque d'être interprété comme le symptôme de relations sociales dégradées. Il serait également le signe d'un manque de conscience de l'importance des technologies de l'information sur l'évolution de l'entreprise, tant, dans ce domaine, l'évolution sociale apparaît indissociablement liée à l'évolution économique.

---

[58] Article L. 412-10 du Code du travail.

De plus, un tel choix risque d'être contre-productif. En effet, les représentants du personnel peuvent aisément trouver sur internet les ressources qu'on leur refuserait au sein de l'entreprise. Ainsi, il est techniquement peu compliqué d'envoyer des méls aux salariés à partir d'un serveur externe. De même, le syndicat peut avoir la tentation de créer un site internet comportant des informations sur l'entreprise et reproduisant les tracts [59]. Or, dans ce cas, ces sites échappent au droit du travail et relèvent uniquement du droit commun. L'employeur n'est certes pas dépourvu de moyens pour faire face à d'éventuels dérapages. Il peut faire pression sur l'hébergeur du site et faire valoir les limites liées à la diffamation ou au droit des marques ou des logos. Mais même si l'entreprise gagne son litige sur le plan judiciaire, elle risque de voir son image sensiblement écornée par un tel conflit. On peut songer à cet égard à l'exemple du site « jeboycottedanone ». L'entreprise a certes gagné son contentieux devant les tribunaux mais, face aux retombées en terme d'images, cette conclusion est apparue comme une victoire à la Pyrrhus...

Le Forum considère donc que les institutions représentatives du personnel devraient avoir accès aux technologies de l'information fournies par l'entreprise pour communiquer entre elles et avec les salariés.

Cependant, et comme il a été rappelé plus haut, l'information syndicale via les technologies de l'information ne peut aujourd'hui être que complémentaire de l'information diffusée par les canaux traditionnels que sont les panneaux d'affichage en bois et les tracts papiers. Dans la quasi-totalité des entreprises, ces nouvelles technologies ne peuvent se substituer entièrement aux modalités traditionnelles de communication car de nombreux salariés n'ont pas accès à ces outils.

III. – Les modalités de mise en œuvre de l'accès des représentants du personnel : un accord au contenu précis

Dès lors qu'il n'est pas prévu par le Code du travail, l'accès des institutions représentatives du personnel à l'intranet et à la messagerie doit passer par la conclusion d'accords. De tels accords semblent l'outil adapté permettant de prendre en compte de façon souple et progressive la diversité de situations des entreprises. Ils permettent **une modernisation sociale de l'entreprise négociée entre les acteurs**. Ces accords doivent répondre à différents principes.

A. – L'accès aux technologies de l'information doit être accordé à l'ensemble des représentants du personnel dans les mêmes conditions de droits et de devoirs

La jurisprudence impose que l'accès des représentants du personnel aux technologies de l'information se fasse dans le respect du principe d'égalité entre syndicats.

Le TGI de Versailles a estimé que l'employeur ne peut unilatéralement réserver l'accès aux outils informatiques de l'entreprise à un seul syndicat et le refuser aux autres. L'octroi de ces moyens à un syndicat constituerait un privilège pour ce dernier et

---

[59] Voir par exemple le site de la CGT de Pizza Hut : http://cgt.pizzahut.free.fr

méconnaîtrait le principe de pluralisme syndical [60]. Une telle solution semble s'appliquer à l'utilisation des moyens de communication électronique.

Par ailleurs, quand un accord collectif a été conclu avec certains syndicats sur l'accès aux technologies de l'information, un syndicat non-signataire peut en demander le bénéfice. En effet, la Cour de Cassation estime que les dispositions d'une convention ou d'un accord collectif qui tendent à améliorer l'exercice du droit syndical sont applicables de plein droit à tous les syndicats représentatifs, sans qu'il y ait lieu de distinguer ceux qui ont signé ou adhéré à la convention et ceux qui n'ont pas signé ou adhéré[61].

Certaines entreprises, pour s'assurer du respect de ces règles du jeu, ont choisi de ne pas signer un accord collectif mais des accords bilatéraux avec chaque organisation syndicale subordonnant l'accès aux technologies de l'information de l'entreprise au respect de certaines règles. Mais le TGI de Nanterre, dans une décision du 31 mai 2002, a considéré que le refus d'offrir un accès aux outils de communication de l'entreprise opposé à certaines organisations syndicales est illégal, même s'il est fondé sur le refus de l'organisation syndicale de se conformer aux règles fixées dans l'accord bilatéral [62].

Cette obligation ne devrait pas signifier, pour autant, que les syndicats non-signataires peuvent s'affranchir des règles d'usage des technologies de l'information et des principes directeurs fixés pour les syndicats signataires. Le principe de non-discrimination syndicale posé par l'arrêt *Cegelec* ne peut aboutir à ce que certains partenaires sociaux puissent bénéficier de l'accord sans respecter les engagements qui assurent le bon fonctionnement des systèmes d'information. Si les stipulations de l'accord peuvent bénéficier à toutes les organisations syndicales, les règles qu'il prévoit devraient également s'imposer à elles. La jurisprudence précitée du TGI de Nanterre s'est d'ailleurs orientée en ce sens en jugeant que la charte s'impose dans sa totalité à tout bénéficiaire, qu'il soit signataire ou non.

B. – Certains principes directeurs doivent être prévus dans l'accord définissant l'utilisation des technologies de l'information par les représentants du personnel

1. – L'accord doit être conclu pour une durée déterminée

Les évolutions technologiques sont très mouvantes. Face à ces changements, il semble préférable de prévoir une durée de vie limitée de l'accord afin de permettre les modifications et les ajustements nécessaires.

---

[60] TGI Versailles, 20 novembre 1998, *Bull c/ FGMM-CFDT*.
[61] Cass. soc., 29 mai 2001, *Union nationale des syndicats CGT Cegelec c/ Société CEGELEC*, *Bull. civ.*, V, n° 185, p. 146.
[62] TGI de Nanterre, 31 mai 2002, *Fédération des travailleurs de la métallurgie CGT c/ SA Renault*.

2. – Les représentants du personnel doivent pouvoir jouir d'une totale liberté dans la détermination du contenu de l'information émise tout en étant responsables de celle-ci

L'employeur n'a pas à contrôler le contenu de l'information et il revient au représentant du personnel d'exercer une responsabilité pleine et entière sur le contenu des informations diffusées.

Cette responsabilité suppose que les institutions représentatives du personnel se dotent de l'organisation nécessaire pour y faire face. Il serait ainsi souhaitable qu'elles mettent en place en leur sein une procédure de validation de l'information avant sa mise en ligne ou son envoi par mél. De même, un responsable devrait être désigné au sein de l'institution pour contrôler la qualité de l'information diffusée sur le site intranet. Enfin, un modérateur doit être prévu pour assurer la tenue de forums syndicaux sur l'intranet. Ces contraintes d'organisation doivent être intégrées afin de déterminer les outils qui doivent être inclus dans l'accord.

3. – L'utilisation de ces outils ne doit pas entraver la bonne marche de l'entreprise

Des règles techniques non négociables peuvent être imposées pour assurer la sécurité du réseau de l'entreprise. Ces exigences de sécurité peuvent d'ailleurs souvent être réglées à partir du dispositif commun de sécurité. Ainsi, l'entreprise peut souhaiter limiter la taille des pièces jointes aux méls des représentants du personnel afin de ne pas perturber le fonctionnement du réseau. Mais on peut songer aussi à des règles spécifiques : il peut être ainsi possible de restreindre des envois en grand nombre à des moments particuliers pour éviter de saturer le réseau interne de l'entreprise, par exemple pendant la nuit, grâce à un système de robot de messagerie.

L'accord peut également prévoir de limiter le nombre d'envois en masse de messages à l'ensemble des salariés afin d'éviter les risques d'envois répétitifs (ou « spam ») d'e-tracts. Un syndicat n'a certes pas intérêt à multiplier les messages au risque de susciter des réactions d'irritation chez les salariés. La tentation peut néanmoins être grande de procéder à un grand nombre d'envois en masse lors de périodes tendues, soit à l'approche d'élections professionnelles, soit à l'occasion d'un conflit collectif.

4. – L'interactivité intrinsèque de ces outils doit être maintenue

La mise en place des règles de sécurité indispensables ne doit pas être un prétexte pour supprimer l'interactivité inhérente à ces outils. Ainsi, la prohibition des liens externes sur les pages intranet au nom d'impératifs de sécurité, si elle peut être admise à un stade expérimental, apparaît rapidement décalée avec les pratiques de l'entreprise quand celle-ci réserve un large accès à internet. Derrière ces explications se cachent souvent d'éventuelles craintes des employeurs sur le temps passé par les salariés à consulter des sites syndicaux. De telles réticences sont explicables mais elles ne peuvent justifier de faire des nouveaux outils de communication électronique de simples vecteurs passifs de diffusion de contenus ; ce serait nier leurs caractéristiques essentielles. L'interactivité doit donc être autorisée au profit des IRP, sachant que l'employeur peut toujours contrôler le temps passé par un salarié en vertu des modalités de contrôle évoquées précédemment.

5. – Le principe de la liberté de choix du salarié d'accepter ou de refuser le message des représentants du personnel doit être sauvegardé

En effet, tout salarié est en droit de refuser de recevoir l'information syndicale et au-delà une information émanant de représentants du personnel. Des solutions doivent donc être mises en œuvre. Tout d'abord, il convient d'identifier clairement la provenance du message en indiquant dans l'objet qu'il s'agit d'un message syndical. Il apparaît également nécessaire de prévoir un système de désabonnement du salarié à sa demande de la liste de diffusion des représentants du personnel.

6. – La confidentialité des échanges entre les salariés et les représentants du personnel doit être assurée

L'employeur ne doit pas pouvoir prendre connaissance des messages envoyés par les salariés vers leurs représentants ou bien entre les représentants du personnel entre eux. De même, il ne doit pas pouvoir retracer le nombre de visites effectuées par un salarié sur des pages syndicales du site intranet.

Cette obligation doit entrer dans les obligations de confidentialité qui s'imposent aux administrateurs réseaux en application du secret professionnel décrit plus haut.

IV. – Les consultations électroniques doivent être progressivement admises

Les procédures classiques de consultation des salariés au sein de l'entreprise peuvent apparaître aujourd'hui lourdes et coûteuses. En effet, l'organisation d'une consultation nécessite une logistique importante et complexe à l'heure des réseaux intranet. De plus, les salariés itinérants ou les sites multiples compliquent la tâche des responsables des ressources humaines pour organiser ces procédures.

Le potentiel des technologies de l'information pourrait utilement faciliter les consultations des salariés. Il convient de noter que dans le cadre du fonctionnement de l'entreprise, les pouvoirs publics ont précisé les conditions d'utilisation des technologies de l'information lors du vote aux assemblées générales d'actionnaires dans le cadre du décret d'application du 3 mai 2002 de la loi du 15 mai 2001 relative aux nouvelles régulations économiques. Il a également été jugé qu'une association pouvait être autorisée à convoquer, tenir et assurer une délibération par internet sous contrôle d'un huissier de justice [63].

Toutefois, en l'état actuel du droit, il n'est pas permis de prévoir un vote électronique pour les élections professionnelles dont les modalités sont fixées de manière stricte par les dispositions des articles L. 423-13 et L. 433-9 du Code du travail [64]. Néanmoins, rien n'interdit un vote électronique pour des consultations non obligatoires dans le respect des principes de loyauté et d'égalité. D'ailleurs, certaines entreprises tentent des expérimentations dans ce domaine [65].

---

[63] Tribunal de commerce de Paris, 10 octobre 2001, Dalloz 2002, p. 1669.
[64] Ces articles disposent que « *L'élection a lieu au scrutin secret sous enveloppe* ». La jurisprudence a ainsi clairement interdit le « télévote », Soc., 20 oct. 1999 : *Bull. civ.* V, n° 390.
[65] Comme Liberty Surf sur les 35 heures.

Le Forum est favorable au principe du vote électronique au sein de l'entreprise si les conditions techniques garantissent la confidentialité du vote et la sincérité du scrutin.

Cette confidentialité du vote et cette sincérité du scrutin doivent être assurées pour que les opérations électorales se déroulent dans un climat de confiance. Si ces garanties sont apportées notamment par la mise en œuvre de systèmes techniques adéquats, le Forum considère que des votes électroniques pour les élections professionnelles pourraient être organisés. Il reviendra au législateur de se pencher sur cette question.

V. – Un horizon plus lointain : la modification du Code du travail dans le sens d'une plus grande neutralité technologique

Il a été rappelé ci-dessus que le Code du travail ne prenait pas en compte de façon claire l'utilisation des technologies de l'information par les représentants du personnel pour communiquer avec les salariés. Les accords sur ce point se développent mais les pratiques des acteurs sont encore incertaines. Il existe un manque de recul sur les expériences en cours et sur les éventuelles difficultés qui peuvent survenir dans l'utilisation de ces nouveaux outils. À ces limites, il faut ajouter la très grande diversité de la situation des entreprises dans l'introduction des nouvelles technologies.

Le Forum considère donc qu'à ce stade, une modification de la législation du travail pour prendre en compte de façon plus explicite l'utilisation de ces nouveaux outils par les représentants du personnel serait prématurée, voire contre-productive. Une phase d'appropriation et d'expérimentation par l'accord est nécessaire dans le cadre des conventions collectives de branche prévues par la position commune du 16 juillet 2001.

Le Forum estime néanmoins qu'à moyen terme, une modification législative devra intervenir en s'appuyant sur les résultats de ces expérimentations.

Deux scénarii apparaissent *a priori* possibles.

Il est possible de prévoir l'introduction spéciale de dispositions relatives à l'utilisation des outils informatiques de l'entreprise dans le Code du travail. Ainsi, de même que les panneaux et les tracts syndicaux sont prévus dans le Code du travail, des règles relatives à l'utilisation de l'intranet et de la messagerie de l'entreprise pourraient être définies.

L'autre solution serait de prévoir une plus grande neutralité technologique afin de ne pas définir des règles en fonction des supports utilisés (papier, format numérique) mais en fonction des usages. La période d'expérimentation qui s'ouvre doit être l'occasion de mieux cerner ces usages. Mais on distingue déjà qu'il existe différentes finalités à la communication des représentants du personnel. Ainsi, on peut distinguer l'information des salariés par les représentants du personnel et la communication interactive syndicats/salariés. De même, on peut distinguer l'information mise à disposition du salarié à qui il appartient de venir la rechercher et celle portée à sa connaissance, ce qui reprend la distinction *pull/push*.

Le Forum pense que cette deuxième solution fondée sur la neutralité technologique doit servir de base de réflexion. Elle permet une meilleure adaptation de la législation du travail en évitant d'imposer un cadre qui risque de se démoder au fur et à mesure des évolutions technologiques.

Annexe 1 :
composition du groupe de travail

Antoine Cristau, docteur en droit, chargé de cours à l'université Paris I et à l'Institut d'études politiques de Paris.

Jean-Michel Dusuzeau, chargé de mission auprès du directeur de l'informatique de la banque de développement des PME.

Eric Godard, directeur des systèmes d'information, Siemens.

Yves Lasfargue, chercheur et consultant.

Antoine Lyon-Caen, professeur à l'université de Paris X, président de l'Association française de droit du travail.

Jean-Pierre Quignaux, membre du Conseil d'orientation du Forum, UNAF.

Jean-Emmanuel Ray, professeur de droit du travail à l'université de Paris I.

Maurice Ronai, chargé de mission « Société-technologies de l'information » au Commissariat au Plan.

Jean-Christophe Sciberras, directeur des relations sociales chez Renault.

Laurent Setton, chef de service à la direction des relations du travail au ministère de l'Emploi et de la Solidarité.

Hélène Tissandier, maître de conférence en droit du travail.

Philippe Waquet, conseiller doyen de la Cour de Cassation.

Isabelle Falque-Pierrotin, présidente du Conseil d'orientation du Forum des droits sur l'internet.

Rapporteurs du groupe : **Mathieu Hérondart**, auditeur au Conseil d'État et **Marie-Françoise Le Tallec**, chargée de mission au Forum des droits sur l'internet.

Annexe 2 :
liste des personnes auditionnées par le groupe de travail

Le groupe de travail a auditionné les personnes suivantes :

Verveine Angeli, déléguée SUD-PTT.

Jacques Barthélémy, avocat honoraire.

Christine Baudoin, avocat, cabinet Courtot, Lemetais et associés.

Arnaud Belleil, directeur conseil Cecurity. com chargé de cours à l'IEP de Rennes.

Hubert Bouchet, vice-président de la CNIL, secrétaire général UCI-FO.

Jean-Paul Bouchet, secrétaire général adjoint CFDT-cadres.

Bernard Boudin, conseil social, RH groupe BNP Paribas.

Karine Boullier, directrice d'études, entreprise et personnel.

Dominique de Calan, délégué général adjoint de l'Union des industries métallurgiques et minières.

Patricia Chapuis, secrétaire générale SUD-PTT.

Jean-Denis Combrexelle, directeur des relations du travail au ministère de l'Emploi et de la Solidarité.

Alain Foret, vice-président du Centre des jeunes dirigeants.

Jean-Marc Icard, secrétaire national CFE-CGC.

Alain d'Iribarne, directeur de recherche, Laboratoire d'économie et de sociologie du travail, CNRS.

Gilles Jolivet, avocat à la cour, cabinet Baker & McKenzie.

Pierre-David Labani, secrétaire confédéral CFDT.

Bernard Massas, secrétaire général UCAPLAST-CGPME.

Philippe Masson, secrétaire national UGICT-CGT.

Denis Meis, directeur du dialogue social, France Telecom.

Ariane Mole, avocate, cabinet Bensoussan et associés.

Florence Richard, avocate cabinet Barthélémy.

Michel Sursingeas, délégué CFTC.

Dominique Tellier, directeur des relations sociales MEDEF.

Alexandre Tessier, directeur, Association française des entreprises privées.

Martine Zuber, chargée de développement, FCC-CFDT.

Deuxième partie

Dossier : « L'administration électronique au service du citoyen »

Rapport d'étape :
« Règlement des litiges et administration électronique »

Rapport d'étape publié le 10 avril 2002

Introduction

La question du règlement des incidents et litiges dans le cadre de l'administration électronique est une problématique encore peu défrichée. La mise en place des téléservices [66] n'a pas fait de cette question un préalable. Très naturellement, c'est la création d'un service de base pour l'usager qui est généralement privilégiée, les cas litigieux pouvant toujours être traités dans le cadre des circuits classiques. Pourtant, avec la généralisation des téléservices prévue pour 2005 et l'effort en cours de définition de leur cadre juridique (régime de la signature, question des données personnelles...), la problématique des incidents et litiges prend une dimension nouvelle.

Cette problématique se pose à la fois dans une perspective de prévention, puisqu'il importe de limiter les incidents et litige, et dans une optique de règlement, puisqu'une administration en ligne appelle aussi une possibilité de traitement en ligne des réclamations et des recours, et que les possibilités de traitement en ligne devraient logiquement s'étendre à l'ensemble des décisions administratives.

La prévention des incidents et litiges est un acquis fondamental des services en ligne, puisque les premières observations que l'on peut recueillir montrent que les téléservices sont un facteur de réduction des incidents et litiges. En effet, par les possibilités qu'ils offrent d'aide personnalisée à l'usager, ils diminuent les erreurs matérielles et les incidents ; en outre, par la meilleure information qu'ils apportent à l'usager, ils réduisent les risques de malentendu et de litiges.

En revanche, des nouveaux types d'incidents et litiges apparaissent, dont une première typologie peut être esquissée [67], mais qui restent à explorer plus avant. La prévention de ces incidents et litiges impose parfois de modifier des textes qui

---

[66] En reprenant une définition extraite du site de la Délégation interministérielle à la réforme de l'État : http://www.fonction-publique.gouv.fr/lareform/admelec/teleservices-accueil.htm, on définira ici les téléservices comme des « *services à valeur ajoutée proposés par une administration à ses partenaires et usagers, utilisant les outils de télécommunications* ». Il s'agit d'une notion plus large que celle de téléprocédure, qui se définit quant à elle comme « *l'échange dématérialisé de formalité entre les autorités publiques (ministères, services déconcentrés, organismes publics...) et leurs partenaires et usagers.* » source : http://www.internet.gouv.fr. Le téléservice intègre un bouquet de services allant au delà de la formalité à accomplir : par exemple calcul ou simulation, assistance en ligne, suivi de dossier personnalisé.

[67] *Cf.* Typologie des incidents et litiges liés à l'administration électronique en annexe.

prévoient des formalités papier. Elle pose aussi des questions nouvelles : règles à adopter dans la démarche de mise en ligne des services publics, identification d'usagers en ligne, application du régime de la signature électronique... Ce sera l'objet de la première partie du présent rapport.

En deuxième lieu, la question des incidents et litiges et des téléservices publics impose également de réfléchir à l'adaptation des modes traditionnels de résolution des conflits entre l'administration et ses usagers. Le dialogue engagé en ligne entre l'administration et ses usagers ne relève plus de la simple information. De plus en plus, il engage les parties. Il mérite dès lors de pouvoir être poursuivi en ligne lorsqu'une réclamation apparaît, voire qu'un conflit s'élève, que celui reste pré-contentieux ou soit soumis au juge ou à une instance de médiation. Cette perspective soulève naturellement de nombreuses questions qui ne seront pas tranchées à la hâte. Mais elles devront être traitées, et ce sera l'objet de la seconde partie de ce rapport.

I. – Propositions pour la prévention des incidents et litiges

Cet aspect est sans doute le plus avancé, car c'est une question qui s'est posée naturellement à tous les opérateurs de téléservices. La prévention des litiges implique des choix sur lesquels des recommandations peuvent être apportées. Elle implique également d'approfondir certaines questions qui ont pu être laissées dans l'ombre dans la mise en place des téléservices.

A. – Le cadre d'ensemble : l'administration en ligne offre des services nouveaux aux usagers et met en œuvre les principes fondateurs : continuité, égalité, responsabilité

1. – L'administration électronique renforce la continuité du service et permet de consacrer une logique nouvelle de service à l'usager

L'administration électronique améliore l'accès de l'usager aux services, puisqu'elle lui offre un accès permanent à distance et des démarches facilitées. Elle permet donc de mieux réaliser ce qui est un des objectifs fondateurs du service public : la continuité du service. C'est pourquoi l'objectif de l'administration en ligne est maintenant d'aller au-delà des sites internet de simple information, pour véritablement offrir des services en ligne qui épargnent du temps et des déplacements à l'usager.

Au-delà de ce meilleur respect du principe de continuité, les services en ligne sont aussi l'occasion de consacrer une nouvelle relation de l'usager avec une administration. Il n'a pas toujours été naturel pour l'administration de fournir des informations ou de rendre des services personnalisés. Or, cette dimension d'information et de services est attendue des usagers de l'administration en ligne.

Ainsi, à travers les téléservices, qui permettent pour un coût marginal par utilisateur très faible un service personnalisé, l'administration doit s'affirmer comme prestataire d'un service pour les usagers :

– l'administration en ligne doit chaque fois que l'occasion lui en est ouverte offrir aux usagers de nouveaux services : information, simulation, aide aux calculs... ;
– le service en ligne doit autant que possible être personnalisé en fonction des attentes de l'usager. Ainsi, l'administration fiscale envisage d'adresser aux contribuables, sur leur demande, les informations relatives aux modifications législatives qui les concernent ;
– le service rendu par les administrations en ligne, lorsqu'il intéresse de simples informations, voire des simulations, se distingue de la relation classique avec l'administration régalienne : il peut être offert à un usager qui n'a pas besoin de s'identifier, ou qui même utilise un pseudonyme. De tels services peuvent ainsi être rendus aux usagers de façon certes personnalisée mais anonyme, puisqu'il suffit pour eux d'indiquer leurs interrogations sans s'identifier formellement ;
– de tels services personnalisés, qui sont nouveaux, doivent pour autant dans le cadre du service public préalablement défini, en veillant à ne pas concurrencer de façon déloyale des opérateurs privés, ce qui pourrait méconnaître le principe de liberté du commerce et de l'industrie.

2. – Rester attentif au principe d'égalité dans la mise en place des téléservices et dans le choix des standards techniques

La mise en ligne d'un service doit veiller au respect de l'égalité de traitement entre l'usager qui utilise le téléservice et celui qui continue à utiliser les procédures classiques :
– ne pas désavantager l'usager qui utilise le téléservice : pour les services de télépaiement, il faut prévoir le prélèvement de la somme télépayée à la date limite de prélèvement. De même, les services de télédéclaration qui comportent des dates limites doivent, dans la fixation de ces dates limites prendre en compte le cas des départements et des territoires d'outre-mer ;
– on peut se demander dans quelles limites doit pouvoir être « récompensée » l'utilisation du téléservice. Cela ne pose sans doute pas de difficulté quand il s'agit seulement d'étendre pour quelques heures la faculté de télédéclarer, afin de prendre en compte la situation des départements et territoires d'outre-mer. En revanche, la question serait toute autre si l'on envisageait de faire bénéficier les internautes d'un avantage financier ;
– en tout état de cause, il est important que lorsque des formalités déclaratives sont allégées pour les internautes, elles le soient aussi pour l'ensemble des usagers de l'administration, même si le Conseil constitutionnel n'a pas estimé que le principe d'égalité l'imposait absolument [68].

Dans le choix des standards techniques, les principes d'égalité et de continuité doivent également être pris en compte. Si les administrations se sont dans le principe

---

[68] Dans une décision n° 2001-456 DC du 27 décembre 2001 relative à la loi de finances pour 2002, le Conseil constitutionnel a admis qu'une disposition qui dispensait d'une formalité d'envoi de pièces justificatives les seuls télédéclarants, et non les autres contribuables, n'était pas contraire au principe d'égalité dès lors qu'elle avait « *pour simple objet de favoriser la déclaration des revenus par voie électronique* » et qu'elle ne dispensait « *pas de la production de ces pièces lors d'un contrôle fiscal ultérieur* » : http://www.conseil-constitutionnel.fr/decision/2001/2001456/2001456dc.htm

ralliées aux standards du marché, les choix techniques qu'elles sont appelées à faire dans la mise en place des téléservices restent importants. Elles doivent déterminer pour quels types de standards elles ouvrent le service (type de navigateur, PC et/ou Mac, avec ou sans « aplets java », « javascripts »et autres « cookies », PDF et/ou XML, etc.) et quelle version la plus ancienne de navigateur est acceptée (Internet Explorer 4 ou 5 ; Netscape Communicator 5 ou 6, etc.). Ces choix ne sont pas seulement techniques mais peuvent aussi poser des questions juridiques :

– les choix retenus sont structurants en ce qu'ils permettent de définir *a priori* le périmètre des utilisateurs potentiel de l'offre de service. En effet, certains secteurs utilisent préférentiellement un type d'ordinateurs particulier (ex : les Mac au sein des professions de santé ou des métiers de la communication et des arts graphiques, le système d'exploitation « Prologue » chez les pharmaciens d'officine, etc.) et le parc installé ne dispose pas toujours des versions les plus récentes des logiciels d'accès à internet. À titre d'illustration, « Télé-TVA » a proposé dans sa phase de lancement un service accessible aux seuls utilisateurs d'« Internet Explorer » version 5 ou plus récente ;

– les choix techniques doivent être faits dans des conditions qui reconnaissent aux administrations un droit à l'expérimentation, compte tenu de la nature très évolutive de la technique. Les services peuvent ne pas être compatibles dès le départ avec l'ensemble des matériels ;

– même au-delà de la phase d'expérimentation, il y a sans doute de la part de l'administration une légitimité à faire des choix dans ce domaine, même si ces choix techniques aboutissent à une forme de discrimination entre les usagers en fonction de leur équipement. En effet, une fois les choix effectués, le service doit être développé et testé sur l'ensemble des environnements retenus, et les évolutions du service doivent être conduites en parallèle sur tous ceux-ci. Il s'ensuit un coût plus élevé et une plus grande lourdeur de mise en place, ainsi qu'une plus grande difficulté à maintenir et faire évoluer le service ;

– il reste que la problématique de l'égalité d'accès au service public reste inscrite en toile de fond de ces choix, qu'il s'agisse de l'égalité entre les usagers ou de la nécessité de ne pas conférer d'avantage comparatif disproportionné à un industriel donné. C'est pourquoi une formule de délégation à un opérateur privé du service public de l'administration électronique, à l'image des choix faits par la Suède ou la Grande-Bretagne, poserait des questions sérieuses si elle devait imposer aux administrés de recourir à des solutions matérielles ou logicielles particulières. À l'inverse, le partenariat avec le secteur concurrentiel peut se faire sur la base de la communication par l'administration des spécificités techniques utilisées pour ses réalisations, libre ensuite au marché de s'adapter à ces nouveaux besoins.

3. – Anticiper les questions de droit de la responsabilité que pourront poser les téléservices

Au moment où les téléservices commencent à englober des pans de l'activité administrative qui créent des droits et des obligations, une réflexion sur l'engagement de la responsabilité du fait des téléservices est indispensable :

– offerts sur un réseau mondial ouvert et opérés par des serveurs sujets à des failles techniques et à des attaques mal intentionnées, les services en ligne ne peuvent pas garantir une disponibilité et une fiabilité absolues ;

– les partenaires des téléservices doivent anticiper l'importance des risques juridiques : aussi bien les opérateurs des téléservices que les usagers ont besoin de savoir à quoi ils s'engagent.

Cette réflexion sur la responsabilité n'a pas de raison de bouleverser les principes fondamentaux du droit de la responsabilité de l'administration, dont elle montre au contraire la validité :

– la distinction entre la faute de service, qui engage la responsabilité de l'administration, et la faute personnelle, qui engage la responsabilité propre de l'agent, trouve une pertinence nouvelle. Avec les téléservices, et plus généralement, l'informatisation de tous les processus administratifs, il est vraisemblable que l'on pourra plus facilement repérer quel agent est responsable de telle ou telle action. Dans un tel contexte, il faut réaffirmer qu'en cas de faute de l'administration, le principe est qu'il s'agit d'une faute de service, ce qui engage la responsabilité de l'administration et non pas du fonctionnaire. Les cas de faute personnelle restent exceptionnels, limités à l'absence de lien avec le service ;

– tout incident n'engage pas la responsabilité : conformément aux principes classiques de la responsabilité, il faut qu'un véritable préjudice et un lien direct et certain avec la faute alléguée, puissent être démontrés pour que la responsabilité de l'administration soit engagée.

Dans la pratique, trois questions peuvent se poser, qui ont en commun de porter sur le partage des responsabilités entre usager et administration en cas d'incident dans le fonctionnement d'un téléservice :

– une fausse information donnée par un site internet public, qui aurait de façon directe et certaine causée un préjudice, est susceptible d'engager la responsabilité de l'administration. Les cas classiques d'engagement de la responsabilité pour information erronée, même s'ils sont ne sont pas très fréquents dans la jurisprudence, s'appliquent naturellement aux informations dispensées par un téléservice ;

– dans le domaine fiscal et social, la mise en place d'outils de simulation et de calcul sur les sites internet pour la détermination des cotisations et des impôts peut poser des questions de droit de responsabilité. On peut imaginer que des utilisateurs se retournent contre l'administration pour avoir pris des décisions en fonction de tels outils s'ils leur avaient livré des résultats erronés. Le principe doit être ici que de tels outils constituent un service supplémentaire apporté à l'usager, sans systématiquement engager la responsabilité de l'administration. Dans de nombreux cas, ils se présentent en effet, soit comme des outils simplifiés donnant une indication de résultat et n'apportant pas la garantie que toutes les situations individuelles ont été prises en compte, soit comme une simulation de calcul à partir des données communiquées par l'internaute. C'est seulement lorsque les outils de calcul sont utilisés sur la base d'une identification de l'usager, et donc d'une obligation pour celui-ci de déclarer ses données réelles, qu'une responsabilité pourrait être engagée. En tout état de cause, une telle situation ne peut correspondre qu'aux cas où la responsabilité d'un calcul repose sur l'usager et où l'administration lui propose un outil de calcul prétendant à l'exhaustivité. Il s'agirait alors d'un cas de responsabilité pour information erronée ;

– il faut enfin anticiper les cas de défaillance des téléservices (virus, panne prolongée de serveur...) qui pourrait, soit engager la responsabilité de l'administration pour défaut de fourniture d'un service, soit être invoqués pour délier les usagers de certaines de leurs obligations. Ces cas sont nécessairement limités, puisque, comme on l'a dit, les téléservices viennent toujours en complément des services classiques. Il reste que les hypothèses doivent être mieux identifiées et que les textes régissant les téléservices peuvent trouver avantage à prévoir des moyens de communication alternatifs. Ainsi, le décret sur la procédure électronique en matière de marchés publics prévoit le recours en fax à titre de solution de secours.

B. – La démarche de mise en place des téléservices : des chances à saisir pour améliorer la relation avec l'administration, à condition d'assurer la confiance des utilisateurs et de bien articuler service en ligne et service hors ligne

1. – Faire de la mise en ligne l'occasion de réexaminer les contraintes imposées aux usagers, en concertation avec les usagers et partenaires de l'administration

La mise en ligne offre des occasions à saisir pour redéfinir les processus, en améliorant les services aux usagers et en réduisant les exigences qui leur sont imposées. Ainsi, la mise en place d'inscriptions à distance aux concours administratifs incite à reporter du stade de l'inscription au stade de l'admissibilité ou de l'admission la vérification du respect de certaines conditions (diplômes) : aussi bien les candidats que l'administration économisent du temps en se dispensant de formalités inutiles.

Dans la même optique, on peut envisager une généralisation du principe que laisse entrevoir le Conseil constitutionnel dans sa décision du 27 décembre 2001 sur la loi de finances pour 2002 [69], et qui voudrait que les justificatifs ne soient exigés que lors du contrôle, *a posteriori* ou dans la phase finale de la procédure administrative. Le juge constitutionnel crée ainsi une formidable incitation pour que les administrations passent d'un principe de méfiance généralisée à un principe de confiance vérifiée.

Cette occasion de redéfinir les exigences imposées aux usagers doit être saisie en respectant plusieurs impératifs :
– le réexamen des processus doit être pragmatique : il ne s'agit pas de remettre à plat l'ensemble des procédures avant de passer au service en ligne, ce qui serait paralysant et risquerait finalement d'inhiber le développement des services en ligne ;
– la mise en ligne d'une procédure administrative doit veiller à ne pas brouiller les repères de l'usager : l'objet de la procédure en ligne, ainsi que son appellation doivent être les mêmes que ceux de la procédure antérieure ;

---

[69] Décision citée plus haut n° 2001-456 DC du 27 décembre 2001 relative à la loi de finances pour 2002 : le Conseil constitutionnel a admis la dispense d'envoi de pièces justificatives à la déclaration de l'impôt sur le revenu en se fondant sur ce que ces pièces pouvaient être produite lors d'un contrôle ultérieur :
http://www.conseil-constitutionnel.fr/decision/2001/2001456/2001456dc.htm

– les simplifications réalisées à l'occasion de la mise en ligne doivent autant que possible profiter à tous les usagers, et non seulement aux usagers de l'administration électronique.

En outre, la mise en ligne d'un service public impose un effort de concertation avec les usagers et partenaires de l'administration :
– nécessaire constitution de panels d'usagers pour anticiper les modes de fonctionnement du service en ligne. De tels panels pourraient également être constitués et consultés au stade de la définition même du téléservice ;
– importance particulière de la concertation avec les intermédiaires, qu'il s'agisse de professionnels, notamment de tiers – déclarants ou d'associations ;
– la démarche de mise en place du téléservice doit être évolutive, avec non seulement une phase d'expérimentation et une phase de bilan des incidents et litiges éventuels, mais aussi la possibilité de faire évoluer le service après sa mise en place.

2. – Tirer parti de la réduction des incidents et des litiges que permet la mise en ligne d'un service

Le service en ligne constitue un nouveau type de relation avec l'administration, pour lequel il faut réinventer les modalités d'assistance à l'usager :
– l'agent d'accueil au guichet dans une administration peut apporter information et aide qui sont un facteur de prévention des incidents et litiges : assistance pour remplir des formulaires, demande tendant à ce que soit complété un dossier... ;
– dans les services en ligne, cette médiation humaine disparaît, mais de nouveaux modes d'aide à l'administré apparaissent (aide contextuelle, information en ligne plus riche) ;
– une réflexion spécifique est donc nécessaire pour donner à l'internaute l'information et l'aide qui se substitueront à la médiation humaine, ou pour combiner service en ligne et médiation humaine.

La mise en ligne est en soi un facteur de réduction des incidents, en ce qu'elle évite les erreurs de saisie et offre des possibilités d'aide en ligne.

Pour tirer parti de cette possibilité, il faut privilégier les choix techniques d'interactivité complète (remplissage en ligne des formulaires).

3. – Organiser la réalisation des démarches administratives en ligne dans des conditions qui permettent la confiance des utilisateurs

Compte tenu de la nouveauté du mode de relation qui s'instaure en ligne, l'administration électronique se trouve confrontée à la même problématique de création de la confiance qui s'impose au commerce électronique. Il importe que les utilisateurs soient bien assurés que, pour faire valoir leurs droits ou pour s'acquitter des obligations qui s'imposent à eux, le service en ligne est un moyen aussi fiable que la relation de guichet ou que le courrier. Les dispositions qui seront prises en ce sens seront un facteur clé de la prévention des incidents et des litiges. Plusieurs orientations peuvent être explorées dans ce sens :
– l'accomplissement d'une démarche en ligne doit être subordonnée à une validation finale par l'utilisateur, voire à une expression sans ambiguïté de son consentement.

Même si la relation avec l'administration est dans son fondement différente d'une relation commerciale, la problématique est ici proche de celle du commerce électronique [70] ;

– l'accomplissement de démarches en ligne doit faire systématiquement l'objet d'un accusé de réception en ligne, qui récapitule les informations saisies et qui assure l'utilisateur que son envoi a été reçu. L'analyse des conséquences juridiques d'un tel accusé de réception doit être faite au cas par cas pour les différents téléservices. Si le service est mis en place avec un niveau suffisant d'interactivité, un tel accusé de réception peut par exemple assurer à un administré qu'il est libéré de ses obligations déclaratives. Dans d'autres cas, l'accusé de réception aura une fonction moindre, donnant seulement à l'administré un « commencement de preuve » de l'envoi en ligne. L'important est que la fonctionnalité d'accusé de réception soit prévue le plus systématiquement possible et que son analyse juridique soit menée pour chaque service. Dans certains cas, il faudra également prévoir que l'accusé de réception puisse être envoyé à la demande de l'administré sous forme papier ;

– l'accès en ligne aux informations que l'on a soi-même saisies, s'il n'est probablement pas possible systématiquement dès la mise en place des téléservices, doit être un objectif de moyen terme pour assurer la confiance des utilisateurs dans la validité de la démarche en ligne. La problématique de la confiance de l'administré rejoint ainsi celle de la protection de ses droits, puisque l'accès en ligne aux informations que l'on a saisies est une composante de l'accès en ligne aux données personnelles [71] ;

– enfin, ce droit d'accès doit pouvoir être enrichi dans certains cas d'un droit de modification [72]. Il s'agit d'éviter que, dans les cas où la relation avec l'administration laisse à l'usager une marge de choix, la mise en ligne se traduise par une rigidification de cette relation. On peut citer l'exemple des inscriptions en ligne aux concours administratifs, qui sont en cours de mise en place, et pour lesquelles il est prévu que les candidats puissent jusqu'à la date limite d'inscription modifier en ligne les choix d'option. Les possibilités de modifications à offrir dépendront de la nature du téléservice et de ses contraintes propres. Elles sont un facteur important de la confiance dans la relation en ligne.

Cette recherche de la confiance des utilisateurs dans les services en ligne doit se traduire également dans les choix techniques, notamment par le recours accru aux logiciels libres :

– il n'apparaît pas opportun de préconiser la publication systématique des codes sources des systèmes propriétaires. Une telle proposition ne serait pas véritablement de nature à rassurer les utilisateurs des téléservices compte tenu de la technicité des informations en cause, et surtout du fait, que, contrairement aux communautés d'utilisateurs de logiciels libres, il n'y aurait pas une masse critique suffisante de

---

[70] *Cf.* dans la directive dite « Commerce électronique » les dispositions qui encadrent la conclusion du contrat en ligne, pour assurer la validité du consentement du consommateur.

[71] *Cf.* sur cette question du droit d'accès en ligne le « Livre blanc » remis par MM. Truche, Faugère et Flichy à M. Sapin le 26 février 2002 : http://www.ladocfrancaise.gouv.fr

[72] Ce droit de modification, qui traduit en fait une forme de « droit de repentir », se distingue du droit de rectification reconnu par la loi du 6 janvier 1978, qui a pour objet de faire rectifier des informations erronées ou entachées d'erreur de droit.

développeurs pour en prendre connaissance, critiquer et améliorer. En revanche, une telle publication risquerait de divulguer des failles de sécurité à des personnes mal intentionnées ;

– on doit en revanche préconiser, outre des rapports d'audit publics sur les systèmes utilisés et leur sécurité, une plus grande publicité des codes sources pour l'avenir. L'utilisation accrue des logiciels libres est en cela un facteur de confiance pour les utilisateurs ;

– ces enjeux de sécurité pourraient aussi être traités par l'élaboration de chartes d'usage des outils informatiques, qui rendraient plus transparentes les pratiques des services.

4. – Ne pas couper les téléservices de l'administration traditionnelle

Les téléservices ne se substituent pas aux services traditionnels offerts par les guichets de l'administration, mais constituent généralement simplement une nouvelle modalité de la relation avec l'administration. C'est par exemple le cas en matière de déclarations sociales, où la déclaration par internet dispense les entreprises d'adresser des déclarations papier.

L'articulation entre l'administration classique et les téléservices devient dès lors un enjeu important pour la prévention des incidents et litiges :

– l'accomplissement en ligne des obligations doit être immédiatement connu de l'administration locale dont dépend l'intéressé ;

– les choix d'organisation doivent privilégier la décentralisation dans le traitement des informations collectées par les téléservices et ne pas mettre en place un lieu unique et centralisé de traitement des téléservices ;

– les systèmes d'information doivent être refondus pour permettre cette circulation d'information.

L'administration électronique doit également permettre l'identification de l'agent chargé de l'instruction d'un dossier, comme l'impose la loi du 12 avril 2000 sur les droits des citoyens dans leurs relations avec l'administration.

Cette articulation entre l'administration en ligne et les circuits traditionnels de l'administration est d'autant plus cruciale que la mise en ligne de l'administration peut devoir adopter une logique différente de l'organisation des services : au lieu de présenter les services de l'administration de façon institutionnelle, l'administration en ligne choisit de plus en plus souvent de partir des besoins des usagers. Cette orientation en fonction des besoins des usagers est adoptée pour l'information sur les droits et les démarches par le portail (www.service-public.fr). Une telle approche est importante pour permettre à l'usager de trouver la réponse à ses besoins sans devoir maîtriser les arcanes de l'administration. Elle ne doit pas occulter l'importance qu'il y a, lorsqu'un service est rendu en ligne, à ce que ce service soit précisément articulé avec les circuits traditionnels de l'administration.

C. – Des solutions aux questions d'identification et de signature

1. – Mieux définir le besoin d'identification des usagers qui apparaît dans le cadre des téléservices

Alors que l'agent d'accueil de l'administration au guichet ne se pose pas la question de l'identification et d'authentification de l'usager, et demande rarement la production d'une carte d'identité, le besoin d'identification peut être au contraire plus important dans le cadre des téléservices. Il y a dans ce domaine des choix à faire, où le besoin d'identification doit à la fois être reconnu lorsque les motifs sont légitimes et écarté dans les cas où il apparaît exagéré :

– l'identification des usagers ne doit pas être exigée pour toute relation en ligne. Il faut être attentif au fait que la relation en ligne induit, ne serait-ce que d'un simple point de vue psychologique, des besoins particuliers de sécurité pour suppléer le côté rassurant que donne la présence physique de l'interlocuteur. Ce n'est pas une raison suffisante pour que les administrations demandent systématiquement aux utilisateurs de leurs services de s'identifier et de prouver leur identité ;

– certaines prestations nouvelles que les téléservices offrent aux usagers, par exemple en leur donnant l'accès à des déclarations qu'ils ont pu faire antérieurement, soulèvent en revanche des enjeux nouveaux de confidentialité, puisqu'est ainsi offert l'accès en ligne à des données couvertes par un secret. Il faut dans ce cas pouvoir identifier et authentifier la personne à qui l'on a affaire ;

– un deuxième motif qui peut justifier le besoin d'identification des usagers est tiré de l'objet même du service : lorsque le service a pour objet de permettre à des usagers de satisfaire à des obligations de déclaration ou de paiement, il est nécessaire de pouvoir identifier l'usager qui remplit ainsi ces obligations. Au surplus, le service a intérêt, pour des raisons de sécurité, à n'être accessible qu'à des usagers préalablement identifiés : pour se prémunir contre des actes malveillants visant par exemple à les saturer par des envois massifs, il est important pour les téléservices de pouvoir identifier leurs usagers.

2. – La perspective de généralisation des téléservices pose d'une façon renouvelée la question des outils d'identification des usagers

L'identification de l'usager par l'attribution d'identifiants [73] et de mots de passe est aujourd'hui la solution la plus répandue :

– la méthode la plus simple consiste à prendre appui sur des éléments connus de l'administration, en particulier un numéro d'identification que l'administration attribuerait à l'usager avec lequel elle est déjà en relation. C'était la formule retenue en 2001 pour l'application de télédéclaration de l'impôt sur le revenu. Mais cette formule ne peut pas être généralisée : elle ne vaut pas pour les services offerts par les administrations qui ne connaissent pas l'usager avant la démarche (exemple : inscription à un concours administratif) ;

---

[73] Le mot d'identifiant recouvre ici deux réalités distinctes qui peuvent parfois se confondre : l'identifiant au sens administratif (n° d'usager) et le *login* réclamé couramment pour l'accès à des applications informatiques.

– une autre formule est celle de l'inscription préalable pour pouvoir bénéficier du téléservice. C'est le cas pour le portail des déclarations sociales (www.net-entreprises.fr) ou pour l'application de télédéclaration et télépaiement de la TVA. Mais l'inscription préalable n'est envisageable que dans le cas des procédures répétitives ;
– dans le cas de la télétransmission des feuilles de soin, la question de l'identification, ainsi d'ailleurs que la signature, a été résolue différemment, par une combinaison de procédé technique (carte Sesam-Vitale et carte de professionnel de santé) et de disposition législative reconnaissant l'équivalence entre usage de la carte Vitale et signature.

Cette formule d'identifiants et de mots de passe attribués application par application est appelée à être remise en question dans la perspective de généralisation des téléservices :
– on peut se demander si la multiplication des identifiants et des mots de passe pour les usagers est satisfaisante. Peut-être correspond-elle à une attente, puisqu'elle apparaît comme une garantie (même si cette garantie n'est pas parfaite) que les traitements d'information ne seront pas connectés entre eux. Mais dans ce cas, il faudrait peut-être plutôt raisonner par grandes sphères d'activité (par exemple sphère sociale, sphère fiscale, domaine des « papiers »...) plutôt que par applications. La question se posera en tout cas quand l'utilisation des téléservices prendra de l'ampleur ;
– plus encore, il apparaît que la solution d'identifiants et de mots de passe trouvera ses limites face aux progrès de l'administration électronique. D'une part, l'obligation d'une inscription préalable papier pour bénéficier des services en ligne apparaît paradoxale et n'est sans doute pas une solution d'avenir. D'autre part, la généralisation de l'administration électronique fera apparaître des nouveaux services offerts par des administrations qui, à l'inverse du fisc ou de la Sécurité sociale, ne connaissent pas au préalable les usagers ;
– enfin, des considérations de sécurité pourront inviter à l'adoption d'outils d'authentification plus fiable que les solutions d'identifiants et de mots de passe, au fur et à mesure que se mettront en place les outils de la signature électronique.

La question de l'identification de l'usager dans le cadre des téléservices invite donc à une réflexion renouvelée :
– il faut écarter d'emblée la solution qui consisterait à identifier chaque citoyen avec un identifiant unique, qui pourrait être le n° de sécurité sociale, et dont l'utilisation s'assortirait d'un mot de passe. Cette solution, outre qu'elle engendrerait trop de risques de fraudes, irait contre la législation sur l'utilisation du NIR, le n° d'identification au répertoire de l'INSEE ;
– de même, doivent être écartées les solutions passant par des interconnexions entre systèmes d'information, par exemple entre celui du fisc qui me connaît et m'a déjà attribué un mot de passe, et celui d'un autre téléservice (par exemple demande de permis de construire). De telles solutions supposent des interconnexions à grande échelle entre deux systèmes d'information publics et méconnaissent le principe de finalité qui régit en principe chaque traitement ;
– une réflexion pourrait être menée en revanche pour enrichir la maîtrise par l'usager de ses données personnelles, en lui reconnaissant, au cas par cas et à titre volontaire, le droit de permettre l'accès d'une administration à des informations le concernant et

détenues dans un système d'information publique. De même qu'on joint un certificat de scolarité ou un avis d'imposition à titre de pièces justificatives dans une demande adressée à une administration, on pourrait autoriser l'accès de l'administration aux informations correspondantes pour les besoins du traitement d'un dossier si l'on choisit de recourir au téléservice. Il faudrait alors encadrer ce droit de communication d'une information par une administration à une autre, en le subordonnant au consentement préalable de l'intéressé et en organisant ces modalités, par exemple en le limitant à la présentation d'une information, sans droit de prendre copie ;

– d'autres pistes méritent d'être explorées, qu'il s'agisse d'une carte électronique du citoyen ou des différentes solutions d'organisation envisagées pour la mise en place d'un portail personnalisé de service public, dit (mon.service-public.fr). On ne peut sur ce débat que renvoyer au « Livre blanc » rédigée par MM. Truche, Faugère et Flichy sur les questions que pose la mise en place d'un compte administratif personnalisé (mon.service-public.fr) [74].

À moyen terme, les outils de la signature électronique seront sollicités pour assurer l'identification et l'authentification des usagers.

3. – Il faudra à moyen terme généraliser l'usage des outils de la signature électronique et pour cela favoriser leur fiabilité et leur diffusion auprès des citoyens

Pour les téléservices qui imposent l'identification certaine de l'usager, il deviendra probablement nécessaire de généraliser à moyen-terme (deux-trois ans), comme le préconise la CNIL, l'utilisation des outils de la signature électronique (infrastructure à gestion de clé, IGC, ou PKI). Ces outils sont les seuls à permettre l'authentification pour tous les téléservices, y compris ceux qui ne connaissent pas l'usager au préalable. Dans une perspective de généralisation des téléservices, cela représente un avantage décisif sur les systèmes d'identifiants et de mots de passe.

Cette généralisation à moyen terme reste naturellement suspendue à une véritable diffusion dans le public des technologies de signature électronique, qui restent encore très peu répandues, aussi bien auprès des entreprises que des particuliers. La diffusion de ces technologies nécessite un véritable effort de pédagogie. Il est difficile de prévoir si ce marché va véritablement prendre son essor et à quelle échéance. À plus forte raison, il est difficile de se prononcer sur l'avenir des certificats sur carte à puce, qui nécessitent en outre l'usage d'un lecteur.

---

[74] *Cf.* le rapport sur le site http://www.ladocfrancaise.gouv.fr et le débat public dont le gouvernement a confié l'organisation au Forum des droits sur l'internet http://www.foruminternet.org

Les différents apports de la technologie d'infrastructure à gestion de clé (IGC)

L'intégrité est l'assurance que le message est parvenu sans altération à son destinataire.

L'authenticité est l'assurance de l'origine du message : elle permet de prouver l'identité de son auteur, ce qui est une fonction cruciale pour nombre de téléservices.

La non-répudiation est une conséquence de l'authenticité et de l'intégrité, et elle est également importante pour un certain nombre de téléservices.

La confidentialité, par le chiffrement, est moins fréquemment nécessaire, mais peut se révéler utile dans certains cas.

Distinguer deux besoins : l'identification et l'authentification

L'identification consiste pour l'usager à indiquer qui il est avant d'accéder à une information ou à un service.

L'authentification consiste pour l'usager à prouver son identité, ce qui lui permet éventuellement de signer des transactions ou des actes.

La reconnaissance de ces outils implique une politique d'interopérabilité entre les opérateurs de téléservices :
– chaque opérateur de téléservice définit une politique d'accréditation des prestataires de service de certification, en fonction du niveau de sécurité des différents certificats proposés par ceux-ci ;
– un travail entre ces opérateurs pour la définition de quelques catégories de certificats selon leur niveau de sécurité, chaque promoteur d'application indiquant ensuite les services qu'il ouvre en fonction de la confiance qu'il attache à ce niveau de sécurité est en cours entre la sphère sociale, la sphère fiscale, la sphère bancaire et en présence des pouvoirs publics et de la CNIL. Les résultats pourraient déboucher sur des préconisations communes à l'ensemble de ces secteurs.

La fiabilité de ces outils n'est peut-être pas sans lacune du point de vue de l'authentification et de la non répudiation :
– les questions de fiabilité ne sont pas un problème technique, car du pur point de vue technique, le niveau de chiffrement autorisé par la législation est très généralement reconnu comme suffisant pour assurer la fiabilité des outils utilisés ;
– les questions qui se posent sont relatives au lien entre l'identité de la personne qui bénéficie d'un certificat et le détenteur du certificat. Pour les certificats de niveau le plus élevé, ce lien est établi par la production auprès de l'autorité d'enregistrement d'un document officiel d'identité et d'un justificatif de domicile ainsi que par une procédure d'envoi par lettre recommandée avec accusé de réception. S'il devait y

avoir des failles dans cette procédure, cela pourrait miner la confiance des acteurs dans la signature électronique ;

– or, l'usage de la signature électronique dans les téléservices peut poser la question des confusions possibles entre deux personnes qui partageraient les mêmes nom, prénom et date de naissance. D'après certaines études [75], ces homonymes nés le même jour seraient en France plusieurs dizaines de milliers. Même sans qu'il y ait de fraude sur l'identité, il pourrait donc y avoir risque de confusion entre deux personnes dans l'utilisation d'un téléservice. Ce risque est assez circonscrit, puisqu'il concerne seulement les services où les outils de la signature sont utilisés sans être assortis d'un autre identifiant ;

– une autre question de fiabilité se pose en raison de l'absence de garantie de révocation des certificats en cas de décès. Si le décès de la personne n'est pas signalé à l'autorité de certification, il n'y aura en effet pas de révocation du certificat. Ainsi, il se pourrait que celui ci soit utilisé notamment par les proches (famille, employés) qui pourraient avoir connaissance du moyen d'utiliser l'outil d'authentification forte de la personne. Ainsi peut se trouver minée la confiance dans la garantie d'authentification et de non-répudiation de la personne accédant aux téléservices. Il reste à déterminer si l'ampleur du problème est véritablement différente de ce qui se passe par exemple pour la gestion d'une procuration bancaire.

Si, après analyse complémentaire, ces lacunes se révélaient le justifier, il faudrait envisager, avant que naissent des risques d'incidents, plusieurs voies possibles de solution :

– la redéfinition des obligations imposées aux prestataires de service de certification paraît a priori à écarter : ces prestataires sont en train de se créer, dans un marché encore émergent ;

– on pourrait envisager de donner plus de fiabilité à la signature en assurant, dans des conditions à définir, un adossement au répertoire de l'INSEE (RNIPP). Une telle formule, si elle appelle naturellement la prudence qui s'impose en matière d'utilisation du NIR, est rendue possible par l'article 73 de la loi de financement de la sécurité sociale pour 2002.

Enfin, le recours des téléservices aux outils de la signature électronique posera la question de la fourniture gratuite de ces outils aux citoyens :

– le choix a été fait au niveau communautaire comme au niveau national d'encourager le développement d'une offre de services de certification dans le cadre d'un marché concurrentiel. La gestion des outils de la signature dans le cadre des téléservices ne saurait aller contre ce choix fondamental. Il importe de ne pas déstabiliser des opérateurs encore fragiles ;

– il reste que les opérateurs de téléservices se trouvent naturellement confrontés à l'insuffisante diffusion de la signature électronique, et aux réticences des usagers à payer pour se doter d'outils qui leur serviront à s'acquitter d'obligations administratives, voire à payer des impôts ! Or, la réponse principale, qui est

---

[75] Voir l'intervention de M. Jacques Sauret, directeur du groupement d'intérêt public « Modernisation des déclarations sociales » au colloque organisé par l'université Paris I et le Conseil d'État les 21 et 22 janvier 2002. : intervention disponible sur le site de l'université Paris I : http://www.univ-paris1.fr et actes du colloque à paraître aux éditions Bruylant.

actuellement de se contenter de systèmes d'identifiants et de mots de passe, apparaîtra de plus en plus comme insatisfaisante. La question se pose donc de savoir s'il convient de distribuer gratuitement aux usagers des outils d'authentification et de signature dans le cadre d'un service public de la signature ;
– un véritable débat reste donc à mener sur les conditions dans lesquelles une telle distribution devrait être possible.

4. – Définir des règles fiables et efficaces pour la gestion des habilitations et des délégations dans le cadre de services destinés aux personnes morales

Pour les téléservices qui s'adressent non à des personnes physiques mais à des personnes morales, des règles doivent être adoptées pour déterminer qui peut agir au nom de la personne morale en cause. Il devient nécessaire de définir qui peut engager l'entreprise, ou l'association, et qui peut avoir accès aux informations relatives à celle-ci. Cette problématique de la gestion des habilitations et délégations se pose en effet avec une acuité nouvelle dans le domaine des téléservices :
– les relations en ligne appellent une plus grande demande de sécurité : il s'agit de définir des règles de conduite dans un nouvel univers, où de nouveaux repères doivent être trouvés, et où l'on peut craindre les actes de malveillance ;
– les services personnalisés d'accès aux bases de donnée de l'administration, pour vérifier par exemple le contenu des anciennes déclarations, sont des services nouveaux, qui posent de nouvelles questions de confidentialité.

La gestion des habilitations et délégations, outre le travail interne à l'administration pour l'organisation de l'accès par ses agents à ses systèmes d'information, appelle trois propositions :
– prendre en compte le plus en amont possible les questions d'habilitation et de délégation dans les projets de téléservices. Il est vraisemblable que, davantage encore que la mise en place des outils de la signature électronique, cet aspect est celui qui nécessitera dans les entreprises et les associations le plus grand effort d'adaptation ;
– définir des règles qui soient propres à l'application envisagée, sans attendre la mise en place d'une architecture générale d'habilitation et de délégation dans l'entreprise au regard de tous les téléservices. La solution la plus opérationnelle consiste à ce que chaque opérateur définisse sa gestion des habilitations ;
– à plus long terme, réfléchir à des typologies d'habilitation qui pourraient être proposées aux entreprises pour faciliter la gestion de ces habilitations et délégations. Par exemple, on pourrait définir un statut de directeur financier habilité à connaître de tel type d'informations et à engager financièrement l'organisme jusqu'à un montant à choisir par l'entreprise.

D. – De nouvelles règles pour l'échange, la publication et la conservation des informations

1. – Il faudra définir le statut du courrier électronique dans les échanges de l'usager avec l'administration

L'administration n'est souvent saisie valablement d'une demande que par le respect de formalités de courrier, voire d'accusé de réception, qu'il n'est pas encore envisagé de transposer au monde électronique :

– un courrier électronique est encore souvent regardé comme un contact informel, plus proche de l'appel téléphonique que du courrier papier. La saisine de l'administration par un courrier électronique est alors dénuée d'effet juridique. Des demandes peuvent rester sans réponse sans que naisse de décision implicite de rejet ni que soit interrompu le délai de recours contentieux ;

– pourtant, les services les plus sensibles aux enjeux de l'administration électronique ont pris conscience de l'importance qu'il y a à ne pas laisser des courriers électroniques sans réponse. Pour toute question d'ordre général (et non personnel) qui leur est posée, les administrations fiscales se sont ainsi engagées à répondre en 48 heures ;

– dans le cadre de la généralisation des téléservices, il faudra sans doute préciser dans quelles conditions un courrier électronique peut constituer une saisine valable de l'administration, et dans quels cas il peut faire l'objet d'une réponse par le même moyen. Ces conditions passeront sans doute par une identification de l'usager plus forte qu'une simple adresse de courrier. Faudra-t-il pour autant exiger qu'un courrier soit signé électroniquement pour qu'il puisse valablement saisir l'administration ?

2. – Pour l'échange des correspondances, les téléservices font émerger un besoin spécifique d'horodatage des émissions et des réceptions

L'horodatage des messages envoyés revêt pour un certain nombre de téléservices une importance réelle dans une optique de prévention des incidents et litiges :

– dans les relations avec les administrations, il n'est pas rare que des actes doivent être accomplis avant une date déterminée, et que l'administré doive être en mesure de prouver que tel a été le cas. On peut citer, outre toutes les obligations de déclaration et de paiement, les démarches d'inscription à un concours administratif ;

– la jurisprudence et les textes réglementaires ont posé que la preuve de l'accomplissement de la démarche dans le délai était en général garantie par des formalités liées au courrier. Souvent, c'est la règle du cachet de la poste faisant foi qui est appliquée. Mais, dans d'autres cas, ce sera la date de réception du courrier qui sera prise en compte, comme dans le cas de la saisine du juge administratif. Dans certains cas, l'administré se ménage une preuve en utilisant le recommandé avec accusé de réception ;

– dans le cas des démarches accomplies en ligne, de nouvelles modalités de certification de l'heure et de la date de ces démarches doivent être définies.

Cette question de l'horodatage dans le cadre des téléservices n'obéit pas à un régime juridique unique mais dépend plutôt des solutions techniques retenues par les opérateurs de téléservices :

– les textes consacrés à la signature électronique (loi du 13 mars 2000 et décret du 30 mars 2001) n'abordent pas cette problématique de l'horodatage ;

– il existe une disposition législative, posée par l'article 16 de la loi du 12 avril 2000 sur les droits des citoyens dans leurs relations avec l'administration, qui fixe la règle suivant laquelle toute personne tenue de respecter une date limite dans ses relations avec l'administration peut s'en acquitter par un procédé informatique certifiant la date d'envoi [76]. Ainsi, la loi a ménagé la possibilité de l'horodatage dans le cadre des téléservices, mais le décret d'application auquel renvoie la loi n'a jamais été pris ;

– c'est au cas par cas dans le cadre de chaque téléservice que doit être retenue une solution d'horodatage, comme le fait par exemple le serveur du ministère de l'Intérieur dans le cadre de l'expérience de télétransmission des délibérations des collectivités locales. Ce pragmatisme ne pose *a priori* pas de difficulté juridique, sauf dans les cas où un texte réglementaire restreindrait les modes de preuve en se référant explicitement aux procédures d'envoi de courrier. Il reste qu'en cas de contestation il appartiendra à chaque opérateur de téléservice de prouver la fiabilité de son dispositif d'horodatage.

3. – La publication des actes réglementaires et des décisions individuelles doit être assurée sur l'internet dans des conditions qui tirent parti des potentialités de cet outil tout en garantissant la fiabilité des solutions retenues

Si, aussi bien pour les actes des autorités de l'État que pour ceux des collectivités locales, l'effort de publication en ligne est très largement engagé, il mérite de voir consacrée sa portée juridique :

– les lois et les décrets ainsi que les autres actes publiés au *Journal officiel* ont fait l'objet d'un récent rapport du Conseil d'État [77] qui a proposé notamment de consacrer dans la loi la publication du *Journal officiel* sous forme électronique le même jour que sous forme papier et de rendre obligatoire dès leur publication les actes qui n'ont pas la nature d'actes individuels. Ce rapport propose également que puissent être définie par décret des catégories d'actes administratifs pour lesquelles, eu égard à leur nature, à leur portée et au public qu'ils concernent, la publication sous forme électronique serait suffisante. Sur la question de savoir quelle version devrait

---

[76] Cet article dispose que : « *Toute personne tenue de respecter une date limite ou un délai pour présenter une demande, déposer une déclaration, exécuter un paiement ou produire un document auprès d'une autorité administrative peut satisfaire à cette obligation au plus tard à la date limite au moyen d'un envoi postal, le cachet de la poste faisant foi, ou d'un procédé télématique ou informatique homologué permettant de certifier la date d'envoi. Ces dispositions ne sont applicables ni aux procédures régies par le Code des marchés publics ni à celles relevant de l'article L. 1411-1 et suivants du Code général des collectivités territoriales ni à celles pour lesquelles la présence personnelle du demandeur est exigée en application d'une disposition particulière. Les modalités d'application du présent article sont fixées par décret en Conseil d'État* ». La jurisprudence a jugé que cette disposition ne s'appliquait pas à la saisine du juge administratif qui n'est pas une « autorité administrative » au sens de cette loi. Quant à l'accomplissement des formalités par un procédé informatique homologué, il demande encore à être précisé dans le décret pour devenir effectif.

[77] *Publication et entrée en vigueur des lois et de certains actes administratifs*, étude réalisée à la demande du Premier ministre et adoptée par l'assemblée générale du Conseil d'État le 27 septembre 2001. Cette étude est disponible en ligne sur le site http://www.ladocfrancaise.gouv.fr/BRP/notices/014000761.html

prévaloir en cas de discordance sur le contenu d'un texte, ce rapport préconise de laisser au juge, dans chaque cas particulier, la question de l'authenticité du contenu de l'acte juridique invoqué. La logique de ce rapport, qui donne une portée juridique à la publication en ligne, peut être étendue à d'autres actes, notamment ceux publiés aux bulletins officiels des ministères ;

– pour les collectivités locales, la règle actuelle [78] est que leurs actes sont exécutoires de plein droit dès qu'il a été procédé à leur publication ou à leur notification aux intéressés ainsi qu'à leur transmission au représentant de l'État. S'agissant de l'obligation de publication, il est vraisemblable que la mise en ligne ne saurait pour l'heure se substituer au traditionnel affichage, qui ne touche pas les mêmes publics. Elle doit cependant être autant que possible systématisée : dans certaines collectivités, notamment les plus importantes, la mise en ligne est un mode de publication plus pertinent que l'affichage. On peut cependant hésiter à instaurer une obligation de mise en ligne, qui se heurterait au manque de moyens de certaines collectivités ;

– pour les autorités déconcentrées de l'État, la formule d'une obligation de mise en ligne des actes réglementaires paraît en revanche pouvoir être envisagée. Les préfectures publient des recueils des actes administratifs et les actes réglementaires deviennent obligatoires à la date de cette publication, alors même que ces recueils connaissent une diffusion très limitée. Toutes les préfectures disposant de sites internet, il peut être intéressant de systématiser la publication sur ces sites des actes qui paraissent au recueil : pour un coût faible, les actes concernés pourraient recevoir une publicité accrue. Il reste cependant à déterminer comment devraient s'articuler la publication du recueil papier et la mise en ligne. Dans un premier temps au moins, la solution la plus simple serait d'assurer la mise en ligne au même rythme que la publication du recueil papier ;

– une attention particulière devrait être portée à la prise en compte des modifications, des abrogations, des retraits ou des annulations des actes des autorités publiques. C'est ce que fait le site (www.legifrance.gouv.fr), qui offre une version consolidée des lois et des décrets. L'accès au droit qui est ainsi offert est beaucoup plus satisfaisant que l'accès à la version papier du *Journal officiel*. Mais d'autres sites publics ne prennent pas suffisamment en compte cet aspect. On voit là les limites du raisonnement qui présente la publication en ligne comme une simple information, et qui permet qu'une autorité publique présente sur son site internet comme encore valable une décision qui n'existe plus dans l'ordre juridique.

Pour les décisions individuelles, la publication en ligne pose des questions particulières qui invitent à concilier les règles de publicité et les règles de protection de la vie privée :

– la mise en ligne de décisions individuelles, même jusqu'ici par nature publiques, soulève des enjeux de protection de la vie privée qui peuvent nécessiter une redéfinition du régime de publicité. C'est le cas des décisions de justice pour lesquelles la CNIL a récemment proposé une anonymisation, afin d'éviter que

---

[78] Règle codifiée par les articles L. 2131-1, L. 3131-1 et L. 4141-1 du Code général des collectivités territoriales respectivement pour les autorités communales, départementales et régionales.

puissent se constituer sur internet ou dans les bases de données juridiques des casiers judiciaires parallèles. Ce peut également être le cas de certains actes individuels, par exemple des décrets d'opposition à la naturalisation, ce qui a conduit le Conseil d'État à prévoir dans l'avant-projet de loi mentionné plus haut que « *Les actes individuels relatifs à l'état des personnes définis par décret en Conseil d'État ne peuvent faire l'objet d'une publication sous forme électronique* » ;

– en dehors de ces cas, la mise en ligne sur un site internet peut contribuer à satisfaire aux obligations de publicité, notamment dans le cas des actes des collectivités locales, par exemple pour un permis de construire. La problématique est ici la même que pour les actes réglementaires : la publicité par mise en ligne doit être encouragée.

Enfin, la question se pose d'une transposition dans le monde numérique des modalités de notification des décisions individuelles. La notification électronique des décisions administratives avec accusé de réception est possible techniquement mais n'est pas réellement envisagée aujourd'hui.

4. – L'archivage des données doit assurer à la fois la possibilité de les consulter sur le long terme et dans certains cas l'intégrité des données

La conservation des documents numériques doit être abordée dans une double perspective chronologique :

– les exigences du fonctionnement des téléservices nécessitent souvent une conservation des échanges numérisés pour plusieurs années, notamment en fonction des voies de recours possibles et des échéances de prescription ;

– sur le long terme, il est nécessaire de recourir à des solutions techniques qui permettent l'archivage. Cet aspect nécessite une réflexion particulière qui est en cours sous l'égide de la Direction des archives de France.

Au-delà de la conservation proprement dite, les impératifs d'intégrité des documents doivent également être pris en compte dans un contexte d'évolution rapide des technologies. Ainsi, s'il est envisageable qu'un salarié puisse, pour constituer son dossier de retraite, recourir à des feuilles de paye numérisées, il importera que ces documents, tributaires de l'état des techniques au moment où ils ont été réalisés, puissent présenter toutes les garanties d'authenticité lorsque, plusieurs années après, ils sont invoqués pour faire valoir des droits. Une telle problématique paraît peut-être encore prématurée, mais elle doit être anticipée.

II. – Propositions pour le règlement des litiges

Les modes de règlement des litiges avec l'administration, qu'ils s'agissent des recours administratifs (gracieux ou hiérarchiques), des recours contentieux ou même des modalités alternatives de règlement des litiges (Médiateur de la République, médiateurs mis en place dans divers ministères), sont conçus dans le cadre d'une administration « papier ». Avec la généralisation prévue des téléservices publics personnalisés, ces modes traditionnels de règlement des litiges sont l'objet de nouvelles attentes : la perspective d'un recours en ligne paraît naturelle. Mais au-delà de cette attente, une réflexion de fond doit être menée sur la résolution des litiges dans le monde de l'administration électronique.

A. – Pourquoi mettre en place des recours en ligne ? les objectifs, les enjeux et la méthode

Les objectifs doivent être précisés en distinguant d'une part le règlement des incidents dans le cadre des téléservices et d'autre part le véritable recours en ligne :
– il ne s'agit pas de stimuler en tant que tel le développement des recours, notamment contentieux, qui ne sont pas en soi un signe de bon fonctionnement de l'administration. Stimuler le flux de recours ne pourrait que saturer les voies de règlement, et *in fine* nuire à la protection des droits ;
– un premier objectif consiste en revanche à intégrer dans les téléservices une méthode de règlement des incidents et litiges. Il s'agit d'éviter que, pour toute difficulté, l'usager soit renvoyé aux canaux traditionnels de relation avec l'administration ;
– un deuxième objectif consiste à améliorer et moderniser le traitement des recours contre les décisions de l'administration. L'administration saisie de recours préalables et le juge administratif qui tranche les recours contentieux ne sauraient rester à l'écart du développement de l'administration électronique.

Les enjeux apparaissent différents d'une part, pour les incidents et litiges que l'on doit pouvoir soumettre à l'administration et d'autre part, pour les recours juridictionnels :
– pour les réclamations auprès de l'administration : l'exigence première tient à la rapidité et à la souplesse. Il importe que l'administration mette en place des procédures pour être valablement saisie de façon simple ;
– il faut mettre en place le recours contentieux en ligne sans pour autant ignorer qu'il existe un temps de la justice, nécessairement plus lent que le temps ordinaire, du fait des contraintes de procédure pour le respect du principe du contradictoire (échange formalisé des arguments des parties), et aussi parce que la mission du juge exige parfois du temps et du recul. C'est pourquoi le recours électronique devra être surtout favorisé dans les procédures plus rapides, en particulier les procédures d'urgence, devant le juge des référés.

La méthode pour moderniser le règlement des incidents et litiges :
– l'adaptation des modes de recours doit privilégier un ordre logique : d'abord les recours administratifs et certaines modalités alternatives et ensuite le recours contentieux. En effet, il faut privilégier les recours administratifs qui sont les plus rapides, et qui sont souvent des préalables obligatoires aux autres formes de recours. En outre, il ne pourra bien souvent y avoir de recours contentieux que si les pièces du dossier sont déjà sous forme dématérialisées dans le cadre du recours administratif ;
– dans le cas des recours adressés à l'administration comme au juge, le principe d'égalité imposera de ne pas favoriser systématiquement les recours électroniques par rapport aux recours papier. Dans le même ordre d'idées, le recours électronique ne doit pas être réservé aux seuls usagers de l'administration électronique : la possibilité de contester en ligne les décisions doit être étendue à l'ensemble des décisions de l'administration ;
– même si les règles de recevabilité des requêtes devant le juge administratif sont assez peu exigeantes, la mise en place des recours en ligne doit maintenir le

caractère de solennité que revêt la saisine du juge. Rendre la saisine plus facile ne doit pas aboutir à la banaliser : on courrait alors le risque d'engorger les juridictions de saisines qui n'ont aucune chance de succès et qui grippent le fonctionnement de tout le système.

B. – Le traitement des réclamations doit être intégré aux téléservices

1. – Intégrer aux téléservices la possibilité de présenter des réclamations est une conséquence logique du développement de l'administration électronique

Il s'agit, dans les choix d'organisation de l'administration électronique, de consacrer le téléservice non seulement comme un espace de prestation de service, mais aussi comme un espace de dialogue entre l'usager et l'administration. Ce dialogue répond à une double exigence :
– une exigence pratique : dans le cadre du service en ligne, l'usager ne doit pas avoir le sentiment d'être seul face à la machine, confronté à la double opacité de la technique et de l'administration ;
– une exigence de principe : si l'administration électronique est l'occasion d'offrir de nouveaux services à l'usager, elle ne doit pas pour autant lui refuser les voies de dialogue qui existent jusqu'ici, et qui permettent à chacun de discuter ou de contester les décisions qui sont prises.

Les développements qui suivent utiliseront le terme de réclamation pour désigner tout ce dialogue avec l'administration :
– ces réclamations peuvent porter aussi bien sur des incidents liés à la mise en œuvre des téléservices (par exemple double paiement au titre de l'impôt sur le revenu ou encore indisponibilité d'un serveur auprès duquel l'usager n'a donc pas pu réaliser une déclaration obligatoire) que sur des contestations d'une décision au fond ;
– cette réclamation pourra donc dans certains cas présenter le caractère d'un recours administratif, si elle répond aux conditions définies par la jurisprudence, c'est-à-dire si elle tend véritablement à la modification ou à l'abrogation de la décision contestée, en se fondant sur une contestation de la légalité de la décision ou en arguant d'un préjudice lié à une faute. Dans d'autres cas, en fonction de son objet, la réclamation ne sera pas un recours administratif, mais par exemple une demande de renseignement, une protestation ou une demande de mesure de bienveillance.

Les réclamations concernant les téléservices doivent pouvoir être exercées aussi bien en ligne qu'auprès des guichets traditionnels :
– les téléservices doivent permettre de faire part à l'administration d'une réclamation en intégrant une boîte aux lettres à cet effet ;
– les services de guichet doivent être en mesure de traiter les réclamations liées à l'usage des téléservices.

2. – Le traitement des réclamations impose des choix d'organisation spécifiques

La possibilité d'adresser des réclamations en ligne nécessite de structurer le dialogue en ligne de l'usager et de l'administration :

– l'écueil principal à éviter serait l'afflux de messages adressé à une boîte aux lettres et ne trouvant pas de destinataire, faute pour l'administration d'avoir su organiser le dialogue ;
– la structuration du dialogue en ligne passe par des outils spécifiques à installer sur les boîtes aux lettres de réclamation. Ces outils guident l'usager et lui permettent de préciser, d'une façon normalisée, la nature de sa réclamation et de s'identifier pour qu'il puisse être contacté par le service de guichet compétent ;
– en fonction de cette analyse, et sauf peut-être dans les cas où elles concernent très spécifiquement la façon dont le service est rendu en ligne, les réclamations en ligne doivent être traitées par l'administration compétente géographiquement pour l'auteur de la réclamation. Ces administrations doivent être sensibilisées à leur portée : une réclamation par courrier électronique a la même portée qu'un courrier.

Les réclamations adressées à l'administration de guichet et concernant les téléservices ne doivent pas non plus rester sans réponse :
– les administrations de guichet doivent également être prêtes à traiter des réclamations liées au service en ligne, sans considérer ceux-ci comme étrangers à leur compétence ;
– les incidents qui sont propres aux téléservices, et qui tiennent par exemple à des cas d'indisponibilité de serveurs informatiques mis en place pour effectuer une déclaration, doivent faire l'objet d'une information spécifique destinée aux services en relation avec les usagers pour que ceux-ci soient en mesure de traiter les réclamations correspondantes.

3. – Des précisions particulières doivent être apportées pour l'exercice en ligne des recours administratifs

Dans le cas où la réclamation doit s'analyser comme un recours administratif, et donc éventuellement comme une première étape dans un litige qui pourra être tranché par le juge, des précisions particulières sont utiles :
– il n'y a pas de difficulté de principe à ce que l'administration puisse être saisie d'un recours administratif par courrier électronique. Il a déjà été jugé qu'un tel recours pouvait même, sauf disposition contraire, être exercé verbalement ;
– un recours administratif en ligne aura pour effet d'interrompre le délai de recours contentieux, comme c'est le cas en principe pour les recours administratifs par courrier ;
– pour établir que le recours administratif a été formé dans le délai du recours contentieux, il peut être utile soit que l'usager puisse recourir à des formules d'accusé de réception en ligne soit, plutôt, que l'administration accuse réception des réclamations dont elle est saisie. La question reste posée de savoir si un tel accusé de réception doit être prévu pour toute réclamation.

Dans les cas où les textes prévoient un recours administratif obligatoire préalable à tout recours contentieux, l'exigence de preuve que ce recours préalable a bien été fait dans le délai est particulièrement cruciale.

C. – Rendre possibles des recours contentieux en ligne

Les règles de recevabilité des recours en matière administrative permettent d'envisager assez facilement des recours électroniques :

– en matière contentieuse, les règles de recevabilité, relativement peu contraignantes, rendent possible un recours électronique. Les exigences sont en effet moins lourdes que les règles de procédure civile qui imposent plus souvent des actes authentiques et la représentation par un auxiliaire de justice ;

– les différentes exigences de recevabilité, qu'il s'agisse de la signature de la requête, du droit de timbre ou de la production de la décision attaquée peuvent être dans un premier temps satisfaites par une production papier parallèle à la saisine du juge en ligne. Dans un deuxième temps, ces conditions pourront être satisfaites en ligne.

1. – À court-terme : définir les conditions pratiques de la saisine des juridictions par courrier électronique

L'objectif de court-terme est de permettre la saisine de la juridiction par courrier électronique aussi facilement que par télécopie, c'est-à-dire sous réserve de régularisation ultérieure par courrier. Les conditions de recevabilité encore problématiques à satisfaire en ligne (signature, timbre) sont ainsi satisfaites parallèlement par l'envoi d'un courrier papier. Mais le courrier électronique de saisine suffit à saisir valablement la juridiction, et donc à interrompre le délai de recours contentieux.

Le Conseil d'État a par un arrêt du 28 décembre 2001 (*élections municipales d'Entre-deux-monts*, à paraître aux tables du *Recueil Lebon*) reconnu la validité d'une telle saisine par courrier électronique, dans le cas d'un courrier électronique qui avait été envoyé à la préfecture (à qui peuvent être adressées les protestations en matière électorale) et pour lequel la préfecture avait envoyé un accusé de réception attestant la réception. Ainsi est formellement reconnue la validité juridique d'un mode de saisine qui était déjà pratiquée dans les faits par certaines juridictions sans qu'ait été tranché explicitement sa valeur juridique.

Pour permettre concrètement cette saisine des juridictions par voie électronique, trois recommandations peuvent être faites :

– il faut créer systématiquement une adresse de courrier électronique pour les greffes de chaque juridiction et la faire connaître de même que sont connues les adresses de télécopie. Dans la vie quotidienne des juridictions, il faudra que cette boîte aux lettres électronique soit régulièrement relevée par le greffe. Cela peut également justifier que soient mis en place pour les juridictions administratives des sites distincts de celui du Conseil d'État, pour prévenir toute confusion entre les différents niveaux de juridictions ;

– ces adresses de courrier électronique devraient être paramétrées pour prévoir l'expédition automatique d'accusés de réception. De tels accusés de réception ne suffisent pas en eux-mêmes à établir la recevabilité du recours, tant ils peuvent facilement être contrefaits. Ils sont cependant utiles pour donner au requérant l'assurance que sa requête a bien été reçue, même si elle n'a pas encore été enregistrée par le greffe ;

– parallèlement à l'accusé de réception électronique, la procédure normale d'ouverture d'un dossier devra entraîner l'envoi d'un courrier papier dans les meilleurs délais. Ce courrier vaudra en même temps accusé de réception de la requête et demande de régularisation pour les conditions de recevabilité qui demeurent à satisfaire (signature de la requête, éventuellement timbre).

2. – À plus long terme : identifier et lever les obstacles à l'exercice d'un recours entièrement en ligne

Les juridictions doivent se préparer à traiter des recours qui pourraient être exercés entièrement en ligne. Dans les cas de dispense du droit de timbre, et lorsque les juridictions auront mis en place des adresses électroniques on ne voit en effet pas ce qui pourrait empêcher un requérant de saisir valablement une juridiction en lui envoyant une requête signée électroniquement. L'exigence que la requête soit signée devrait pouvoir être regardée comme remplie, puisque la loi du 13 mars 2000 a admis la validité de principe de la signature électronique, du moins pour les signatures électroniques correspondant à des certificats qualifiés, où le lien est assuré entre le certificat et l'identité de la personne à qui il est délivré.

C'est ainsi la question du recours entièrement en ligne qui peut se trouver posée de façon assez rapide. Il n'existe pas encore d'expérience avancée sur laquelle on puisse s'appuyer pour éclairer les enjeux, ni en France ni dans d'autres pays pour des procédures complètement comparables au contentieux administratif [79]. Il reste que les problématiques suivantes peuvent être anticipées :
– l'horodatage des mémoires est une question à résoudre de façon prioritaire puisqu'elle détermine la recevabilité des recours ou peut même entraîner des désistements d'office pour non respect du délai de production de mémoire complémentaire. Comme dans le cas des téléservices en général, cette question appelle des solutions techniques à arrêter par les juridictions. L'enjeu à terme est de fournir au requérant un accusé de réception numérique lui confirmant de façon fiable l'enregistrement de sa requête ;
– les recours exercés en ligne seront soumis au principe du contradictoire. Cela se traduira en pratique dans un premier temps par des tirages papier des différents mémoires, puisqu'il n'est *a priori* pas envisageable de communiquer un mémoire sous la seule forme électronique, en refusant d'en donner une version papier. Une telle communication seulement sous forme électronique serait pourtant intéressante pour la gestion des dossiers. Elle pourrait donc être envisagée auprès de certains avocats qui auraient donné leur accord ou auprès de certaines administrations. Mais une telle perspective suppose que soit complètement assurée la fiabilité de l'envoi par courrier électronique ;
– la signature des mémoires de l'administration est une autre interrogation, que ce soit pour les mémoires en défense en premier ressort ou pour les requêtes en appel ou en cassation. Cette question devrait pouvoir être résolue avec les progrès de l'administration électronique, qui se traduisent par la mise en place de circuits de décision électronique et par l'introduction d'outils techniques correspondants ;
– la notification des décisions juridictionnelles en ligne, pour laquelle des outils technologiques se mettent en place, devrait être envisagée pour les requérants qui ont saisi la juridiction en ligne ;

---

[79] Voir cependant l'exemple de Singapour : http://www.supcourt.gov.sg/compute/computeindex.htm ainsi que l'exemple de la « Tech Court » du Michigan décrite par un article de Wired du 12 janvier 2002 : http://www.wired.com/news/business/0,1367,49689,00.html

– la perspective d'un dossier entièrement dématérialisé, qui puisse être transféré plus simplement de premier ressort en appel, voire en cassation, reste plus lointaine, puisqu'il faudrait que toutes les pièces puissent être ainsi dématérialisées. Il reste que dans bien des cas la dématérialisation peut se faire par le simple usage d'un scanner, le juge se contentant souvent de copies, notamment pour les décisions attaquées.

Pour anticiper les questions que pourrait poser le traitement de recours en ligne et pour progresser vers la dématérialisation, il serait utile d'envisager une expérience d'échange en ligne des mémoires, par exemple entre le Conseil d'État et les avocats au Conseil d'État et à la Cour de Cassation qui seraient volontaires, ou pour la saisine d'une juridiction de premier ressort qui se porterait volontaire. De telles expériences permettraient de tester des outils techniques d'échange sécurisé et notamment d'horodatage des dépôts de mémoire.

3. – Une réflexion de fond pourra être nécessaire sur les délais de traitement et sur les règles de recevabilité des recours

Les recours électroniques induiront cependant une pression certaine sur les délais de jugement :
– la rapidité du mode de saisine induira une attente de rapidité dans la résolution du litige lui même. Il ne suffit pas de pouvoir former son recours rapidement, mais encore faut-il que ce recours aboutisse dans des conditions acceptables de rapidité ;
– c'est une raison supplémentaire pour privilégier les recours administratifs, qui sont plus à même de répondre à cette exigence de rapidité ;
– les recours en ligne doivent également être particulièrement favorisés dans le cadre des procédures d'urgence ;
– la pression pour une plus grande rapidité dans le traitement des affaires ne peut en soi qu'être bénéfique, qu'elle incite à dégager les moyens pour y faire face ou à aménager les règles de procédure qui rallongent excessivement les délais. La seule limite doit naturellement être de ne pas faire pression sur l'exercice par le juge de sa mission, puisque le temps de la justice ne saurait être celui de l'immédiateté mais exige par nature un certain recul.

L'introduction du recours en ligne invite à une réflexion sur les règles de recevabilité devant le juge :
– la possibilité de recours en ligne risque de provoquer un afflux de demandes parfois dénuées de sérieux. Plus particulièrement, on peut craindre les recours de masse répétitifs (par exemple plusieurs centaines de recours rédigés dans les mêmes termes et dirigés contre une même déclaration d'utilité publique, ce qui fait perdre du temps aux juridictions sans améliorer la protection des droits) et les recours à l'aveugle (une personne qui saisit de son cas toutes les autorités publiques sans pour autant présenter d'argumentation juridique). Pour parer à de tels comportements, le juge a la faculté de prononcer des amendes pour recours abusif ;
– il n'est pas certain que le droit de timbre instauré depuis 1993 pour saisir le juge (15,24 €) soit une réponse suffisante à ce risque inhérent au recours en ligne. Ce droit de timbre est en effet dans son principe contesté au nom de la gratuité de la justice. En outre, son coût modique n'en fait pas un instrument efficace pour prévenir des recours contentieux abusifs ;
– si le risque des saisines abusives devait en pratique se confirmer, on pourrait

envisager de soumettre le recours en ligne à un formalisme supplémentaire, par exemple par l'usage d'un formulaire de saisine en ligne, une saisine par simple courrier électronique restant irrecevable. Un tel formulaire obligerait à faire figurer certaines informations pour saisir valablement le juge, et résoudrait par la même occasion la question des formats de fichiers utilisables pour saisir le juge, puisque la juridiction n'accepterait que les requêtes présentées par le formulaire qu'elle mettrait à la disposition du public. L'idée d'un formulaire pour saisir le juge reste cependant encore étrangère aux principes de recevabilité des requêtes, compte tenu de la traditionnelle absence de formalisme du juge administratif ;
– une autre réponse au risque de demandes dénuées de sérieux, et notamment des courriers qui ne sont pas de véritables saisines juridictionnelles, mais qui se contentent d'exposer un cas personnel, pourrait être cherchée dans la distinction entre simples courriers et véritables requêtes. S'agissant du courrier postal, la pratique du juge est à l'heure actuelle plutôt libérale, puisque, face à un courrier ambigu, il informe l'expéditeur que, pour saisir le juge valablement, une véritable requête doit être adressée, pour demander l'annulation ou la réformation d'une décision administrative sur le fondement d'une argumentation de droit ou de fait.

D. – Les modalités alternatives de règlement des conflits

1. – Comme dans l'administration papier, les modes non juridictionnels de règlement des litiges avec l'administration électronique passent d'abord par le recours administratif éventuellement favorisé par l'existence de médiateurs internes aux ministères et organismes publics

Dans les rapports avec l'administration, le règlement non juridictionnel des conflits passe essentiellement par le recours administratif, qu'il s'agisse du recours gracieux (auprès de l'autorité qui a pris la décision) ou du recours hiérarchique. Ce recours administratif, que les textes rendent parfois obligatoires avant de saisir le juge, permet de régler une très grande majorité des conflits [80].

Dans le domaine de l'administration électronique, ce rôle primordial du recours administratif subsistera sans doute. Les incidents et litiges liés à l'administration électronique doivent ainsi pouvoir être réglés par la voie la plus efficace et la plus rapide, qui est celle du recours administratif.

Au surplus, la multiplication actuelle de médiateurs dans les ministères (à l'éducation nationale, bientôt au ministère de l'Économie, des Finances et de l'Industrie) est de nature à favoriser ce règlement des incidents et litiges. Il faudra donc prévoir des possibilités de saisine en ligne de ces médiateurs ayant une compétence sectorielle :
– il ne s'agit pas que ces médiateurs deviennent les principaux destinataires des réclamations adressées aux administrations. C'est d'abord les administrations elles-mêmes qui sont en mesure de répondre aux réclamations qui leur sont adressées ;

---

[80] *Cf.* l'étude adoptée par l'assemblée générale du Conseil d'État *Régler autrement les conflits : conciliation, transaction, arbitrage en matière administrative,* La Documentation française, 1993.

– mais dans le cas où les circuits administratifs ont laissé une réclamation sans réponse, la saisine du médiateur peut aider au règlement des conflits.

Il reste que l'intervention d'un tiers externe par rapport à l'administration, ce qui n'est pas le cas des médiateurs appartenant à l'administration, peut se révéler nécessaire.

2. – Les possibilités de médiation en ligne doivent être encouragées

La mise en ligne de la saisine du Médiateur de la République peut être envisagée dans le cadre juridique actuel :
– si la mise en ligne de l'action des délégués du Médiateur n'apparaît pas opportune, compte tenu des publics concernés, de l'importance du contact humain et de l'oralité dans leur intervention ; en revanche, on peut recommander qu'une information soit donnée en ligne sur la façon de les contacter. Les sites publics pourraient s'y attacher ;
– la possibilité de saisine en ligne du Médiateur de la République, par la procédure classique qui fait intervenir le « filtre » d'un parlementaire, est une suite logique de la mise en ligne du recours administratif. Elle implique donc que les parlementaires utilisent cette possibilité.

En revanche, la mission de conciliation confiée au juge administratif par le code de justice administrative ne semble pas pouvoir facilement s'exercer en ligne. Elle implique souvent une dimension de contact humain pour le rapprochement des points de vue qui s'accommode mal de la relation à distance. On peut seulement recommander que cette mission de conciliation fasse l'objet d'une information en ligne.

S'agissant des incidents propres aux téléservices, la question reste ouverte de savoir si une instance de médiation particulière devrait être envisagée pour accélérer le règlement des incidents.

Conclusion

Le présent rapport d'étape identifie un certain nombre des questions que posent la prévention et le règlement des incidents et litiges dans le cadre de l'administration électronique et tente de leur apporter des premières réponses. Ces questions sont pour certaines déjà posées par le déploiement de services publics en ligne à grande échelle qui est en cours. Pour d'autres, elles se profilent à plus ou moins longue échéance.

Au-delà de cet exercice de prospective, le groupe de travail souhaite que ses réflexions permettent d'améliorer la sécurité juridique des téléservices et de mieux répondre aux besoins des usagers de l'administration.

À cette fin, le Forum des droits sur l'internet organisera entre les mois d'avril et de mai un appel à contributions à partir du rapport d'étape pour ouvrir la réflexion à l'ensemble des acteurs, qu'il s'agisse des usagers de l'administration en ligne, des prestataires de téléservices ou des experts du droit et de l'informatique. À partir des résultats de cet appel à contribution, un rapport définitif sera rendu public.

En complément de ce rapport définitif et à partir de ses conclusions, des guides pratiques à destination des administrations d'une part et des usagers d'autre part pourront être rendus publics afin d'éclairer les unes et les autres sur les enjeux juridiques des services en ligne.

incidents et litiges dans le cadre de l'administration en ligne : une première typologie

Les véritables téléservices étant encore relativement récents, et ne portant que sur une partie restreinte de l'action administrative, il est sans doute trop tôt pour dresser une typologie définitive des incidents et litiges dans le cadre de l'administration électronique. On ne dispose pas de suffisamment de recul sur le fonctionnement des services en ligne. Certaines craintes relèvent ainsi souvent plus du fantasme que de l'observation des difficultés réelles. À l'inverse, il est probable que d'autres difficultés sont sous-estimées. Malgré la difficulté de l'exercice, il est cependant utile de dresser une première typologie des incidents et litiges qui apparaissent ou qui sont susceptibles d'apparaître dans le cadre de l'administration électronique. Si l'on laisse de côté les litiges très classiques, qui contestent l'appréciation de fond de l'administration, on peut identifier les catégories suivantes :

● Incidents liés à la mauvaise transmission des données entre l'usager et l'administration, que la transmission ait échoué ou qu'elle ait été altérée. Plusieurs causes peuvent être envisagées : panne du côté de l'émission, panne du côté de la réception, message filtré par un pare-feu, incompatibilité de logiciels... Les solutions à apporter à ces incidents relèvent surtout des choix techniques mais peuvent aussi soulever des enjeux juridiques, par exemple pour savoir jusqu'à quel degré les administrations peuvent imposer des spécifications techniques précises.

● Incidents dus à l'indisponibilité d'un service, notamment dans les cas où des déclarations doivent être adressées en ligne avant un terme dont le non respect implique des pénalités.

● Incidents provoqués par la malveillance : intrusion, destruction ou corruption des données, envois en nombre pour rendre les serveurs inopérants.

● Incidents et litiges liés à une erreur ou à un défaut de mise à jour dans les informations ou les formulaires mis en ligne, d'où par exemple des demandes adressées à l'administration sur des formulaires obsolètes mais maintenus en ligne. Ces questions ne sont pas complètement spécifiques aux téléservices puisqu'elles valent pour les publications de l'administration sur support papier, mais elles sont sans doute particulièrement sensibles dans le cadre d'une relation en ligne, lorsque l'usager n'a pas d'agent de guichet pour l'orienter.

● Incidents et litiges dus à une mauvaise coordination entre l'administration en ligne et l'administration papier, quand par exemple on reproche à l'usager de ne pas s'être acquitté de formalités déclaratives auprès de l'administration territorialement compétente, alors qu'il l'a fait en ligne. On peut aussi citer l'exemple des doubles paiements effectués par des usagers auxquels avait été demandée, en plus de la démarche électronique, une démarche papier.

● Incidents et litiges liés à l'insuffisante garantie de confidentialité des informations transmises par voie électronique. Ces difficultés sont en principe prévenues par les préconisations de la CNIL qui est saisie de tous les traitements publics d'information.

Cette typologie demande encore à être enrichie et complétée pour mieux identifier les problématiques juridiques de l'administration en ligne.

Sondage : les Français et les démarches administratives sur internet

Sondage publié le 24 septembre 2002

Le Forum des droits sur internet souhaitait apporter un éclairage sur les pratiques et les attentes des Français en matières de démarches administratives sur internet.

À cette fin, la SOFRES a conduit, les 30 et 31 août 2002, une enquête auprès d'un échantillon national de 1000 personnes représentatif de la population âgée de 18 ans et plus, interrogées par téléphone à leur domicile.

I. – Démarches administratives en ligne : les pratiques et leurs ressorts

A. – Les pratiques des Français en matière de démarches administratives sur internet

En première approche, les Français se répartissent en trois catégories en ce qui concerne leur rapport à la possibilité d'effectuer leurs démarches administratives sur internet :
– les **usagers actuels** : 12 % des répondants déclarent avoir déjà effectué une démarche administrative sur internet, soit plus d'un Français sur dix ;
– les **usagers potentiels** : 36 % n'ont jamais effectué une telle démarche mais se déclarent prêts à le faire ;
– les **non-usagers** : 51 % des Français ne sentent pas prêts à utiliser internet pour leurs démarches administratives.

Au total, **le potentiel de développement des démarches administratives en ligne est important puisque près de la moitié de la population (48 %) a déjà recours à cette possibilité ou y est ouverte**. Il n'y a donc pas de blocage a *priori*, de principe, sur cette question.

Plus encore, au-delà de ces données générales, **la pratique actuelle ou potentielle des démarches administratives par internet apparaît différenciée** :

■ Selon le **sexe** et **l'âge** : elle est davantage le fait des hommes (55 %) que des femmes (42 %), et surtout, si elle est minoritaire chez les plus de 50 ans, **elle est très répandue chez les plus jeunes** : 74 % chez les 18-24 ans, 69 % chez les 25-34 ans et 58 % chez les 35-49-ans. Il y a là le signe que l'interactivité peut constituer un facteur d'amélioration du rapport des plus jeunes à l'administration.

■ Selon la **catégorie socioprofessionnelle** : les cadres sont les plus ouverts à cette possibilité (26 % ont déjà fait une démarche par internet et 54 % y sont prêts), suivis par les classes moyennes salariées (professions intermédiaires, employés), les réticences les plus fortes apparaissant chez les ouvriers (45 % d'usagers actuels ou potentiels).

■ Selon la **situation professionnelle** : la pratique actuelle ou potentielle des démarches en ligne est **largement majoritaire dans toutes les catégories d'actifs** (et en particulier chez les **travailleurs indépendants** – 70 % – qui y trouvent un intérêt professionnel évident) tandis qu'elle est minoritaire chez les chômeurs et les inactifs. La possibilité de se connecter depuis son lieu de travail joue sans doute ici un rôle déterminant.

■ Selon le **nombre de personnes au foyer** : on est d'autant plus ouvert à la possibilité d'effectuer ses démarches sur internet qu'il y a de monde dans le foyer, c'est-à-dire que la famille est nombreuse, et donc les démarches importantes.

■ Selon la **fréquentation d'internet : 81 % des internautes ont déjà effectué (26 %) ou sont prêts à effectuer (55 %) une démarche sur internet**, contre 23 % des non-internautes. **Chez les internautes les plus fréquents (connexion quotidienne), cet usage est déjà largement entré dans les mœurs, puisque 38 % ont effectué un acte administratif et 56 % y sont prêts**. Plus largement, la corrélation entre la fréquence de connexion et l'accomplissement de démarches administratives en ligne ouvre des perspectives importantes pour le développement de l'administration par internet.

B. – Motifs et réticences envers l'accomplissement des démarches administratives par internet

1. – Les atouts de l'administration en ligne

Le contournement des écueils traditionnellement associés, dans les représentations collectives, aux rapports avec l'administration, constitue le motif essentiel de recours aux services publics sur internet.

Ainsi, le **premier motif** de recours à l'internet pour les démarches administratives est, **de très loin, le fait que cela évite de se déplacer, de faire la queue et de perdre du temps, que citent plus des trois quarts des usagers actuels ou potentiels** (76 %). Cet argument apparaît particulièrement important aux yeux de ceux qui ont déjà effectué une telle démarche (81 %), des moins de 35 ans, des cadres et des travailleurs indépendants, soit les catégories actives dont la disponibilité est moindre. S'il y a là un atout évident d'internet, il faut souligner l'importance de ce motif, qui est de nature à infléchir, à terme, les clichés populaires attachés au fonctionnement des administrations et à la pénibilité qui y est associée.

On peut d'ailleurs relier à ce premier motif **la rapidité accrue dans le traitement des dossiers**, mentionnée par 29 % des répondants, et que valorisent particulièrement les commerçants, artisans et industriels (40 %). D'autres atouts plus spécifiques d'internet constituent aussi un motif d'accomplissement des démarches en ligne. Ainsi la **possibilité de suivre l'avancement de son dossier au jour le jour** (33 %, et

45 % des salariés du secteur public), et **l'accès à de nouveaux services** comme personnalisation du dossier ou le calcul des impôts en ligne (28 %, et 31 % des usagers actuels). Des atouts destinés à peser plus lourds avec l'accroissement de la connaissance et de la pratique d'internet en général.

Au total, **le recours aux services publics en ligne découle encore essentiellement de la facilitation qu'elle représente par rapport aux modes traditionnels de lien avec l'administration, plus en tout cas que des services propres à internet, en matière d'interactivité par exemple**. Si la valeur ajoutée d'internet en matière de relations avec l'administration n'est encore perçue que par une partie minoritaire du public, la possibilité d'accomplir les démarches par internet peut donc constituer un levier pour l'amélioration de l'image de l'administration dans l'opinion publique.

2. – Obstacles et réticences

Face aux avantages ainsi reconnus à l'accomplissement des démarches en lignes, **deux types d'obstacles et de réticences** sont évoqués par ceux qui ne se sentent pas prêts pour une telle pratique.

■ **Des réticences par rapport au principe d'internet en général** : 59 % des non-usagers disent **préférer avoir un contact en face-à-face avec un interlocuteur de l'administration**, ce qui souligne l'importance de l'interactivité des sites administratifs et le maintien de modalités de relations multiples avec les agents en cas de besoin. C'est bien la dépersonnalisation liée à l'aspect « machine » du réseau qui fait peur. Plus secondairement, le **manque de confiance dans la sécurité d'internet** (11 %) explique aussi que l'on n'envisage pas de recourir aux sites administratifs pour effectuer ses démarches.

■ **Des obstacles matériels** : l'absence d'accès à internet, que ce soit à domicile ou au bureau (40 %) ou la méconnaissance du fonctionnement d'internet (28 %) expliquent largement le non recours à l'administration en ligne.

Face à ces facteurs lourds, liés au développement d'internet en France et à l'évolution des représentations qui y sont associées, il est à souligner que la crainte de la complexité des démarches administratives par internet n'est mentionnée que par 6 % des non-usagers. Il ne semble donc pas y avoir de frein intrinsèque, attaché au principe ou au fonctionnement de l'administration sur internet, au développement des démarches administratives en ligne**.**

II. – Les attentes en matière de démarches administratives sur internet

Par-delà des pratiques et des perceptions globalement favorables au développement des démarches administratives sur internet, un certain nombre de services et de modalités techniques sont envisagés très favorablement par les Français et pourraient contribuer au développement de ces pratiques.

A. – Les services privilégiés des usagers actuels et potentiels

Les services fiscaux apparaissent comme les plus intéressants aux yeux des Français ayant déjà effectué ou envisageant d'effectuer des démarches en ligne : **53 % seraient intéressés par la possibilité de remplir sa déclaration de revenus ou de payer ses impôts en ligne**. De plus, cet intérêt est plus marqué encore dans les catégories les plus concernées par l'accomplissement de ces démarches – les hommes (57 %, contre 48 % chez les femmes), ceux qui ont des revenus et un patrimoine plus important, soit les plus âgés (58 % chez les 50 ans et plus) et les cadres, et plus encore les travailleurs indépendants, dont la fiscalité est plus complexe (77 %). **La simplification que pourrait entraîner l'usage d'internet pour cette démarche par essence peu appréciée nourrit ici une véritable attente** – à laquelle peut également contribuer la notoriété relativement plus importante de l'existence de ces services sur internet. Notons au passage que l'intérêt exprimé par les plus âgés sur ce point montre que lorsqu'il s'incarne dans des services concernant directement les usagers potentiels, l'internet administratif peut susciter un fort attrait jusque dans les catégories les moins « internautes ».

Le **suivi des dossiers d'allocations familiales ou de Sécurité Sociale** constitue le second grand service intéressant les usagers (46 %), et plus particulièrement ceux qui sont en situation d'avoir des enfants (plus de 50 % chez les 25-49 ans, 55 % dans les foyers de plus de trois personnes) mais aussi dans les catégories populaires (55 %).

La possibilité de renouveler ses papiers ou d'obtenir des documents représente un **troisième grand pôle de services** intéressant les usagers potentiels ou actuels de l'administration en ligne, qu'il s'agisse d'obtenir des documents d'état civil (46 %), de renouveler sa carte d'identité ou son passeport (37 %) ou de demander des papiers relatifs à son véhicule (29 %).

Enfin, **certains services, s'ils remportent un moindre succès sur l'ensemble de la population, suscitent un fort intérêt dans les catégories plus particulièrement concernées** : ainsi la possibilité de consulter les offres d'emploi et de poser sa candidature sur le site de l'ANPE (29 % dans l'ensemble, mais 38 % chez les 18-24 ans), de remplir une demande d'aide au logement ou de bourse d'étude (19 % mais 38 % chez les 18-24 ans) ou encore celle de s'inscrire à un concours administratif (12 %, mais 18 % chez les 18-24 ans).

B. – Une opinion favorable à l'offre de services interactifs pleinement intégrés

Si, comme on l'a vu, l'administration sur internet séduit essentiellement par la simplification et l'accélération des démarches qu'elle peut entraîner, les Français se montrent demandeurs de services intégrés mettant en œuvre les fonctionnalités propres d'internet et les bénéfices qu'elles procure.

Ainsi, les usagers actuels et potentiels de l'administration en ligne **préfèrent quasi unanimement la possibilité de remplir les formulaires administratifs sur leur ordinateur et de les renvoyer en ligne (89 %)** à l'option « mixte » consistant à télécharger les documents sur leur ordinateur et les renvoyer par courrier (10 %).

De même **les Français se montrent très intéressés par la mise en place d'un service qui permettrait d'effectuer l'ensemble de démarches sur internet et de suivre leur état d'avancement : 79 % y sont favorables contre 18 % opposés**, et ce malgré les craintes qu'un tel système pourrait générer en termes de complexité d'utilisation et d'intrusion dans la vie privée. Plus encore, si les usagers actuels et potentiels se montrent très enthousiastes à l'égard d'un tel système (93 % de favorables, dont 43 % de très favorables), les deux tiers (66 %) des non-usagers y sont également favorables, malgré les réticences et le manque de familiarité précédemment relevées à l'égard de l'usage d'internet.

Les réticences existant à l'égard d'un tel service proviennent essentiellement de la crainte du manque de confidentialité, exprimée par 60 % de ceux qui y sont opposés, et plus encore par 67 % des usagers actuels ou potentiels de l'administration en ligne. Il est intéressant de noter qu'il s'agit là d'une crainte qui n'est pas propre à l'internet public, mais qui affecte l'ensemble des usages possibles du réseau, en particulier l'achat en ligne – même si elle peut être renforcée ici par le syndrome « *Big Brother* » lié à l'État. La crainte de la complexité excessive du système (31 %, et 34 % des non usagers) et celle de la confusion des administrés par le système sont comparativement moins importantes. C'est donc bien sûr le plan de la confidentialité qu'un travail de communication devra être effectué pour lever les obstacles à la généralisation de l'usage d'un tel système.

De même, **les Français accueillent très positivement la perspective de la création d'une carte d'identité électronique sécurisée permettant d'accomplir toutes les démarches en ligne** (identification, signature et paiement) : 73 % y sont favorables (dont 28 % très favorables) contre 25 % opposés.

Là encore, l'intérêt est plus marqué encore chez les usagers actuels et potentiels (83 %), ainsi que chez les jeunes (88 % chez les 18-24 ans) et les internautes les plus assidus (87 %), mais est également majoritaire chez les non-usagers (63 %, contre 33 % d'opposés) et les catégories les moins familières d'internet (catégories populaires, personnes âgées).

*

*   *

Il apparaît ainsi qu'existe dans l'opinion publique un terreau très favorable au développement des démarches administratives en ligne. Les grandes craintes associées, dans les représentations collectives, à internet, constituent un obstacle mineur par rapport à l'attrait des Français, et en particulier des catégories ayant le plus de relations avec l'administration (familles, travailleurs indépendants par exemple), envers **la perspective de simplification des démarches administratives qu'offre l'internet public.** Les véritables obstacles actuels n'ont pas trait au mariage de l'administration et du réseau, mais relèvent du rapport global à internet (équipement et familiarité insuffisants), obstacles que le développement de celui-ci dans la population permettra de lever progressivement.

Au total, **au regard des attentes exprimées en matière de services administratifs sur internet, et sous condition de mise en place de services à la hauteur de ces** attentes, le développement de l'administration en ligne apparaît dès à présent, par-delà les pratiques, comme un véritable levier d'amélioration des rapports des Français à leur administration.

Annexe 1 :
fiche technique

Question : « *aujourd'hui, il est possible d'effectuer certaines démarches administratives par internet. À propos de ces démarches, laquelle des situations suivantes correspond le mieux à la vôtre ?* »

Vous avez déjà effectué des démarches administratives sur internet	12
Vous n'avez pas encore effectué de démarches administratives sur internet mais vous seriez prêt à le faire	36
Sous-total utilisateurs actuels ou potentiels	*48*
Vous n'êtes pas prêt à effectuer des démarches administratives sur internet	51
Sans réponse	1
	100 %

	Vous avez déjà effectué des démarches administratives sur internet	Vous n'avez pas encore effectué de démarches administratives sur internet mais vous seriez prêt à le faire	Vous n'êtes pas prêt à effectuer des démarches administratives sur internet	Sans réponse
Total	12	36	51	1
Sexe				
homme	16	39	43	2
femme	8	34	57	1
Âge				
18 à 24 ans	21	53	26	0
25 à 34 ans	18	51	31	0
35 à 49 ans	14	44	41	1
50 à 64 ans	11	29	59	1
65 ans et plus	1	14	83	2
PCS du chef de ménage				
commerçant, artisan, industriel	20	40	40	0
cadre, profession intellectuelle	26	54	20	0
profession intermédiaire,	20	50	29	1
employé	14	50	35	1
ouvrier	7	38	54	1
inactif, retraité	5	19	74	2

Situation professionnelle de l'interviewé :				
travaille à son compte	16	54	30	0
salarié :	17	44	38	1
dont salarié du secteur public	18	41	41	0
dont salarié du secteur privé	16	46	36	2
chômeur	28	28	44	0
inactif	5	27	67	1
Nombre de personnes au foyer :				
une	8	29	59	4
deux	10	32	57	1
trois et plus	15	43	42	0
Préférence partisane :				
gauche :	14	43	42	1
dont Parti communiste	7	41	52	0
dont Parti socialiste	15	45	39	1
écologistes	15	44	40	1
droite :	12	36	51	1
dont UDF	8	37	55	0
dont RPR	12	36	51	1
Front national	5	32	63	0
sans préférence partisane	9	25	64	2
Connexion à internet :				
oui :	26	55	19	0
quotidiennement	38	56	6	0
au moins une fois par semaine	29	54	17	0
moins souvent	10	53	36	1
non	1	22	75	2
Catégorie d'agglomération :				
moins de 2 000 habitants	8	32	60	0
2 000 à 20 000 habitants	10	33	56	1
20 000 à 100 000 habitants	8	33	57	2
plus de 100 000 habitants	16	37	46	1
agglomération parisienne	17	50	32	1

* En raison de la faiblesse des effectifs, les résultats sont à interpréter avec prudence.

180

Question : « *pour quelles raisons n'êtes-vous pas prêt à effectuer des démarches administratives sur internet ? »*

À ceux qui ne sont pas prêts (51 % de l'échantillon)

		RANG
Vous préférez avoir un contact personnel, en face-à-face, avec un interlocuteur de l'administration	59	1
Vous ne disposez pas d'un accès à internet, ni chez vous ni sur votre lieu de travail	40	2
Vous n'avez jamais utilisé internet ou vous ne savez pas très bien comment cela fonctionne	28	3
Vous pensez qu'internet n'est pas encore un moyen assez sûr pour effectuer des démarches administratives	11	4
Vous ne connaissez pas ou très peu les services administratifs disponibles sur internet	6	5
Vous pensez que c'est encore très compliqué d'effectuer des démarches administratives en ligne	6	6
Autres	5	
Sans réponse	2	
	% (1)	

(1) Le total des pourcentages est supérieur à 100, les personnes interrogées ayant pu donner deux réponses.

Rang	1	2	3	4	5	6	Autres	Sans réponse
Total (1)	59	40	28	11	6	6	5	2
Sexe :								
homme	55	40	24	12	7	6	5	1
femme	62	40	30	9	5	5	5	3
Âge :								
18 à 34 ans	55	39	24	17	13	2	5	1
35 à 49 ans	67	40	20	17	8	4	4	0
50 à 64 ans	58	46	33	10	6	5	5	2
65 ans et plus	58	37	31	4	2	8	6	4
PCS du chef de ménage :								
commerçant, cadre	67	29	18	27	9	7	2	2
profession intermédiaire, employé	64	36	22	22	14	2	5	2
ouvrier	55	46	29	9	7	3	5	0
inactif, retraité	58	40	31	5	2	7	6	3
Situation professionnelle de l'interviewé :								
salarié :	60	39	27	18	9	5	7	0
dont salarié du secteur public	58	36	23	21	10	7	5	0

dont salarié du secteur privé	61	42	32	15	8	3	8	0
chômeur	63	32	21	11	0	0	5	0
inactif	59	41	28	5	5	6	5	3
Nombre de personnes au foyer :								
une	52	38	34	11	5	9	6	4
deux	62	42	28	6	4	5	4	3
trois et plus	60	39	25	15	8	4	6	0
Préférence partisane :								
gauche :	57	43	28	13	6	3	7	2
dont Parti socialiste	61	41	26	14	4	3	7	3
écologistes*	70	41	23	7	9	5	2	2
droite :	57	34	32	12	8	9	3	1
dont UDF*	50	47	39	8	8	6	3	0
dont RPR	61	32	26	9	11	9	3	1
Front national*	58	17	42	17	8	13	0	4
sans préférence partisane	60	43	25	8	3	4	7	3
Connexion à internet :								
oui :	62	16	14	30	20	6	5	1
au moins une fois par semaine	74	9	3	40	17	3	3	0
moins souvent	53	22	22	24	22	8	6	2
non	59	45	31	7	3	5	5	2
Catégorie d'agglomération :								
moins de 2 000 habitants	60	46	24	11	5	5	5	1
2 000 à 20 000 habitants	59	36	33	7	4	4	6	3
20 000 à 100 000 habitants	50	43	34	12	11	5	2	4
plus de 100 000 habitants	63	35	27	11	4	8	5	2
agglomération parisienne	62	38	22	10	10	6	12	2

* En raison de la faiblesse des effectifs, les résultats sont à interpréter avec prudence.

(1) Le total des pourcentages est supérieur à 100, les personnes interrogées ayant pu donner deux réponses.

Question : « quelles sont les principales raisons qui vous ont incité ou qui pourraient vous inciter à faire vos démarches administratives sur internet ? »

À ceux qui ont déjà fait ou seraient prêts à faire des démarches administratives sur internet (48 % de l'échantillon)

		RANG
Cela évite de se déplacer, de faire la queue, de perdre du temps	76	1
Cela permet de suivre au jour le jour l'état d'avancement de son dossier administratif	33	2
Les dossiers sont traités plus rapidement	29	3
Cela permet d'avoir accès à de nouveaux services (personnalisation de votre dossier administratif, calcul du montant de l'imposition, etc.)	28	4
Autres	4	
Sans réponse	0	
	% (1)	

(1) Le total des pourcentages est supérieur à 100, les personnes interrogées ayant pu donner deux réponses.

Rang	1	2	3	4	Autres	Sans réponse
Total (1)	76	33	29	28	4	0
Sexe :						
homme	77	35	29	26	5	0
femme	76	31	28	29	3	0
Âge :						
18 à 24 ans	85	37	29	22	0	0
25 à 34 ans	81	34	20	32	2	0
35 à 49 ans	73	33	34	24	5	1
50 ans et plus	69	32	30	32	7	0
PCS du chef de ménage :						
commerçant, artisan, industriel*	70	37	40	20	3	3
cadre, profession intellectuelle	82	32	30	21	5	0
profession intermédiaire	78	32	27	30	7	0
employé	77	35	18	37	3	0
ouvrier	74	34	28	28	1	0
inactif, retraité	69	33	32	29	2	0
Situation professionnelle de l'interviewé :						
travaille à son compte*	90	23	38	26	8	0
salarié :	75	34	27	31	3	0

dont salarié du secteur public	70	45	23	37	1	0
dont salarié du secteur privé	78	26	30	27	5	0
inactif	75	33	29	24	4	0

Nombre de personnes au foyer						
une	78	28	31	28	6	0
deux	74	36	22	34	2	0
trois et plus	77	33	31	24	4	0

Préférence partisane						
gauche :	74	30	28	33	3	0
dont Parti socialiste	75	28	29	33	3	0
écologistes	80	38	20	28	5	0
droite :	76	32	36	26	2	1
dont UDF*	79	31	41	34	0	0
dont RPR	71	38	36	25	3	1
sans préférence partisane	79	37	22	19	6	0

Connexion à internet						
oui :	78	33	28	28	4	0
quotidiennement	85	33	22	30	3	0
au moins une fois par semaine	77	31	33	24	3	0
moins souvent	66	37	30	29	7	0
non	72	34	31	26	3	1

Catégorie d'agglomération						
moins de 2 000 habitants	72	35	27	30	7	1
2 000 à 20 000 habitants	74	32	36	21	0	0
20 000 à 100 000 habitants	75	37	24	29	2	0
plus de 100 000 habitants	79	28	29	32	5	0
agglomération parisienne	79	38	26	23	3	0

* En raison de la faiblesse des effectifs, les résultats sont à interpréter avec prudence.

(1) Le total des pourcentages est supérieur à 100, les personnes interrogées ayant pu donner deux réponses.

Question : « personnellement, pour effectuer une démarche administrative sur internet comme remplir un formulaire par exemple, qu'est ce qui aurait votre préférence ? »

À ceux qui ont déjà fait ou seraient prêts à faire des démarches administratives sur internet (48 % de l'échantillon)

Pouvoir télécharger sur votre ordinateur les formulaires administratifs, les imprimer, les remplir à la main et les renvoyer par courrier	10
Pouvoir remplir les formulaires sur votre ordinateur et les renvoyer en ligne, par internet	89
Sans opinion	1
	100 %

	Pouvoir télécharger sur votre ordinateur les formulaires administratifs, les imprimer, les remplir à la main et les renvoyer par courrier	Pouvoir remplir les formulaires sur votre ordinateur et les renvoyer en ligne, par internet	Sans opinion
Total	10	89	1
Sexe			
homme	8	92	0
femme	12	87	1
Âge			
18 à 24 ans	10	90	0
25 à 34 ans	11	89	0
35 à 49 ans	6	93	1
50 ans et plus	13	85	2
PCS du chef de ménage			
commerçant, artisan, industriel*	17	80	3
cadre, profession intellectuelle	2	98	0
profession intermédiaire	10	88	2
employé 14 85 1	14	85	1
ouvrier 9 91 0	9	91	0
inactif, retraité	14	86	0
Situation professionnelle de l'interviewé			
travaille à son compte*	3	97	0
salarié :	10	89	1
dont salarié du secteur public	11	87	2
dont salarié du secteur privé	9	91	0

185

inactif	13	86	1

Nombre de personnes au foyer :

une	14	86	0
deux	10	89	1
trois et plus	9	90	1

Préférence partisane :

gauche :	10	89	1
dont Parti socialiste	11	88	1
écologistes	6	94	0
droite :	9	90	1
dont UDF*	3	97	0
dont RPR	8	92	0
sans préférence partisane	13	85	2

Connexion à internet :

oui :	7	92	1
dont quotidiennement	4	95	1
au moins une fois par semaine	9	90	1
moins souvent	10	90	0
non	17	81	2

Catégorie d'agglomération :

moins de 2 000 habitants	12	87	1
2 000 à 20 000 habitants	10	90	0
20 000 à 100 000 habitants	13	85	2
plus de 100 000 habitants	9	91	0
agglomération parisienne	7	91	2

En raison de la faiblesse des effectifs, les résultats sont à interpréter avec prudence.

Question : « *voici un certain nombre de services administratifs disponibles sur internet. Quels sont les trois qui vous paraissent les plus intéressants ?* »

À ceux qui ont déjà fait ou seraient prêts à faire des démarches administratives sur internet (48 % de l'échantillon)

		RANG
Remplir sa déclaration de revenus ou payer ses impôts	53	1
Pouvoir suivre l'évolution de son dossier d'allocations familiales ou de Sécurité sociale (paiements, remboursements, attestations)	46	2
Obtenir des documents d'état civil (extraits d'acte de naissance, mariage ou décès)	46	3
Demander le renouvellement de sa carte d'identité ou de son passeport	37	4
Consulter les offres d'emploi de l'ANPE et présenter sa candidature	29	5
Demander des papiers relatifs à son véhicule (certificat d'immatriculation, déclaration de perte ou vol etc.)	25	6
Remplir une demande d'aide au logement ou de bourse pour les étudiants	19	7
S'inscrire à un concours administratif	12	8
Prendre un rendez-vous (à la Caisse d'allocations familiales ou à la mairie par exemple)	9	9
Sans réponse	1	
	% (1)	

(1) Le total des pourcentages est supérieur à 100, les personnes interrogées ayant pu donner trois réponses.

Rang	1	2	3	4	5	6	7	8	9	Sans réponse
Total (1)	53	46	46	37	29	25	19	12	9	1
Sexe										
homme	57	46	42	35	31	27	17	12	9	1
femme	48	46	50	39	27	23	20	12	9	1
Âge										
18 à 24 ans	43	43	29	33	38	24	38	18	12	0
25 à 34 ans	55	57	45	33	33	26	15	14	8	0
35 à 49 ans	52	51	49	37	33	23	19	9	9	1
50 ans et plus	58	30	53	44	15	26	9	11	7	4
PCS du chef de ménage										
commerçant, artisan, industriel*	53	57	53	37	27	20	20	17	3	0
cadre, profession intellectuelle	57	47	51	47	29	17	11	17	6	1
profession intermédiaire	48	44	50	38	38	30	24	9	9	1
employé	54	49	35	27	41	18	21	11	10	1

ouvrier	46	55	45	31	27	31	20	11	11	0
inactif, retraité	60	36	37	38	14	27	15	13	11	4

Situation professionnelle de l'interviewé

travaille à son compte*	77	44	54	41	18	26	15	3	3	0
salarié :	53	51	49	37	30	26	14	13	9	1
dont salarié du secteur public	54	50	50	37	25	25	15	20	6	2
dont salarié du secteur privé	53	51	49	37	34	28	13	7	11	0
inactif	47	37	38	39	23	24	26	15	11	3

Nombre de personnes au foyer

une	55	31	49	45	25	23	14	9	8	2
deux	54	36	45	42	28	29	16	13	9	2
trois et plus	51	55	45	32	31	23	21	13	9	1

Préférence partisane

gauche :	57	49	45	38	25	21	20	13	10	1
dont Parti socialiste	60	48	47	37	23	21	22	12	8	1
écologistes	46	42	38	34	43	25	18	14	15	0
droite :	59	43	53	41	26	26	18	13	5	1
dont UDF*	76	34	59	45	21	28	7	17	7	0
dont RPR	53	49	49	40	29	29	24	13	3	0
sans préférence partisane	39	48	39	31	32	30	17	10	7	3

Connexion à internet

oui :	53	46	48	37	30	25	18	13	9	1
quotidiennement	60	37	58	41	30	25	14	10	7	1
au moins une fois par semaine	48	53	42	37	32	24	21	17	9	1
moins souvent	48	51	39	30	27	26	20	13	11	3
non	51	48	39	36	27	24	20	11	9	1

Catégorie d'agglomération

moins de 2 000 habitants	59	51	38	32	33	26	22	10	7	1
2 000 à 20 000 habitants	62	42	44	40	25	14	26	14	10	0
20 000 à 100 000 habitants	47	46	31	36	37	29	17	12	7	3
plus de 100 000 habitants	52	46	54	34	25	25	17	13	9	1
agglomération parisienne	43	46	50	44	30	29	13	13	10	1

En raison de la faiblesse des effectifs, les résultats sont à interpréter avec prudence.

(1) Le total des pourcentages est supérieur à 100, les personnes interrogées ayant pu donner trois réponses.

Les administrations envisagent de mettre en place, pour chaque citoyen, un service personnalisé et sécurisé sur internet, qui permettrait d'effectuer l'ensemble de vos démarches administratives et de suivre leur état d'avancement.

Question : « *personnellement, êtes-vous tout à fait favorable, plutôt favorable, plutôt opposé ou tout à fait opposé à la création d'un tel service ?* »

	Ensemble des Français	Ont déjà fait ou seraient prêts à faire des démarches administratives (48 % de l'échantillon)	N'ont jamais fait de démarche et n'envisagent pas d'en faire (51 % de l'échantillon)
Tout à fait favorable	27 ⎤ 79	43 ⎤ 93	13 ⎤ 66
Plutôt favorable	52 ⎦	50 ⎦	53 ⎦
Plutôt opposé	11 ⎤ 18	5 ⎤ 6	18 ⎤ 30
Tout à fait opposé	7 ⎦	1 ⎦	12 ⎦
Sans opinion	3	1	4
	100 %	100 %	100 %

Ensemble des Français	Tout à fait favorable	Plutôt favorable	Total favorable	Plutôt opposé	Tout à fait opposé	Total opposé	Sans opinion
Total	27	52	79	11	7	18	3
Sexe :							
homme	34	47	81	11	6	17	2
femme	22	55	77	12	8	20	3
Âge :							
18 à 24 ans	28	65	93	5	2	6	1
25 à 34 ans	42	47	89	8	3	11	0
35 à 49 ans	29	54	83	10	6	16	1
50 ans et plus	20	49	69	15	10	26	6
PCS du chef de ménage :							
commerçant, artisan, industriel	24	54	78	12	8	20	2
cadre, profession intellectuelle	50	40	90	9	1	10	1
profession intermédiaire	28	60	88	7	4	11	1
employé	31	57	88	5	5	10	2
ouvrier	26	58	83	11	6	16	0
inactif, retraité	21	47	68	15	11	26	6

Situation professionnelle de l'interviewé							
travaille à son compte	34	45	79	14	5	20	2
salarié :	33	53	86	8	5	13	1
dont salarié du public	30	55	85	7	6	14	1
dont salarié du privé	35	51	86	9	4	13	1
inactif	21	51	71	15	9	24	5
Nombre de personnes au foyer							
une	28	43	72	12	9	21	7
deux	23	50	74	15	8	23	4
trois et plus	30	56	86	9	5	14	0
Préférence partisane							
gauche :	28	54	82	11	4	16	2
dont Parti socialiste	28	55	83	11	3	14	2
écologistes	33	59	92	5	3	8	0
droite :	29	54	83	10	5	15	2
dont UDF	34	57	91	6	2	8	2
dont RPR	27	53	79	13	5	18	3
sans préférence partisane	22	44	66	16	13	29	5
Connexion à internet							
oui :	41	49	90	6	3	9	0
quotidiennement	57	36	93	5	1	6	1
au moins une fois par semaine	40	50	90	6	5	10	0
moins souvent	25	63	88	9	3	11	1
non	17	54	70	16	10	25	4
Catégorie d'agglomération							
moins de 2 000 habitants	21	52	73	17	8	25	2
2 000 à 20 000 habitants	24	56	80	10	7	18	3
20 000 à 100 000 habitants	24	58	82	12	3	15	3
plus de 100 000 habitants	32	50	82	9	6	14	4
agglomération parisienne	37	44	81	8	9	17	1
À effectué des démarches administratives sur internet							
oui	58	34	92	6	2	8	0
non, mais prêt à le faire	38	56	94	4	1	5	1
non	13	53	66	18	12	30	4

Question : « personnellement, êtes-vous tout à fait favorable, plutôt favorable, plutôt opposé ou tout à fait opposé à la création d'un tel service ? »

Ont déjà fait ou seraient prêts à faire des démarches administratives sur internet

	Tout à fait favorable	Plutôt favorable	Total favorable	Plutôt opposé	Tout à fait opposé	Total opposé	Sans opinion
Total	43	50	93	5	1	6	1
Sexe							
homme	50	43	93	5	1	6	1
femme	34	59	93	4	2	6	1
Âge							
18 à 24 ans	32	65	96	2	0	2	1
25 à 34 ans	53	40	93	6	1	7	0
35 à 49 ans	40	53	93	5	2	7	1
50 ans et plus	43	50	92	4	3	7	1
PCS du chef de ménage							
commerçant, artisan, industriel*	33	60	93	3	0	3	3
cadre, profession intellectuelle	58	37	95	4	0	4	1
profession intermédiaire	34	60	94	5	1	6	0
employé	44	48	92	6	1	7	1
ouvrier	39	55	94	4	2	6	0
inactif, retraité	45	46	92	5	4	8	0
Situation professionnelle de l'interviewé							
travaille à son compte*	44	49	92	5	0	5	3
salarié :	45	48	93	5	2	6	0
dont salarié du secteur public	41	53	94	2	2	5	1
dont salarié du secteur privé	48	45	93	6	1	7	0
inactif	37	56	94	5	1	6	0
Nombre de personnes au foyer							
une	55	38	94	3	2	5	2
deux	43	48	91	7	1	8	1
trois et plus	40	55	94	4	1	5	0
Préférence partisane							
gauche :	40	51	91	7	1	8	1
dont Parti socialiste	41	50	91	7	1	8	1
écologistes	46	49	95	5	0	5	0
droite :	44	53	97	2	1	3	0
dont UDF*	52	48	100	0	0	0	0
dont RPR	40	57	97	3	0	3	0

sans préférence partisane	44	46	89	4	4	9	2

Connexion à internet :

oui :	48	47	95	4	1	5	0
quotidiennement	61	35	96	3	1	3	1
au moins une fois par semaine	44	50	94	3	3	6	0
moins souvent	30	64	94	6	0	6	0
non	29	59	88	8	2	10	2

Catégorie d'agglomération :

moins de 2 000 habitants	40	53	93	6	0	6	1
2 000 à 20 000 habitants	38	53	91	5	3	8	1
20 000 à 100 000 habitants	36	63	98	2	0	2	0
plus de 100 000 habitants	44	50	94	4	1	5	1
agglomération parisienne	51	40	91	6	3	9	0

* En raison de la faiblesse des effectifs, les résultats sont à interpréter avec prudence.

Question : *« pour quelles raisons principales y êtes-vous opposé ? »*

À ceux qui y sont opposés

	Parmi l'ensemble des Français (18 % de l'échantillon)	Parmi ceux qui ont fait des démarches ou sont prêts à le faire	Parmi ceux qui n'ont pas fait des démarches et ne sont pas prêts
Vous estimez qu'il sera difficile de garantir totalement la confidentialité des données vous concernant dans un tel système	60	67	60
Vous craignez que les informations administratives vous concernant soient centralisées et accessibles à l'ensemble des administrations	28	37	27
Vous craignez que cela soit trop compliqué, vous avez peur de ne pas savoir vous en servir	31	17	34
Vous craignez que l'on vous confonde avec une autre personne	18	27	17
Sans réponse	8	0	9
	% (1)	% (1)	% (1)

(1) Le total des pourcentages est supérieur à 100, les personnes interrogées ayant pu donner deux réponses.

Question : « seriez-vous favorable ou opposé à ce que l'État délivre aux personnes qui en font la demande une carte d'identité électronique sécurisée (carte à puce) qui pourrait leur servir dans l'accomplissement de toutes leurs démarches administratives sur internet (identification, signature, paiement en ligne) ? »

Tout à fait favorable	28	] 73
Plutôt favorable	45	
Plutôt opposé	17	] 35
Tout à fait opposé	8	
Sans opinioné	2	
		100 %

	Tout à fait favorable	Plutôt favorable	Total favorable	Plutôt opposé	Tout à fait opposé	Total opposé	Sans opinion
Total	28	45	73	17	8	25.	2
Sexe :							
homme	34	43	78	13	8	22	0
femme	22	46	68	20	9	28	4
Âge :							
18 à 24 ans	32	56	88	10	2	12	0
25 à 34 ans	33	45	78	16	6	21	1
35 à 49 ans	27	47	74	18	8	26	0
50 à 64 ans 2	27	37	64	21	13	34	1
65 ans et plus	22	45	67	14	11	25	8
PCS du chef de ménage :							
commerçant, artisan, industriel	26	48	74	16	10	26	0
cadre, profession intellectuelle	42	38	79	13	7	20	1
profession intermédiaire	26	52	78	17	5	22	0
employé	30	46	76	15	9	24	0
ouvrier	27	46	73	18	8	26	1
inactif, retraité	24	43	67	17	11	28	5
Situation professionnelle							
de l'interviewé :							
travaille à son compte	41	34	75	18	7	25	0
salarié :	29	47	76	16	7	24	1
dont salarié du secteur public	31	44	75	17	8	24	1
dont salarié du secteur privé	28	49	77	16	7	23	0
chômeur	35	40	74	12	14	26	0
inactif	24	45	69	17	9	27	4

Nombre de personnes au foyer							
une	22	44	66	15	12	27	7
deux	27	44	71	17	11	28	2
trois et plus	31	46	77	17	6	23	1
Préférence partisane							
gauche :	30	46	76	16	6	23	1
dont Parti communiste	31	41	72	17	10	28	0
dont Parti socialiste	29	47	77	17	5	22	2
écologistes	33	46	79	14	6	20	1
droite :	31	47	78	15	5	20	2
dont UDF	29	57	86	12	2	14	0
dont RPR	31	46	77	16	5	21	3
Front national	24	53	76	16	8	24	0
Sans préférence partisane	19	41	60	20	16	36	4
Connexion à internet							
oui :	38	45	83	13	4	17	0
quotidiennement	42	45	87	8	5	13	0
au moins une fois par semaine	40	44	83	13	3	16	1
moins souvent	30	47	77	18	4	22	1
non	20	45	64	20	12	32	4
Catégorie d'agglomération							
moins de 2 000 habitants	25	46	70	19	8	27	2
2 000 à 20 000 habitants	20	49	69	19	10	28	3
20 000 à 100 000 habitants	28	46	74	19	6	24	1
plus de 100 000 habitants	31	42	73	17	8	25	2
agglomération parisienne	35	45	79	8	10	19	2
À effectué des démarches administratives sur internet							
oui	48	35	84	13	3	16	0
non, mais prêt à le faire	34	49	83	12	4	16	1
non	19	45	63	21	13	33	3

En raison de la faiblesse des effectifs, les résultats sont à interpréter avec prudence.

Guide pratique :
Les téléprocédures et les familles

Guide publié le 23 novembre 2002

Pourquoi ce guide ?

Les nouvelles technologies de l'information et de la communication, sont une formidable opportunité pour simplifier votre vie quotidienne et pour renforcer les liens sociaux et les solidarités intergénérationnelles.

L'information et l'accompagnement de toutes les familles sur ces opportunités deviennent alors un véritable enjeu de société. Tout d'abord, pour que le dialogue entre parents et enfants sur les usages, les risques et les potentialités de l'internet, permette à celui-ci de rester un espace où s'exerce pleinement la responsabilité parentale. Mais aussi afin que les usages familiaux ne se résument pas aux seuls aspects commerciaux et qu'ils puissent inclure des pratiques citoyennes et pédagogiques de l'internet.

Le développement de l'administration en ligne s'inscrit pleinement dans cet objectif parce qu'il doit permettre d'améliorer le service qui vous est rendu, en le personnalisant à vos attentes et à vos aspirations, et parce qu'il permet aussi de vous faire gagner du temps et facilite la conciliation des différents temps de la vie, professionnelle, privée et familiale.

La plupart des institutions publiques ont déjà leur site internet, cet objectif commence donc à devenir réalité : à l'heure actuelle il est possible d'effectuer sur internet une demande de bourse ou de logement étudiant, d'obtenir un acte d'état civil, de payer ses impôts ou encore de s'inscrire à un concours sans avoir à téléphoner où à se déplacer. Mais il n'est pas toujours simple de s'y retrouver face à la multitude des sites et des services qui visent à répondre aux mieux à vos besoins.

Le premier objectif de ce guide est donc de recenser les démarches administratives existantes tant au niveau national que local.

Mais si la généralisation d'une administration en ligne va améliorer le traitement de la demande des citoyens, elle ne va pas sans un certain nombre d'interrogations : sera-t-on obligé de recourir systématiquement à l'internet pour certaines démarches ? Les procédures de paiement sont-elles sécurisées ? Le fonctionnement de ces services est-il suffisamment fiable ? N'y a-t-il pas de risques d'atteintes à notre vie privée ?

Le deuxième objectif de ce guide est d'apporter des réponses à toutes ces questions pour aujourd'hui et pour demain.

Les démarches administratives proposées aujourd'hui sur internet

De plus en plus de démarches administratives sont désormais possibles pour les particuliers sur internet que ce soit au niveau de l'État, des collectivités locales (mairies, départements, régions) ou des organismes sociaux (CAF, CPAM, URSSAF, ANPE).

Deux grands types de services sont proposés sur les sites des pouvoirs publics :

■ Le téléchargement de formulaires en ligne

Les sites internet de ces institutions permettent de se procurer à distance près de 1 200 formulaires administratifs (soit environ deux tiers de l'ensemble des formulaires). L'internaute doit alors les remplir et les renvoyer par courrier aux services concernés.

Ainsi, les préfectures disposant d'un site internet proposent de télécharger une grande partie des formulaires que vous pouvez être amené à lui demander (cela va de la déclaration d'acquisition d'armes à une demande de passeport, de RMI ou encore de permis de construire).

Le site gouvernemental (http://www.service-public.fr) propose une liste de ces services accessibles aux particuliers (déclaration d'achat de véhicule d'occasion à la préfecture, déclaration d'accident de travail, indemnisation du chômage partiel, etc.).

■ Les démarches intégrales en lignes

Ensuite, au-delà des formulaires que l'on peut imprimer, l'État et les collectivités locales vous proposent aussi un certain nombre de démarches que vous pouvez faire intégralement depuis un ordinateur connecté au réseau internet : c'est ce que l'on appelle des téléservices (ou téléprocédures). Avec cette nouvelle forme de services, vous pouvez désormais, de votre lieu de travail, de votre domicile ou d'un point d'accès public à l'internet (il en existe plus de 3 000 dont 800 sont des espaces publics numériques), payer vos impôts, faire une demande d'extrait de naissance ou encore répondre à une annonce de l'ANPE sans vous déplacer ni envoyer le moindre courrier et ce à n'importe quel moment de la journée.

Grâce à ce guide vous pourrez connaître tous les téléservices aujourd'hui accessibles. Pour plus de clarté, nous allons vous présenter d'une part les démarches proposées par l'État et ses services déconcentrés (préfectures, direction départementale de l'équipement) et, d'autre part, celles accessibles sur le site d'une collectivité locale.

Les téléservices proposés par l'État

Les événements de la vie des familles

L'aide aux familles

Suivi des dossiers d'allocations familiales (paiements, remboursements, attestations) :
- http://www.caf.fr

Consultation des remboursements de la sécurité sociale :
- http://www.cnamts.fr

Calcul de l'aide au logement :
- http://www.caf.fr/simulog/

Enseignement, étudiants

Demande d'aide au logement pour les étudiants :
- http://www.caf.fr

Demande de bourse ou de logement étudiant :
- http://www.cnous.fr

Établir ou renouveler ses papiers

Carte nationale d'identité

Suivi des demandes de cartes nationales d'identité :
- http://www.interieur.gouv.fr

Casier judiciaire

Demande d'extrait de casier judiciaire – bulletin n° 3 (les envois de bulletins n° 3 s'opéreront par lettre recommandée avec accusé de réception lorsque le bulletin portera mention d'une condamnation) :
- http://www.cjn.justice.gouv.fr

Accès aux autorités judiciaires

Signalement aux autorités judiciaires d'un site ou service en ligne à caractère pédophile :
- http://www.internet-mineurs.gouv.fr

État civil, intérieur

Demande de copie ou d'extrait d'actes (naissance, mariage...) pour les ressortissants français :
- http://www.diplomatie.gouv.fr/etrangers

Ce type de demande est également disponible sur les sites de certaines collectivités locales (*cf.* téléservices des collectivités locales).

La recherche d'un emploi

Abonnement aux offres d'emploi et candidature aux annonces de l'ANPE :
- http://www.anpe.fr

Abonnement aux offres d'emploi et candidature aux annonces de l'APEC :
- http://www.apec.fr

Candidature aux annonces de concours de la fonction publique :
- http://fonction-publique.gouv.fr
- http://www.education.gouv.fr (etc.)

Candidature au volontariat international :
- http://www.civi.gouv.fr

Satisfaire à ses obligations fiscales

Calcul du montant de son imposition :
- http://www.impots.gouv.fr

Calcul et simulation de son taux d'imposition :
- http://www.minefi.gouv.fr

Déclaration de ses impôts en ligne (*en ce qui concerne les réductions fiscales il n'est plus nécessaire de fournir les pièces justificatives ouvrant droit à une réduction d'impôts, il suffit de les garder dans l'éventualité d'un contrôle fiscal...*) :
- http://www.ir.dgi.minefi.gouv.fr

Depuis l'année 2001, il est possible de payer ses impôts ou encore de faire une demande de mensualisation :
- http://www.impots.gouv.fr

Il vient d'être créé un « compte fiscal unique » (ADONIS) qui permet à chaque internaute-usager d'avoir un accès direct, permanent et confidentiel à certaines des informations fiscales le concernant :
- http://www.ir.dgi.minefi.gouv.fr

Si vous êtes un employeur

Calcul, déclaration et paiement du montant des cotisations URSSAF :
- http://www.urssaf.fr

Effectuer une Déclaration unique d'embauche (DUE) :
- http://www.urssaf.fr

Effectuer les déclarations sociales :
- http://www.net-entreprises.fr

Les téléservices proposés par les services de l'État dans les départements et les régions

■ Les **préfectures** proposent aussi des téléservices (pour avoir l'adresse du site internet où l'on peut faire la démarche, il suffit de taper www. suivi du nom du département suivi de.pref.gouv.fr, par exemple www.oise.pref.gouv.fr) :
– demande de certificat d'immatriculation d'un véhicule ;
– demande de duplicata de certificat d'immatriculation d'un véhicule suite à une perte ou un vol ;
– demande de visite médicale pour le permis de conduire.

■ Trois démarches sont aussi proposées par les **directions départementales de l'équipement** (pour connaître le site il suffit de taper le nom du département suivi de equipement.gouv.fr, par exemple www.calvados.equipement.gouv.fr) :
– consultation de l'état d'avancement d'une demande de permis de construire ;
– accès au schéma directeur et plan d'occupation de sols du département ;
– aide juridique en ligne concernant les problèmes d'urbanisme et d'équipement.

Les téléservices proposés par les collectivités locales

Tout comme l'État, les collectivités locales disposant d'un site internet permettent le téléchargement d'à peu près tous leurs formulaires. Elles proposent par ailleurs **toutes sortes d'informations locales**.

De nombreuses collectivités proposent également des téléservices. Ils sont cependant un peu différents de ceux qu'offrent l'État puisque ce sont principalement des services dits de « proximité ».

Il est aussi intéressant de noter que certaines collectivités ont mis en œuvre des espaces de discussion à la fois entre les usagers et la collectivité et entre les usagers eux-mêmes.

Comment accéder aux sites des collectivités locales ?

Il n'existe pas aujourd'hui de règles imposant aux collectivités locales des noms de domaines bien définis.

– En ce qui concerne **les mairies**, l'AFNIC (Association française pour le nommage internet en coopération) et l'Association des maires de France ont édicté une charte de nommage précisant que les noms de domaines des mairies doivent être soit :
1) le nom de la mairie suivie de fr : (www.dijon.fr) ;
2) le mot « *mairie* » suivi d'un trait d'union puis du nom de la ville : (www.mairie-lille.fr) ;
3) le mot « *ville* » suivi d'un trait d'union puis du nom de la ville : (www.ville-montpellier.fr).

Cependant : de nombreuses mairies n'ont pas adopté cette charte, qui n'a aucune valeur impérative, c'est ainsi que des mairies ne sont pas recensées en.fr mais en.com (exemple : mairie d'Issy-les-Moulineaux www.issy.com) ou encore en.org :

(www.marcq-en-barœul.org). Dans tous les cas, vous pouvez trouver l'adresse du site internet de votre collectivité en utilisant un moteur de recherche « Google », « Yahoo », « Altavista », etc.

– En ce qui concerne **les conseils régionaux** trois types d'adresse existent :
1) le nom de la région seulement : (www.iledefrance.fr) ;
2) le mot « *cr* » (pour conseil régional) suivi d'un trait d'union et du nom de la région : (www.cr-limousin.fr) ;
3) le mot « *région* » suivi d'un trait d'union puis du nom de la région : (www.region-bretagne.fr).

– La confusion est moins grande en ce qui concerne **les conseils généraux** : ils sont recensés plus simplement : par exemple, pour trouver le site du conseil général des Yvelines, il suffit de taper « *cg* » (pour conseil général) suivi du numéro de département et de fr : (www.cg78.fr).

En cas de difficultés pour trouver le site, une solution peut être de recourir au site de l'administration publique (www.service-public.fr) et lancer une recherche sur le nom de la collectivité locale

▓ Les informations locales

Dès lors qu'une collectivité dispose d'un site internet, vous êtes certain de pouvoir y trouver au moins les informations suivantes :
– une présentation de l'exécutif local (avec parfois photos des élus, leur adresse électronique pour pouvoir les joindre etc.) et de ses réalisations ;
– des renseignements pratiques (les horaires d'ouverture des services, les pièces qu'il faut apporter pour une démarche, les adresses des commerçants, les associations locales etc.) ;
– des informations sur vos droits et démarches ;

Une présentation des activités et réalisations économiques, culturelles ou sociales de la collectivité.

▓ **Les téléservices les plus fréquents**

État civil :
– demande de copie ou d'extrait d'actes (naissance, mariage...).

Relations avec la collectivité :
– envoi d'annonces de manifestations, événements etc. ;
– accès aux délibérations de l'exécutif local (conseil municipal etc.) ;
– prise de rendez-vous (avec le maire, un agent communal, tel ou tel service etc.) ;
– questions, réclamations aux élus.

■ **Exemples de téléservices de proximité offerts par certaines collectivités locales** *(liste non exhaustive)*

Les événements de la vie des familles

Enseignement

Inscription à l'école (mairie et district de Parthenay (Deux-Sèvres) www.district-parthenay.fr).

Inscription à la cantine (mairies de Parthenay, de Niort (Deux-Sèvres) www.vivre-a-niort.com).

Inscription à la garderie (mairie de Parthenay).

Inscription à l'école d'arts plastiques (mairie de Niort).

Vie culturelle

Inscription à une bibliothèque/médiathèque, demande de documentation (mairies de Montpellier www.ville-montpellier.fr, de Guéret www.ville-gueret.fr, de Chambly (Oise) www.ville-chambly.fr, de Parthenay, de Brest www.mairie-brest.fr, conseil général de l'Oise www.cg60.fr).

Réservation d'un document ou d'une place en salle de lecture (mairies de Limoges www.bm-limoges.fr, Montpellier) ; consultation de l'état des prêts ou du catalogue (mairies de Grenoble www.bm-grenoble.fr de Dijon www.bm-dijon.fr, d'Issy-les-Moulineaux www.issy.com/mediatheque, de Valenciennes www.ville-valenciennes.fr).

Réservations (et parfois paiement en ligne) pour des spectacles (mairies de Marseille www.mairie-marseille.fr, d'Issy-les-Moulineaux (Hauts-de-Seine) www.issy.com, de Guéret, de Cannes www.cannes.fr).

La recherche d'un emploi

Candidature d'offres et de recherches d'emploi (mairies de Parthenay, de Brest, de Strasbourg www.mairie-strasbourg.fr, de Vandœuvre-lès-Nancy www.mairie-vandœuvre.fr, d'Agen www.ville-agen.fr), et de nombreux conseils généraux (Yvelines www.cg78.fr, Val-d'Oise www.cg95.fr etc.).

Les relations avec la collectivité (demande d'autorisation, urbanisme...)

Demande d'intervention des services municipaux et demande d'enquête sanitaire (mairie de Montpellier www.ville-montpellier.fr).

Demande d'autorisation d'ouverture temporaire de débit de boissons (mairie de Parthenay).

Demande d'autorisation pour l'incinération de végétaux (mairies de Gluiras, de Montgiscard (Haute-Garonne) www.montgiscard.fr, d'Évry-Gregy-sur-Yerres (Seine-et-Marne) www.mairie-evry-gregy.fr).

– Demande de certificat d'urbanisme (mairie de Gluiras (Ardèche) www.mairie-gluiras.fr).

– Consultation du cadastre et accès au Système d'information géographique (mairies de Gluiras, de Parthenay, conseil général du Calvados www.cg14.fr).

Vos préoccupations, nos réponses

Même pour un internaute chevronné, faire ses démarches administratives par internet pose de nombreuses questions auxquelles nous souhaitons répondre :

– *« Est-il obligatoire de faire une démarche administrative sur internet ? »*

Non. Les téléservices proposés n'existent que pour simplifier et harmoniser les démarches des usagers. Il est toujours possible de s'en tenir aux procédures classiques en s'adressant à l'administration au guichet ou par courrier. Pour le gouvernement, il s'agit avant tout d'offrir à l'usager le choix du mode de contact avec lequel il se sent le plus à l'aise. La seule exception concerne les grandes entreprises qui ont l'obligation de déclarer et de payer leur TVA par internet.

– *« Comment prouver que ma demande a bien été enregistrée ? »*

La preuve va de l'accusé de réception à l'attribution d'un numéro personnel. Une démarche relativement anodine comme une demande d'extrait d'acte de naissance sera confirmée par un simple affichage sur l'écran du bon enregistrement de la demande qui sera après envoyé par courrier. En revanche, une demande plus complexe, comme une demande de bourse ou de logement, sera suivie par l'attribution d'un numéro personnel et de l'envoi d'un accusé de réception.

– *« Y a-t-il un interlocuteur direct ou au moins facilement identifiable pour correspondre avec l'administration sur l'internet ? »*

Oui. Les administrations ont mis en place des correspondants *ad hoc* qui communiquent directement avec l'usager ; certaines ont même instauré la possibilité de prendre en ligne un rendez-vous téléphonique (c'est le cas pour les caisses d'allocations familiales par exemple). De plus, il faut savoir que tout site internet doit mentionner expressément auprès de quelle personne ou service l'internaute peut avoir un accès aux données informatisées le concernant (article 34 de la loi dite « Informatique et Libertés » du 6 janvier 1978) : ceci doit se formaliser par l'affichage, sur le site, d'un lien vers un contact (le plus souvent le webmaster) qui répercutera votre demande à qui de droit.

– *« Un recours en ligne est-il possible ? »*

Oui, en théorie pour saisir l'administration mais pratiquement pas dans l'immédiat. En théorie, il n'y a pas de raison pour que l'on ne puisse pas contester une décision administrative par courrier électronique comme on peut le faire par courrier traditionnel. La seule réserve est qu'il faut pouvoir établir la date précise de l'envoi du recours à l'administration. Or dans la pratique, et même si La Poste a annoncé pour 2003 le lancement d'un service de lettre recommandée 100 % électronique, il n'y a pas actuellement de moyens d'établir avec certitude la date de l'envoi. Dans ces conditions, le recours en ligne n'est pas conseillé.

Oui, c'est possible pour saisir le juge administratif. Pour saisir le juge administratif (tribunal administratif ou Conseil d'État), il est en principe possible d'utiliser le courrier électronique, comme l'a jugé le Conseil d'État dans un arrêt du 28 décembre 2001. La requête formée par courrier électronique interrompt le délai de recours contentieux, mais elle doit être régularisée ultérieurement par un envoi de courrier papier, qui sera quant à lui signé, voire revêtu d'un timbre fiscal quand celui-ci est obligatoire. Le courrier électronique peut ainsi être utilisé dans les mêmes conditions que la télécopie. Néanmoins, les mêmes réserves que pour un recours auprès de l'administration doivent être faites en matière de preuve de la date d'envoi du courrier électronique.

– « *Qu'est-ce qui me prouve que ma demande a été faite en toute confidentialité et quels moyens l'administration a-t-elle pour authentifier l'auteur de la demande ?* »

Les renseignements et l'authentification demandés dépendent de la démarche. Lors d'une démarche relativement anodine comme une demande d'extrait d'acte de naissance, l'administration vous authentifie grâce à un certain nombre de renseignements personnels comme les dates de naissance de vos parents où votre numéro de pièce d'identité ou de permis de conduire. Une démarche plus « sensible » (déclaration de revenus...) se réalise par une autre forme d'authentification (en plus des données personnelles : attribution d'un numéro confidentiel et d'un certificat numérique), qui vous permettra alors d'avoir accès à un site et à une procédure sécurisée (dits sites https). De façon générale, c'est d'abord par le biais des renseignements que vous donnerez (nom, prénoms, date de naissance etc.) que l'administration pourra vous identifier comme étant bien l'auteur de la demande. Ensuite des envois courriers et de nouveaux échanges par internet sécurisé viendront permettre de compléter cette authentification.

– « *N'y a-t-il pas de risques d'utilisations abusives par l'administration des données personnelles ainsi collectées (risques de rapprochement de mon dossier emploi avec celui des impôts ou de la sécurité sociale par exemple) ?* »

Non. Par principe, les données personnelles d'un particulier ne peuvent être collectées par une administration que pour une finalité précise. On ne peut déroger à ce principe que de manière exceptionnelle. Ainsi, une administration ne peut communiquer des informations à une autre que si le transfert est prévu et encadré par la loi et dans le cadre d'objectifs limitativement définis. Ces dérogations sont soumises au contrôle de la Commission nationale de l'informatique et des libertés (CNIL). La CNIL est une autorité administrative indépendante qui protège votre vie privée sur le net, veille à ce qu'il n'y ait pas d'interconnexions illégales ou injustifiées de fichiers et à ce que soit respecté le « principe de finalité » qui veut que tout renseignement demandé ne le soit que dans un but précis, pour un organisme bien identifié et pour une durée déterminée.

– « *Puis-je adresser mes paiements à l'administration sur l'internet en toute sécurité ?* »

Oui, mais seulement pour certains paiements. Sur le plan technique, rien ne s'oppose à ce que les particuliers adressent à l'administration un paiement par le biais de l'internet. En effet, des techniques de sécurisation comparables à celles des sites marchands les plus exigeants sont utilisées (notamment par des procédés de cryptage appropriés). Cependant, les seuls services que les particuliers peuvent actuellement payer en ligne portent sur le règlement de certains impôts (impôts sur le revenu, contributions solidaires, taxe d'habitation, taxes foncières) pour lesquels il est possible d'envoyer des ordres de paiement à l'administration. La procédure de paiement commence par une inscription en ligne. Les particuliers reçoivent ensuite une autorisation de prélèvement préremplie qu'ils doivent renvoyer signée par la poste. Après validation par l'administration, ils recevront par l'internet un numéro d'enregistrement de l'ordre de paiement qui leur servira de justificatif de l'ordre de paiement. Toutes les opérations donnent lieu en parallèle à un accusé de réception papier.

– « *Puis-je déclarer mes revenus par l'internet en toute sécurité ?* »

Oui. Les techniques de sécurisation du site de l'administration fiscale sont équivalentes à celles des sites marchands (*cf.* question précédente). Aujourd'hui, le particulier peut déclarer par l'internet ses impôts sur le revenu. Cette déclaration s'effectue après la délivrance à chaque contribuable d'un certificat électronique, sorte de carte d'identité protégée par des clés de chiffrement. Ce certificat, valable trois ans, permet à son détenteur de déclarer, sans avoir à faire de nouvelles formalités, ses revenus sur internet et d'accéder à tout moment à son dossier fiscal.

Guide pratique *Les téléprocédures et familles* réalisé par :

– Le secrétariat d'État à la réforme de l'État (http://www.fonction-publique.gouv.fr).
– La Délégation interministérielle à la famille (http://www.famille-enfance.gouv.fr).
– L'Union nationale des associations familiales (http://www.unaf.fr).
– Le Forum des droits sur l'internet (http://www.foruminternet.org).

Administration électronique et données personnelles. Conclusions débat public itinérant organisé par le Forum des droits sur l'internet

Conclusions remises le 16 décembre 2002
au ministre de la Fonction publique et au secrétaire d'État
à la Réforme de l'État

À la suite de la remise, le 26 février 2002, par MM. Pierre Truche, Jean-Paul Faugère et Patrice Flichy au ministre de la Fonction publique et de la Réforme de l'État du « Livre blanc » *Administration électronique et protection des données personnelles*, le Forum des droits sur l'internet a été chargé par le gouvernement (voir annexes) d'organiser un débat public sur les principaux points identifiés par le « Livre Blanc ». Il s'est acquitté de cette mission d'une part, en tenant un débat en ligne sur son site de février à mai (voir annexes), d'autre part, en organisant six manifestations publiques en province auxquelles ont participé de nombreux acteurs locaux (voir annexes). Si les contributions en ligne ont été plutôt spécialisées et assez techniques, le débat public « itinérant » a constitué une expérience unique et originale de consultation directe des citoyens, entreprises, responsables politiques, administratifs ou associatifs. La continuité avec la mission Truche a été assurée à travers Patrice Flichy qui a participé aux débats en province. La Commission nationale de l'informatique et des libertés (CNIL) a également été associée aux débats, par l'un de ses commissaires, Marcel Pinet.

Le présent document a pour objet de faire la synthèse de contributions exprimées lors de ce débat public.

Il veut éclairer le gouvernement sur les principales interrogations qui se font jour à l'égard du développement de l'administration électronique et notamment du projet de service administratif personnalisé, sorte de « portail personnalisé » permettant à tout citoyen de gérer en ligne l'ensemble de ses relations avec l'administration. Les six étapes du débat public ont permis de mieux connaître les attentes et les besoins des Français dans ce domaine et les moyens de définir un équilibre entre des aspirations souvent contradictoires. Leurs enseignements complètent et enrichissent la perception que l'on pouvait avoir à la suite des conclusions du sondage commandé par le Forum des droits sur l'internet en septembre dernier à la SOFRES.

Cette présente synthèse sera suivie début 2003 de la publication de la recommandation du Forum des droits sur l'internet sur « Le cadre juridique de l'administration électronique » dont une partie aborde le traitement des données personnelles.

Rappel des conclusions du « Livre blanc »

Sans se livrer à une présentation complète du « Livre blanc », dont on trouvera une synthèse en annexe, on peut rappeler qu'il présentait à la fois des points de consensus et des interrogations.

Les points de consensus étaient les suivants :
– l'administration électronique doit d'abord répondre à un besoin de simplification pour l'usager ;
– l'administration électronique ne doit pas se traduire par une augmentation du niveau de contrôle sur les individus ;
– il convient d'établir un nouveau pacte de confiance entre l'administration et les usagers de telle sorte que la dématérialisation croissante des dossiers administratifs soit équilibrée par un contrôle plus important de l'usager sur ses données personnelles ;
– l'administration électronique ne doit pas être la seule voie d'accès aux services de l'administration ;
– il ne faut pas augmenter, à l'occasion de la mise en place de services administratifs en ligne, la demande d'identification faite aux individus.

Les interrogations étaient les suivantes :
– Les solutions techniques peuvent-elles aider à une protection effective de la vie privée ?
– Comment segmenter les téléservices selon une logique qui satisfasse le citoyen ?
– Comment l'individu peut-il s'authentifier ?
– Ne faut-il pas envisager un bilan des droits et devoirs du citoyen en matière de vie privée ?

Les principaux enseignements du débat public

En réponse à ces grandes questions, le débat public organisé par le Forum des droits sur l'internet a apporté les sept enseignements qui suivent :
1) La mise en place de l'administration électronique est accueillie favorablement même si le projet de « portail personnalisé » reste encore mal appréhendé par les citoyens.
2) Les inégalités d'accès et d'utilisation de l'internet, ainsi que les besoins en formation à l'outil internet sont au centre des préoccupations.
3) Un véritable pacte de confiance doit s'instaurer entre l'administration et les citoyens pour que l'utilisation par ceux-ci d'un service administratif personnalisé soit effective. Un tel pacte peut être à l'origine d'un certain nombre de réformes de l'administration.
4) Les citoyens attendent de l'administration en ligne et particulièrement d'un portail personnalisé qu'il leur offre des prestations dont la qualité doit soutenir la comparaison avec celles des grandes entreprises.
5) Les collectivités locales doivent trouver leur place dans la mise en œuvre d'un portail personnalisé d'accès à l'administration.
6) La perspective d'un portail personnalisé en ligne incite à une relecture des principes classiques de protection des données personnelles.
7) Les solutions techniques d'identification et de sécurisation possibles restent

floues aux yeux du public, à l'exception de la carte à puce dont il est plus familier.

1. – La mise en place de l'administration électronique est accueillie favorablement même si le projet de « portail personnalisé » reste encore mal appréhendé par les citoyens.

1.1. **La perspective de faire leurs démarches administratives en ligne a été bien accueillie par les citoyens,** comme porteur de gain de temps et de simplification dans les relations administratives.

◼ Ceci confirme les résultats d'un sondage que le Forum des droits sur l'internet a commandé à la SOFRES en septembre 2002 (« Les attentes des Français en matière de démarches administratives sur internet » – www.foruminternet.org).Il en ressort que 48 % des Français sont favorables aux démarches administratives en ligne. Pour eux internet est synonyme de gain de temps et de déplacement, de rapidité dans le traitement de leur dossier et de services nouveaux. internet doit simplifier la vie. En outre, ils souhaitent de réels services interactifs entièrement en ligne et pas un simple téléchargement de formulaires. Ils sont même ouverts aux services en ligne les plus avancés que sont la carte d'identité électronique (73 % des Français) ou le compte administratif personnalisé (79 %) qui permettrait de faire l'ensemble de leurs démarches sur internet et de suivre l'évolution de leur dossier administratif.

◼ D'autres sondages témoignent également du fait que l'acceptabilité des technologies de l'information et de la communication croît. Le sondage Cap Gemini Ernst & Young/SOFRES de juin 2002 précise que l'administration en ligne fait déjà partie de l'univers des internautes (74 % d'entre eux ont déjà consulté un site internet administratif) et qu'il est considéré comme étant un outil de simplification des démarches et de proximité entre l'administration et les usagers. De même, un récent sondage Taylor Nelson Sofres (novembre 2002) qui dresse un panorama du « e-gouvernement » dans le monde, montre que les internautes français fréquentent de plus en plus les sites des services publics, au point de devancer leurs homologues espagnols, allemands, italiens et britanniques.

1.2. Cependant, même si l'administration électronique bénéfice d'un *a priori* favorable, le débat public a également montré que, **pour beaucoup, la mise en place d'un portail personnalisé sur l'internet reste difficile à appréhender.**

◼ De nombreux intervenants ont considéré que la mise en place d'un portail personnalisé relevait d'un projet lointain et un peu obscur. Alors qu'une partie de la population a déjà des difficultés pour gérer ses démarches administratives sous forme traditionnelle, que la grande majorité des Français n'utilisent pas l'internet ou n'en a même pas l'accès (moins de 10 millions de Français disposent d'un compte individuel d'accès à l'internet) et qu'ils sont peu, voire pas du tout, au courant des démarches administratives déjà proposées en ligne, un tel débat reste, dans l'opinion, du ressort des spécialistes.

◼ En tout état de cause, beaucoup se sont exprimés en faveur d'un portail accessible sur la base du **volontariat**, laissant à chacun la possibilité d'y faire figurer les informations en provenance de tel ou tel service et de s'en retirer à tout moment. Ce souci de volontariat et de **réversibilité** va de pair avec celui de rappeler que cette nouvelle forme d'accès à l'administration ne doit pas supprimer les canaux d'accès traditionnels (guichet, téléphone...).

1.3. De façon générale, il a clairement été montré **qu'il existe une diversité dans les attentes par rapport à un portail personnalisé et que celles-ci renvoient à un débat de fond sur les besoins des citoyens dans la société.**

■ Certains souhaitent gérer eux-mêmes leurs données personnelles. À ce titre, ils estiment que la mise en place d'un portail unique n'est envisageable que si elle s'accompagne d'une possibilité individuelle de contrôle absolu sur les données personnelles. Ces individus préfèrent souvent segmenter leurs différentes identités et ne souhaitent pas profiter de l'informatique pour les unifier. Ce groupe d'individus est prêt à investir du temps, voire de l'argent, pour exercer lui-même le contrôle. À la limite, une telle attitude pourrait rejoindre celle des « *cyberlibertariens* » américains qui souhaitent construire un monde où tout est secret et codé.

■ À l'inverse, beaucoup d'usagers font *a priori* confiance à l'État pour gérer leurs données personnelles et préfèrent bénéficier d'un service rendu sous réserve, bien sûr, que l'État n'en profite pas pour s'ériger en « *Big Brother* ». De façon générale, ils ne souhaitent pas assumer toute la tâche de contrôle et, au nom du confort de leur vie quotidienne, s'en remettent à un tiers, en l'occurrence l'État, pour assurer celle-ci.

2. – Les inégalités d'accès et d'utilisation de l'internet, ainsi que les besoins en formation à l'outil internet sont au centre des préoccupations.

Une des préoccupations qui a été constamment exprimée par les participants aux débats est que cette nouvelle administration électronique ne profite qu'à certains : les « branchés éduqués ». Pour beaucoup, un facteur déterminant de succès du portail personnalisé est de s'assurer que les citoyens, dans leur ensemble, pourront en avoir effectivement l'accès. **Cet accès doit être assuré tant au niveau des infrastructures qu'au niveau de la maîtrise des usages de l'internet.**

Le sondage Forum des droits sur l'internet/SOFRES de septembre 2002, confirme cette préoccupation puisqu'il y apparaît que les Français qui utilisent le plus souvent l'internet font partie de la tranche d'âge 18-34 ans, sont urbains et sont pour la plupart des cadres ou des classes moyennes salariées. Le sondage montre également que les principaux obstacles relèvent du rapport global à l'internet – manque général d'un accès à l'internet (40 %), ou méconnaissance de son fonctionnement (28 %) – plus que de réticences spécifiques par rapport aux services administratifs en ligne.

2.1. En matière d'équipement, si tous les usagers qui le souhaitent peuvent se raccorder à internet, il existe néanmoins des inégalités dans l'accès au réseau haut débit. Ainsi, moins de 10 % des communes de plus de 800 habitants bénéficient du haut débit (câble, ADSL) alors que 100 % des villes de plus de 100 000 habitants et près de 80 % de celles de plus de 30 000 habitants ont accès à l'internet de cette façon [81].

2.2. L'internet est un nouvel espace de société qui dispose de règles et d'usages qu'il est nécessaire de connaître. Cette appropriation d'une « culture internet » passe par

---

[81] Étude menée en 2001 par Dexia-Crédit local sur le niveau d'équipement des collectivités locales en TIC.

une **sensibilisation aux enjeux et aux usages** de cet outil et donc par un effort de formation tant vis-à-vis des usagers eux-mêmes que des décideurs publics, notamment locaux. Lors des débats, il est apparu que ces derniers sont souvent trop peu formés ou même sensibilisés à la problématique de l'internet ce qui rend plus difficile pour eux de répondre attentes des usagers [82].

2.3. Le rôle des espaces publics numériques ou des points d'accès publics dans la formation et la sensibilisation des citoyens a également été souligné. Pour beaucoup, ces lieux jouent un rôle clé pour une appropriation citoyenne de l'outil internet car ce sont souvent les seuls endroits où l'usager peut avoir un accès à ce média. Certains ont souhaité que les points d'accès publics, actuellement en crise du fait de la problématique des emplois-jeunes, soient pérennisés et étendus à tous les quartiers.

De façon générale, beaucoup se sont exprimés en faveur de la multiplication de lieux ou de fonctions « d'accompagnement à l'usage des téléprocédures », lesquels pourraient être assurés par la puissance publique ou par des associations, voire des individus sur le modèle des « écrivains publics ».

3. – Un véritable pacte de confiance doit s'instaurer entre l'administration et les citoyens pour que l'utilisation par ceux-ci d'un service administratif personnalisé soit effective. Un tel pacte peut être à l'origine d'un certain nombre de réformes de l'administration.

3.1. Il semble que le manque de confiance des citoyens vis-à-vis de l'internet soit un des obstacles à un développement harmonieux de l'administration électronique.

Ce constat émane tout autant du débat public itinérant que du sondage que le Forum des droits sur l'internet a commandé à la SOFRES en septembre 2002. Même s'il ressort de ce sondage que 48 % des Français sont favorables aux démarches administratives en ligne, il apparaît que 11 % des usagers n'ont pas confiance quant à la sécurisation de la démarche.

3.2. À l'issue du débat public, il peut être affirmé que ces réticences pourraient être levées et que l'on pourrait passer d'une **logique de défiance à une logique de confiance** si l'administration électronique favorise l'apparition de certains changements dans les relations administration-usager :

■ Tout d'abord, les services proposés doivent effectivement représenter un réel bénéfice pour l'usager, une réelle simplification dans les rapports qu'il peut avoir avec l'administration ainsi qu'une meilleure efficacité dans le traitement de ses dossiers (gain de temps, de déplacement, suivi...) [83]. Cette amélioration de « la qualité de

---

[82] À cet effet, le Forum des droits sur l'internet dont l'une des missions est d'informer le public sur les questions de droit et de société liées à l'internet, a publié un guide destiné aux décideurs publics chargés de mettre en place des téléprocédures. Ce guide pratique a pour objectif de les éclairer sur les enjeux juridiques et opérationnels liés à la mise en place d'une téléprocédure en leur fournissant un « kit juridique » guide disponible sur le site www.foruminternet.org

[83] Ceci confirme d'ailleurs les résultats du sondage que le Forum des droits sur l'internet a commandé à la SOFRES en septembre 2002 : pour les Français, l'intérêt des démarches administratives en ligne réside dans le fait qu'elles procurent un gain de temps et de déplacement (76 %) et permettent de suivre l'état d'avancement d'un dossier (33 %) ou encore permettent de traiter plus rapidement un dossier (29 %).

service » devrait également se manifester sur les canaux plus traditionnels de relation entre l'administration et les usagers (guichet, téléphone).

■ Les services proposés doivent être totalement sécurisés et prévoir le risque de dysfonctionnements. **L'administration doit être prête à traiter rapidement et avec bienveillance les réclamations individuelles liées à des incidents** techniques dus à l'indisponibilité du serveur ou encore à l'utilisation de formulaires obsolètes maintenus en ligne par erreur sur un site public.

■ De **nouveaux services doivent être proposés aux citoyens afin d'augmenter la transparence** dans le fonctionnement de l'administration :
– service de suivi de l'état d'avancement des demandes auprès de l'administration ;
– accès permanent des usagers à leur dossier administratif ;
– possibilité de maîtriser ses données personnelles (*cf.* 6.4).

De façon générale, il a été exprimé au cours des débats l'idée que l'administration devait désormais afficher clairement ce qu'elle faisait, quand et comment.

■ Enfin, pour beaucoup, ce pacte de confiance doit aller de pair avec une réduction des contraintes imposées à l'usager. À cet égard, une des suggestions qui a été faite est de diminuer les exigences en termes de pièces justificatives à fournir. L'instauration de la confiance pourrait passer par une **généralisation des déclarations sur l'honneur**. À l'instar de ce qui est déjà admis pour les pièces justificatives ouvrant droit à certaines réductions d'impôts [84], le citoyen serait ainsi dispensé de les fournir systématiquement mais serait tenu de les garder en cas de contrôle ultérieur.

4. – Les citoyens attendent de l'administration en ligne et particulièrement d'un portail personnalisé qu'il leur offre des prestations dont la qualité doit soutenir la comparaison avec celles des grandes entreprises.

La mise en place d'un portail personnalisé doit, selon la majorité de ceux qui se sont exprimés lors du débat public, répondre à la logique des besoins des usagers et non de ceux de l'administration.

4.1. En effet, les citoyens, dans leur majorité, aspirent à recevoir, grâce à l'internet, de meilleurs services de la part de l'administration et des collectivités. Ils sont sensibles à différents critères (délais, simplification des démarches, suivi des dossiers, connaissance des interlocuteurs, personnalisation, transparence...) et ont certaines exigences (paiement simplifié et totalement sécurisé...).

■ En définitive, ils ont une approche pragmatique et attendent de l'administration un véritable service rendu. Ce faisant, **ils se placent en tant qu'« usagers-clients »** et

---

[84] La loi de finances pour 2002 a dispensé les internautes qui télédéclarent leurs revenus de produire des justificatifs de dons aux œuvres et aux de cotisations syndicales. Il convient de noter que le Conseil constitutionnel (DC n° 2001-456 du 27 décembre 2001), se prononçant sur cette disposition de la loi de finances, a estimé que dans le cadre de la transmission de déclaration de revenus par voie électronique, le fait de ne pas avoir à joindre de pièces justificatives ouvrant droit à une réduction d'impôts n'est pas de nature à entacher la procédure car elle a *« pour simple objet de favoriser la déclaration des revenus par voie électronique »* et n'est de plus pas contraire au principe d'égalité car elle *« ne dispense pas de la production de ces pièces lors d'un contrôle fiscal ultérieur »*.

avancent des exigences de services et de niveau de satisfaction que les administrations ou les collectivités n'ont pas l'habitude de connaître et ne sont pas toujours en mesure de traiter. Il est d'ailleurs intéressant de noter que certaines administrations ont déjà « sauté le pas » et, comme l'Irlande avec les services du *Public Services Broker,* elles emploient le terme de « *customer* » et non plus de « *citizen* » pour décrire les nouvelles relations administration-usagers.

■ Une des conséquences de ce changement d'approche est que les usagers semblent souhaiter que les téléservices soient organisés par thématiques (emploi, naissance, déménagement, etc.) plutôt que par secteurs administratifs (impôts, sécurité sociale, allocations familiales...) comme c'est largement le cas aujourd'hui. On passerait ainsi d'une logique de l'offre à une logique de la demande. Beaucoup d'intervenants considèrent que ces deux logiques doivent coexister et, donc, que des sites sectoriels par administration et un portail généraliste organisé par nature de besoins, doivent s'articuler.

4.2. Certains ont exprimé la crainte que l'administration ne soit pas capable de développer une offre compétitive aussi vite que le plan de généralisation des téléservices d'ici 2005 ne le prévoit et que les délais de déploiement ne favorisent la diffusion de services issus du secteur privé. De grandes sociétés informatiques ou de services proposent en effet déjà des solutions permettant à un individu de gérer ses données personnelles en ligne pour l'ensemble de ses achats. **Il y a donc urgence à ce que la sphère publique détermine assez vite sa stratégie et ses priorités en matière d'administration électronique** au risque de voir des pans entiers de ce secteur piloter par le secteur privé.

4.3. De façon générale, le partage des tâches entre le secteur public et le secteur privé dans la construction de l'administration en ligne a suscité de nombreuses interrogations : beaucoup redoutent une privatisation « rampante » de l'État et une remise en cause consécutive des exigences de service public. Cependant, il a été noté que, même s'il est possible pour l'administration de recourir à des prestataires privés, cela ne signifie pas pour autant, compte tenu des règles du droit administratif, que la prestation du service public lui-même serait déléguée, à la différence du modèle irlandais [85]. Cette situation semble convenir au citoyen puisqu'il a été constamment affirmé au cours des débats que l'administration en ligne devait effectivement rester le fait de la puissance publique.

5. – Les collectivités locales doivent trouver leur place dans la mise en œuvre d'un portail personnalisé d'accès à l'administration.

La question concerne l'articulation entre les services en ligne nationaux et locaux de façon générale et, en particulier, le dispositif à mettre en place pour le portail personnalisé.

---

[85] Il est intéressant de noter que dans un pays comme l'Irlande les services du *Public Services Broker* emploient le terme de « *customer* » et non plus de « *citizen* » pour décrire les nouvelles relations administration-usagers qu'ils veulent mettre en place. Leur perception est que l'usager a des besoins de clients et qu'à ce titre les services proposés mettre le client au centre du dispositif (« customer-centric »). Il convient dès lors d'assurer un niveau de confiance maximum tant dans la sécurité des transactions que dans la protection des données personnelles (pour ce faire, le « customer » détient notamment une clé privée).

5.1. En premier lieu, il a été remarqué que l'offre des services administratifs en ligne l'administration en ligne provient principalement des grands services d'envergure nationale et que les collectivités locales sont encore peu présentes en ligne : seulement 5 % des communes ont un site internet lequel n'est, la plupart du temps, qu'un site vitrine statique et elles ne sont, de fait, que 1 % à utiliser l'internet de manière interactive [86].

Dans un tel contexte, les collectivités locales ont une perception assez imprécise et plutôt négative de ce que pourrait être un portail personnalisé : comme certains citoyens, elles imaginent des bases de données centralisées en un point unique ce qui leur fait peur.

5.2. Il a été reconnu au cours des débats qu'un portail national ne saurait se substituer aux portails locaux et donc qu'une articulation était à prévoir entre eux, pour au moins trois raisons :

■ Tout d'abord, offrir une offre globale (services nationaux et services locaux – les seconds renvoyant par des liens hypertextes aux premiers) et assurer ainsi un **continuum de service** dans toute la sphère publique

■ Ensuite, répondre au **besoin de proximité** des individus, le local étant considéré comme le niveau privilégié de dialogue et d'intervention, celui que l'on connaît et qui inspire la confiance : dans beaucoup de petites communes, les mairies sont les véritables maisons du service public ; pour bonne partie de la population, elles sont en fait le point d'accès à toutes les administrations.

■ Enfin, pour certains, cette **offre de proximité est politiquement justifiée**, un guichet unique et exclusif de l'administration électronique ne permettant pas de maintenir les différents leviers et niveaux de la démocratie.

5.3. Des responsables locaux ont émis **un certain nombre de suggestions pour que des portails locaux se mettent en place :**

Tout d'abord, un tel portail ne sera accepté que si subsistent parallèlement d'autres formes d'accès avec leurs administrés (contact personnel, courrier postal...)

■ Ensuite, un véritable effort de formation, tant des élus locaux que des agents, doit être assuré afin de leur apprendre la maîtrise de ce nouvel outil, assurer une évolution de la nature même de leurs responsabilités....

■ L'insertion des téléservices locaux dans l'offre de l'administration en ligne doit faire l'objet d'**expérimentations** dans quelques collectivités locales pilotes. Les bonnes pratiques qui émergeront devront être mutualisées entre collectivités locales.

■ Enfin, il a été suggéré un changement de culture au sein des collectivités locales : tant que ces dernières n'auront pas adopté une politique volontariste en matière d'investissement dans les NTIC, en décidant de donner la priorité à leur équipement informatique par rapport à d'autres investissements, la mise en place d'un portail local posera un problème de financement. À ce titre, il a été suggéré que les

---

[86] Ces données sont issues d'un audit réalisé en 2001 sur l'ensemble des sites internet municipaux par la société Troover.

212

collectivités locales puissent bénéficier **dans ce domaine d'aides de l'État ou que se mette en place une forme de péréquation entre collectivités locales.**

6. – La perspective d'un portail personnalisé en ligne incite à une relecture des principes classiques de protection des données personnelles.

6.1. Une grande partie du débat public itinérant témoigne de la coexistence d'aspirations contradictoires au sein du public : la recherche de simplification de l'administration d'une part, qui incite à la mise en place de services intégrés pour la gestion des démarches en ligne, et la demande de protection de la vie privée d'autre part, qui s'accommode fort bien de systèmes d'information administratifs éclatés, même au prix d'un éparpillement des services et d'une multiplication des identifiants administratifs.

6.2. De façon générale, et même si des bénéfices d'un service personnalisé en ligne sont attendus, il a tout d'abord été remarqué que **les inquiétudes vis-à-vis de la protection de la vie privée dans l'administration électronique doivent être replacées dans une perspective globale de protection des données personnelles sur l'internet.** L'administration électronique en tant que telle ne fait pas plus peur qu'une entreprise et les craintes qui s'expriment illustrent davantage une réticence générale à l'égard d'internet qu'une peur particulière à l'égard d'une administration modernisée et tentaculaire.

6.3. Il a été noté que **la mise en place d'un portail personnalisé ne doit pas être l'occasion d'instaurer un identifiant unique.**

L'identifiant unique reste un « tabou » aux yeux des citoyens et beaucoup y voit l'occasion qu'apparaisse une sorte de « *Big Brother* ». Dès lors, un portail administratif personnalisé ne peut être envisagé que comme une passerelle vers des systèmes d'information qui resteraient cloisonnés. Selon une telle approche, chaque usager conserverait une pluralité de relations avec les administrations et donc d'identifiants administratifs (*cf.* le 7e enseignement de la présente synthèse qui traite de l'identification sur le portail).

6.4. Cependant, et même si les grands principes de la loi Informatique et liberté ont été rappelés, il a été remarqué que **ces principes devaient être relus à l'aune d'une réalité nouvelle et prendre ainsi en compte les notions de dialogue entre administrations et de maîtrise des données personnelles.**

■ Pour la Commission nationale de l'informatique et des libertés (CNIL), les choix à faire dans ce domaine reposent sur le principe de finalité qui veut que les données personnelles d'un particulier ne puissent être collectées par une administration que pour une finalité précise. Ce principe limite strictement les circulations d'information entre fichiers administratifs en veillant à ce qu'il n'y ait pas d'interconnexions illégales ou injustifiées de fichiers. On ne peut déroger à ce principe que de manière exceptionnelle. Ainsi, une administration ne peut communiquer des informations à une autre que si le transfert est prévu et encadré par la loi et dans le cadre d'objectifs limitativement définis. Ces dérogations sont soumises au contrôle de la CNIL.

■ La plupart des intervenants constatent cependant qu'une évolution commence à se dessiner par rapport au contexte des années 70 marqué par la défiance réciproque entre l'État et le citoyen : la menace sur la vie privée ne semble plus venir prioritairement des grands fichiers publics lesquels sont strictement encadrés par la loi de 1978 mais de la multiplicité des fichiers privés dont le contrôle est inégal. En outre, de nombreux droits ont été reconnus au citoyen dans ses relations avec l'administration (droit des malades...) qui visent à un rééquilibrage de leur relation. Dans ces conditions, **ils souhaitent une évolution des principes traditionnels qui entourent la protection de la vie privée vers plus de souplesse et de personnalisation.**

◾ Concernant **le principe du dialogue entre administrations.**

Certains intervenants ont prôné un changement radical de politique pour la CNIL à l'instar des autorités belges ou irlandaises qui souhaitent autoriser les interconnexions afin d'offrir un meilleur service à l'usager en évitant, notamment, que ce dernier ne doive s'adresser à de multiples interlocuteurs.

Cependant, cette position reste minoritaire.

Pour répondre à cette préoccupation, lors des débats, certains se sont exprimés en faveur d'une possibilité de « **dialogue** » **entre les administrations**, souhaitant qu'elles puissent communiquer entre elles pour rechercher ponctuellement et de façon encadrée des informations sur un individu et qu'une telle pratique ne pas constitue pas une interconnexion de fichier.

◾ Concernant **la reconnaissance d'un véritable droit de propriété sur les données personnelles.**

Pour quelques-uns, **il faudrait affirmer, au titre des droits numériques, l'existence d'un droit à la propriété de ses données personnelles**. Cette approche est fort controversée car elle se heurte à la réalité qui fait qu'un individu ne peut, par exemple, s'opposer à son inscription dans un fichier public le concernant.

◾ Concernant **la maîtrise de ses données personnelles.**

De façon générale, le débat public a permis de voir se dessiner une aspiration croissante des personnes à maîtriser l'usage qui est fait de leurs données, que ce soit pour en interdire le traitement ou pour en permettre au contraire la communication entre deux entités. Plutôt que de parler de protection des données, les individus revendiquent la notion de maîtrise de leurs données et ceci comme droit au respect de leur dignité. Il a été suggéré que cette aspiration nouvelle puisse être réellement intégrée par l'administration en ligne à travers, par exemple, une meilleure prise en compte du droit d'accès et du droit de rectification (simplification, rapidité, engagements dans les délais de réponses...). Certains revendiquent même la signature d'un « **contrat** » **de vie privée** avec l'État fixant les obligations et devoirs réciproques de chacun.

7. – Les solutions techniques d'identification et de sécurisation possibles restent floues aux yeux du public, à l'exception de la carte à puce dont il est plus familier.

7.1. Il a été souvent noté que l'éventuel usage d'une carte électronique (utilisant la carte à puce), comme moyen d'identification serait ce qui conviendrait le mieux car les usagers sont déjà familiers de ce type d'outil (carte de paiement, carte Vitale...). Certains pays européens ont d'ailleurs choisi la carte électronique sécurisée comme mode d'identification auprès de l'administration (Belgique, Finlande, Italie...).

Cette carte à puce pourrait être la carte de vie quotidienne que le Gouvernement envisage de développer pour améliorer l'accès des citoyens à l'administration ou être également une version électronique de la carte d'identité (projet du ministère de l'Intérieur). Le sondage Forum des droits sur l'internet/SOFRES a d'ailleurs montré que 73 % des Français étaient favorables à ce que l'État leur délivre une carte électronique qui leur permettrait notamment d'effectuer leurs démarches administratives par l'internet (identification, signature, paiement en ligne).

7.2. Dans cette optique, il a notamment été proposé que l'identification de l'usager par le biais de la carte électronique se fasse en deux temps.

Tout d'abord, il disposerait d'un seul numéro pour accéder au portail et s'identifier ainsi en amont de ses démarches, ensuite il disposerait d'un identifiant et d'un mot de passe différent pour chaque sphère administrative.

Il a également été proposé, puisque la réussite de l'administration électronique passe par une fiabilité maximale, que les usagers puissent signer électroniquement. Ces cartes pourraient donc être des cartes de signature électronique.

7.3. En ce qui concerne la distribution de la carte, il a été avancé que les collectivités locales ont un rôle important à jouer. Pour certains, elles sont les seuls acteurs qui aient à la fois les garanties professionnelles et la proximité avec la population pour distribuer des cartes électroniques à la population.

Il a cependant été souligné :

■ Que l'administration électronique ne devait en aucun cas conduire à augmenter les besoins d'authentification de l'individu par rapport à la vie réelle. La plupart du temps, l'emploi de procédure sécurisée (carte d'identité électronique, signature électronique) n'est que peu nécessaire. Lorsque l'administration s'adresse à des utilisateurs identifiés préalablement, il peut être plus simple de recourir, pour donner une valeur juridique aux échanges, à un mécanisme de convention de preuve plutôt qu'à un dispositif de signature électronique au moyen de la technologie PKI (cryptographie asymétrique). C'est le choix retenu pour la mise en place du dépôt en ligne des brevets auprès de l'Institut national de la propriété industrielle (INPI).

■ Que l'instauration d'une carte d'identité électronique engendrera un coût pour la collectivité ainsi que des problèmes d'accès et d'équipement (lecteurs de cartes) pour l'usager pour lequel s'ajoute la complexité de gérer une nouvelle carte. À cet égard, il convient de prévoir des solutions alternatives d'identification en cas de perte ou de vol de la carte.

■ Qu'il faut prendre en compte la rapidité du changement technologique dans les décisions qui seront prises. Certains ont fait remarquer que si l'on privilégie des solutions utilisant la technologie de carte à puce, on peut craindre qu'un tel choix n'isole la France de ceux qui utilisent la bande magnétique.

Dans le même temps, on peut se demander s'il n'y a pas un risque pour la puissance publique de se laisser imposer des solutions technologiques par le marché.

Enfin, il a été noté qu'une carte à puce pour l'accès aux services publics ne devrait pas être réservée qu'aux citoyens français ; une telle carte ne pourrait donc pas être exclusivement une carte d'identité électronique, mais devrait être plutôt une carte d'accès aux services de l'administration.

Annexes

Communiqué de presse du ministère de la Fonction publique
et de la Réforme de l'État lançant le débat public (26 février 2002).

Synthèse du « Livre blanc » *Administration électronique et protection des données personnelles.*

Compte rendu du forum en ligne organisé du 26 février 2002 au 29 mai 2002.

Compte rendu du débat organisé à Strasbourg le 12 juin 2002
(http ://www.foruminternet.org/activites_evenements/lire.phtml?id=21).

Compte rendu du débat organisé à Gluiras le 25 juin 2002
(http://www.foruminternet.org/activites_evenements/lire.phtml?id=24).

Compte rendu du débat organisé à Hourtin le 30 août 2002
(http://www.foruminternet.org/activites_evenements/lire.phtml?id=28).

Compte rendu du débat organisé à Grenoble le 23 octobre 2002
(http://www.foruminternet.org/activites_evenements/lire.phtml?id=33).

Compte rendu du débat organisé à Lille le 8 novembre 2002
(http://www.foruminternet.org/activites_evenements/lire.phtml?id=32).

Compte rendu du débat organisé à Issy-les-Moulineaux le 29 novembre 2002
(http://www.foruminternet.org/activites_evenements/lire.phtml?id=35).

Troisième partie

Les autres travaux du Forum des droits sur l'internet

Cadre juridique des liens hypertextes au regard de la propriété littéraire et artistique

Note intermédiaire publiée le 17 juin 2002

■ Pourquoi un groupe de travail sur les liens hypertextes ?

L'intérêt que les participants à la première consultation en ligne du Forum en mai 2001 ont manifesté au sujet des hyperliens a motivé la création d'un groupe de travail ayant pour objet de réfléchir sur les usages et les enjeux juridiques des liens hypertextes.

Ce groupe a été constitué au mois d'octobre 2001. Il réunit des personnalités du monde de l'université et du milieu judiciaire, des acteurs de l'internet – marchands et non-marchands – et des sociétés d'ayants droit. Il a tenu jusqu'à présent une douzaine de réunions au cours desquelles il a procédé à une vingtaine d'auditions (voir liste en annexe de la présentation du groupe de travail).

Il convient de mentionner que les conclusions du groupe doivent enrichir, avant 2003, les travaux de la Commission européenne. Celle-ci envisage, en effet, d'amender la directive 2000/31/CE « Commerce électronique », notamment au regard de la responsabilité des fournisseurs de liens d'hypertexte et de services de moteur de recherche.

■ Les constatations du groupe de travail

Le groupe de travail a été composé pour refléter la diversité des acteurs de l'internet. Au-delà des divergences entre ceux-ci, un large **consensus** s'est dégagé sur les points qui suivent :
1) les usages qui se sont développés sur l'internet – à savoir une culture de partage fondée sur un média universel permettant à tous les internautes connectés de s'échanger non seulement des contenus mais aussi une « visibilité » – amènent à considérer que l'hyperlien ne doit pas relever d'un cadre juridique risquant d'en contrarier les effets positifs : la créativité des internautes, la circulation de l'information à moindres coûts, la notion de partage... ;
2) le lien hypertexte constitue l'essence même du web. Qu'il soit défini comme un renvoi, une référence, un point de connexion ou encore un chemin d'accès, chaque lien participe au principe même de communication universel et multidirectionnel inhérent au fonctionnement de la toile ;
3) il existe différentes manières de lier et de présenter des ressources sur l'internet : les liens peuvent être simples, tel est le cas lorsqu'ils sont établis pour accéder directement à la page d'accueil d'un site ; ou profonds, lorsqu'ils pointent vers l'une des autres pages contenues dans un site. Un lien peut aussi permettre d'intégrer un contenu ou des éléments appartenant à un site tiers sur la ou les pages du site liant

(voir définitions). On parle alors d'inclusion par hyperlien ou de « *transclusion* » (terme employé par Ted Nelson lors de son audition). Or, il semble que l'appréhension juridique de l'hyperlien dépend en grande partie de la nature des liens répertoriés au sein des définitions ;

4) l'analyse juridique des liens hypertextes conduit à constater que certaines branches du droit sont plus particulièrement concernées par cette matière. Parmi celles-ci, et sans être exhaustif, on peut citer : le droit commun de la responsabilité, le droit de la propriété littéraire et artistique, le parasitisme, la concurrence déloyale, le droit de la concurrence, le droit *sui generis* sur les bases de données etc.

■ La méthode suivie par le groupe de travail

Le groupe a souhaité commencer sa réflexion sur le cadre juridique des liens hypertextes et de leurs usages sous l'angle de la propriété littéraire et artistique. Il a élaboré sur ce thème un **document intermédiaire** qui est mis en ligne à compter du 17 juin 2002 afin de recueillir les réactions et propositions des internautes. Une synthèse des débats sera soumise au groupe de travail qui poursuit parallèlement ses travaux sur les autres branches du droit concernées.

Introduction

L'enjeu se définit en ces termes : le responsable d'un site qui voudrait établir un lien vers une ressource contenue dans un autre site doit-il solliciter une autorisation auprès des ayants droit sur le fondement des articles L. 122-2 (droit de représentation) ou L. 122-3 (droit de reproduction) du Code de la propriété intellectuelle ?

Différentes positions ont été défendues lors des travaux du groupe. Elles peuvent être regroupées autour de deux axes : le premier qui considère qu'une autorisation est nécessaire pour établir des liens hypertextes (I) ; la seconde qui privilégie le principe d'une liberté de lier (II).

À noter : la question de l'application du droit moral – droit destiné à protéger les intérêts non patrimoniaux de l'auteur (droit à la paternité de l'œuvre, droit au respect de l'intégrité de l'œuvre, droit de divulgation...) – et du droit *sui generis* des bases de données aux liens hypertextes n'a pas été abordée dans ce premier volet de réflexion.

I. – L'interprétation selon laquelle une autorisation est nécessaire pour établir un lien hypertexte

Les droits patrimoniaux sur l'œuvre sont une des composantes du droit d'auteur. Ils ont pour objet, à l'occasion de l'autorisation de représentation ou de reproduction de l'œuvre, de protéger les intérêts économiques du créateur d'une œuvre ou de ses ayants droit (cessionnaires, héritiers...) ainsi que des titulaires de droits voisins.

Certains membres du groupe de travail ont évoqué la thèse selon laquelle l'établissement d'un lien hypertexte vers un site ou une ressource peut constituer un acte de représentation, ou donner lieu à la mise en œuvre du droit de reproduction. Dans les deux cas, une autorisation serait nécessaire.

Cette position va dans le sens d'une défense des intérêts, notamment pécuniaires, des auteurs et des titulaires de droits voisins qui désirent contrôler l'utilisation qui est faite de l'œuvre à laquelle ils ont concouru. Il s'agit de percevoir des droits sur l'exploitation, par le biais de liens hypertextes, de l'œuvre diffusées sur l'internet ou, le cas échéant, d'interdire ce type d'exploitation. L'exemple a notamment été donné d'un portail établissant des liens simples ou profonds vers des webradios : ces liens seraient installés pour permettre une exploitation économique.

A. – La nécessité d'une autorisation dans le cas de la représentation

Selon le Code de la propriété intellectuelle, la représentation consiste dans la communication de l'œuvre au public par un procédé quelconque (art. L. 122-2). Les illustrations de cette définition (récitation publique, télédiffusion...), sont susceptibles d'interprétation et d'application diverses.

Ainsi, à l'appui de la thèse de la nécessité d'une autorisation, il a été fait état dans le groupe de travail de la jurisprudence qui considère que l'hôtelier qui met à la disposition de ses clients, dans les chambres d'hôtel occupées à titre privé, des récepteurs de télévision reliés par câble aux programmes diffusés par satellite, procède à une communication des œuvres télédiffusées à un public, acte d'exploitation relevant du droit d'auteur (arrêt de la première chambre civile de la Cour de Cassation du 6 avril 1994, *Société Cable New Network et a. contre société Novotel Paris-Les Halles*) et nécessitant ainsi l'autorisation par le titulaire des droits. Par ailleurs, la cour d'appel de renvoi (CA Paris 20 septembre 1995) a disposé que « *le seul fait de procurer (aux) clients la possibilité de recevoir* [ces programmes] *constitue la communication donnant lieu à la perception du droit de représentation* ».

Par analogie, il a été suggéré qu'un site web, qui permet, à ses visiteurs – fussent-ils connectés à partir de leurs domiciles privés – d'accéder à des contenus en ligne grâce à des liens hypertextes, procède, de la même manière que l'hôtelier, à un acte de communication au public.

Il faut donc réfléchir à la pertinence de cette analogie et le groupe de travail est très preneur des analyses que les internautes pourraient proposer sur cette question.

B. – L'autorisation de reproduction sur le disque dur de l'internaute

À l'appui de la thèse de l'application de la législation sur la propriété littéraire et artistique, des membres du groupe considèrent que l'autorisation de reproduction serait requise de la part des ayants droit pour la raison suivante : celui qui établit un lien hypertexte vers un autre site autorise ses visiteurs à en reproduire le contenu. Dans ces conditions, celui qui clique sur un lien hypertexte est amené à reproduire sur le disque dur de son ordinateur le contenu du site vers lequel il a été dirigé.

Cette approche tend ainsi à soutenir que l'opération technique consistant à utiliser un lien hypertexte pour amener sur son disque dur une ressource contenue dans un autre site est un acte de reproduction.

II. – L'interprétation tendant à limiter l'autorisation des ayants droit pour établir un lien hypertexte

Une majorité des membres du groupe de travail a considéré que devait prévaloir la liberté de lier, c'est-à-dire qu'une autorisation des ayants droit ne serait pas nécessairement requise – sauf à constater une exploitation abusive du lien hypertexte – pour l'établissement des liens simples ou profonds.

Sensible aux intérêts légitimes des ayants droit, cette majorité n'en a pas moins considéré que les droits d'auteur pouvaient être exercés, dans certaines limites cependant.

En effet, il a été remarqué que les créateurs et leurs ayants droit qui voudraient se prémunir contre une exploitation économique abusive de leurs œuvres par l'intermédiaire de liens hypertextes simples ou profonds, pouvaient recourir à d'autres outils juridiques que la propriété littéraire et artistique. Celle-ci n'offre d'ailleurs que des possibilités d'action très cantonnées puisque ne concernant, par définition, que la représentation ou la reproduction d'une œuvre. Ainsi, des législations telles le droit *sui generis* des bases de données, le droit des marques ou encore la concurrence déloyale et le parasitisme en application de la responsabilité civile délictuelle, offrent des solutions juridiques larges, variées et protectrices des intérêts des ayants droit, au côté du droit de la propriété intellectuelle.

A. – L'autorisation de représentation est justifiée lorsque l'accès au site est à accès conditionnel

En raison du mode de fonctionnement de l'internet, la personne qui met en ligne des contenus mais ne prévoit pas de dispositif technique particulier pour y accéder (clé d'accès) doit s'attendre à ce qu'un public indéterminé visite son site sans avoir besoin d'une quelconque autorisation.

Or, on peut accéder à un site de différentes manières : soit en inscrivant directement l'URL du site dans la barre d'adresse du logiciel de navigation, soit par l'intermédiaire de liens fournis par un moteur ou un annuaire de recherche ou tout autre site ayant établi de tels liens.

Une majorité des membres du groupe de travail ont ainsi estimé que le lien hypertexte faisait partie intégrante du procédé de communication d'une œuvre au public ayant été mise en ligne sur l'internet, dès lors qu'aucune limitation d'accès n'a été prévue par son auteur.

Ainsi, chaque lien hypertexte effectué vers un site participe de la divulgation de l'œuvre, celle-là même qui a été voulue par l'auteur lors de la mise en ligne de son œuvre.

Par ailleurs, l'application aux liens hypertextes du principe posé par l'arrêt précité de la Cour de Cassation du 6 avril 1994 s'est heurté à un certain scepticisme. L'analogie effectuée entre la mise à disposition de postes de télévision, constituant des terminaux d'information, et la fourniture de liens hypertextes, constituant des points de connexions entre différentes ressources, est apparue contestable, le web ne pouvant être assimilé à un réseau câblé.

B. – La question de l'autorisation de reproduction ne se pose pas

Selon la majorité du groupe de travail, la question de la mise en œuvre du droit de reproduction lors de la consultation d'un site ne se pose même pas.

On ne voit pas comment, en droit, on pourrait considérer l'auteur d'un hyperlien comme contrefacteur pour la consultation du site lié, dès lors que la reproduction dans la mémoire cache de l'ordinateur de l'utilisateur est inhérente à la consultation des contenus disponibles sur l'internet.

Pour clarifier cette assertion, le groupe a demandé à Antoine Drochon (de l'association Vivre le Net) une démonstration devant le groupe de travail. Le groupe de travail a pu constater, au regard de cette démonstration, qu'aucun acte de reproduction n'est effectué sur le serveur du site qui fournit le lien hypertexte. La reproduction se fait sur le disque dur de l'internaute qui vient chercher l'information sur le disque dur du site lié. Le site liant n'agit donc que comme une passerelle permettant la fixation des contenus. Le raisonnement consistant à assimiler le site liant à un appareil permettant un acte de reprographie au sens de l'article L. 122-10 du Code de la propriété intellectuelle (loi n° 95-4 du 3 janvier 1995) serait donc erroné.

Peut-on néanmoins considérer que la personne qui effectue un lien vers un site devient responsable de la reproduction effectuée sur le disque dur de l'internaute ayant cliqué sur ce lien se rendant ainsi coupable de contrefaçon au regard du droit de reproduction ? La réponse est négative si on en revient à l'autorisation de départ, celle de pouvoir reproduire le contenu du site mis en ligne, donné à un public indéterminé. Le fournisseur du lien ne constitue, dans ce cadre, qu'un intermédiaire dans l'acheminement de l'information vers ce public.

Conclusion : les trois scénarios envisageables

Le Forum constate que les discussions n'ont pas permis d'obtenir un plein consensus sur l'autorisation en matière de propriété littéraire et artistique, même si une majorité des membres du groupe s'est prononcée en faveur de la nécessité de préserver une liberté de lier.

Dans la perspective d'établir un équilibre entre les divers intérêts en présence, le Forum a envisagé trois voies de solutions sur lesquels il invite les internautes à faire part de leurs réflexions, de leurs analyses et de leurs suggestions :

1) Première hypothèse : le lien relève du régime d'autorisation dans le cadre du droit de représentation.

Cette hypothèse consiste à soutenir que le droit de représentation est mis en œuvre par tout lien hypertexte.

Dans le but de préserver la liberté de lier, cette hypothèse nous invite à prévoir une **nouvelle exception** au droit d'autoriser la représentation dans le Code de la propriété intellectuelle (art. L. 122-5), exception qui serait assortie d'un certain nombre de conditions visant à prévenir toute appropriation de contenus par liens hypertextes.

2) Deuxième hypothèse : le lien ne relève pas du régime d'autorisation.

C'est l'opinion majoritaire au sein du groupe et qui a été exprimée de la façon suivante :

Le lien, en tant que tel, ne constitue pas une mise à disposition de contenus. Il est avant tout un chemin d'accès vers celui-ci. Cette nature le fait échapper au champ de la propriété littéraire et artistique.

Ce n'est que si ce chemin conduit, par l'utilisation qui est faite de l'hyperlien, à une appropriation significative de ressources protégées mettant en jeu les intérêts patrimoniaux d'ayants droit, qu'il peut relever du régime d'autorisation prévue par l'article L. 122-4.

3) Troisième hypothèse : définition d'une déontologie des liens.

Le Forum ne peut trancher sur le fait de savoir si l'hyperlien relève en tant que tel du droit de représentation. Il recommande simplement aux responsables d'un service de communication en ligne :

1) d'éviter d'établir des hyperliens vers les pages ou ressources des sites ayant clairement manifesté leur refus dans leurs conditions d'utilisation ou sur les pages web qu'ils refuseraient de voir liées ;

2) de prévenir, en conformité avec la Netiquette, le titulaire du site vers lequel il tisse un ou plusieurs lien (s) et de lui demander s'il accepte l'établissement de ce (s) lien (s) ;

3) de retirer le lien si tel est le souhait exprimé par le titulaire du site lié ;

4) de respecter les conditions de présentation que le titulaire du site serait amené à lui demander.

Ces trois voies de solution ne sont pas nécessairement exclusives les unes des autres. Il peut être proposé une combinaison entre elles.

Annexe 1 :
composition du groupe de travail

Le groupe de travail ayant contribué à l'élaboration de ce dossier était composé de :

Mme **Corinne Coscas**, Bouygues Telecom.

M. Pierre DE LA COSTE, Melusine. org.

M. Antoine DROCHON, association Vivre le Net.

Mme **Astrid FLESCH**, Groupement des éditeurs de services en ligne (GESTE).

M. Frédéric GOLDSMITH, Syndicat national de l'édition phonographique (SNEP).

M. Valéry GRANCHER, éditions du Seuil-Webartiste.

Mme **Magali JALADE**, Bureau de vérification de la publicité (BVP).

Mme **Michèle LEMU**, Association des professionnels de l'information et de la documentation (ADBS).

M. Jean-Christophe LE TOQUIN, Association des fournisseurs d'accès à internet (AFA).

M. Jacques LOUVIER, Direction du développement des médias (DDM), magistrat.

M. Christian LUPOVICI, Association des directeurs de bibliothèques.

Mme **Valérie MICHEL-AMESELLEM**, Conseil de la concurrence.

Mme **Christine REICHENBACH**, Union des annonceurs (UDA).

M. Cyril ROJINSKY, avocat.

M. Pierre SIRINELLI, professeur de droit, université Paris-I.

M. GUILLAUME TEISSONIERE, avocat.

M. Huber TILLIER, Société des auteurs, compositeurs et éditeurs de musique (SACEM).

Mme **Marie-Hélène TONNELIER**, avocate.

Mrs Bertrand DELCROS et **Lionel THOUMYRE**, Forum des droits sur l'internet ont été rapporteurs de ce groupe.

Les responsabilités liées à l'exploitation de forums de discussions

Dossier publié le 18 juillet 2002

I. – Introduction

■ Contexte

La question de la responsabilité des créateurs et des exploitants de services de communication interactive a été ignorée tant par la directive européenne du 8 juin 2000 relative au commerce électronique, que par la loi française du 1er août 2000 modifiant la loi du 30 septembre 1986 sur la liberté de communication.

Cette question a fait l'objet, au courant du premier semestre de l'année 2002, de plusieurs décisions de justice dont on peut s'interroger sur la cohérence au regard des différents droits appliqués (droit de la presse, droit de la communication audiovisuelle, responsabilité civile délictuelle). Il s'agit des affaires *Boursorama* (TGI Paris, 18 février 2002), *Scouts de France* (Trib. corr. de Rennes, 27 mai 2002), *Père Noël* (TGI Lyon, 28 mai 2002) et *Domexpo* (TGI Toulouse, 5 juin 2002).

Chacune de ces quatre affaires a en effet impliqué le ou les éditeurs d'un site internet proposant un forum de discussion ou un « livre d'or » non modéré sur lequel des messages illicites avaient été postés. Par trois fois, les juges ont retenu la responsabilité des exploitants de ces services de communication interactive.

Sans connaître la médiatisation de l'affaire « Altern. org » *(Estelle Hallyday c. Valentin Lacambre)* relative à la responsabilité des hébergeurs, ces décisions ont provoqué de vives controverses sur l'opportunité d'engager la responsabilité des exploitants de forum de discussion sans que celle des auteurs des messages illicites n'ait été impliquée.

■ Enjeux

Le principal enjeu consiste ainsi à déterminer dans quelle mesure un acteur de l'internet, en l'occurrence l'exploitant d'un service de communication interactive, peut et/ou doit assurer le rôle de « censeur » pour empêcher que les limites à la liberté d'expression imposées par la loi ne soient franchies à travers le service qu'il propose.

■ Objectifs

Sensible à cette question qui touche deux des principales caractéristiques des services en ligne, à savoir l'interactivité et l'intermédiation, le Forum des droits sur l'internet a entrepris de lancer une réflexion sur les responsabilités liées à l'exploitation de forums de discussion afin d'en cerner les principales problématiques, d'y apporter des éléments de réponses à droit constant et de sensibiliser les acteurs aux risques qu'ils encourent.

Le Forum pourra prolonger cette première réflexion par la constitution d'un groupe de travail qui concernera la responsabilité des exploitants de services d'intermédiation. En prévision de cette initiative, les internautes sont invités à communiquer leurs réactions à ce dossier à l'adresse suivante : (reagir@foruminternet.org).

■ Méthodologie

Pour réaliser ces objectifs dans les délais les plus brefs, un débat en ligne a été initié au sein du forum de discussion « Cybercrime et démocratie » et un groupe restreint de spécialistes du droit de la communication assisté d'un expert technique s'est réuni le 26 juin et le 3 juillet 2002.

Le résultat de cette réflexion ne constitue pas, à ce stade, le produit d'une concertation entre les membres du Forum. Il expose simplement la manière dont le droit actuel est susceptible d'être interprété par le juge et les conséquences que cela peut avoir sur certaines activités d'intermédiation.

II. – Services et acteurs concernés

La problématique relative aux responsabilités liées à l'exploitation de forums de discussion concerne l'ensemble des acteurs des services de communication interactive. Il s'agit donc de répertorier ces services, dans l'état actuel de la technique, et d'identifier les acteurs qui interviennent aujourd'hui dans la chaîne de diffusion des messages.

Précisons que d'autres personnes pourront, en fonction de l'évolution technologique et des métiers, intervenir ultérieurement dans cette chaîne de diffusion.

A. – Les services de communication interactive

Le groupe de réflexion a répertorié les services suivants :

1) La chambre de discussion ou *chat room*

Un « chat » (traduit par le terme « *causette* » par la Commission générale de terminologie et de néologie) se définit comme une « *communication informelle entre plusieurs personnes sur l'internet, par échange de messages affichés sur leurs écrans* » (*Journal officiel* du 16 mars 1999).

Ces discussions en temps réel transitent sur le réseau via le protocole IRC *(Internet Relay Chat)*, ou d'autres protocoles propriétaires, auquel il est possible d'accéder en utilisant un logiciel spécifique (ex. mIRC). Des *chat rooms* ou « chambres de discussion » sont également accessibles sur des pages web qui intègrent une interface IRC.

Les chambres de discussion permettent de dialoguer à plusieurs sur une page centrale et de tenir exclusivement ou simultanément des conversations privées avec d'autres interlocuteurs dans des « chambres » individualisées. Les discussions peuvent être modérées, c'est-à-dire être filtrées par un modérateur en fonction de critères spécifiques.

Techniquement, les données transmises passent par un serveur et peuvent être conservées par l'hébergeur (y compris les conversations privées).

Notons que certains logiciels de messagerie instantanée *(Instant messenger)* permettent d'accéder à des chambres de discussion.

2) La liste de discussion ou *mailing list*

Une liste de discussion permet à ses abonnés de discuter à plusieurs par courrier électronique. La liste de discussion peut être ou non modérée. Dans le cas d'une liste non modérée, un des abonnés envoie un message qui est redistribué dans toutes les boîtes à lettres. Lorsque la liste est modérée, seul le modérateur reçoit le courrier. Le courrier ne sera redistribué dans toutes les boîtes à lettres que si le modérateur l'a validé.

Particularités des listes de discussion :
– certaines listes sont archivées sur le serveur et peuvent être rapatriées par chaque utilisateur sur son propre ordinateur ;
– certaines listes sont archivées sur le web et peuvent être consultables à l'aide d'un navigateur (ex. des Yahoo ! groups) ;
– certaines listes non modérées sont dites « ouvertes » : il n'est pas nécessaire d'y être inscrit pour communiquer un courrier aux abonnés.

Notons que les méls adressés par liste de discussion ont également la particularité de pouvoir être assimilé à de la communication audiovisuelle. Tel pourra être le cas lorsque la liste est accessible à un public indéterminé.

3) Les forums de discussion

Le forum de discussion est un « *service permettant l'échange et la discussion sur un thème donné : chaque utilisateur peut lire à tout moment les interventions de tous les autres et apporter sa propre contribution sous forme d'articles* » (*Journal officiel* du 16 mars 1999).

Ces forums de discussion peuvent être accessibles soit sur le réseau « Usenet » soit sur le web.

● Les forums sur « Usenet »

Les forums exploitant le protocole NNTP, fréquemment appelés « Usenet », présentent la particularité technique suivante : les messages postés sur « Usenet » sont reproduits sur l'ensemble des serveurs qui y donnent accès (voir illustration ci-dessous fournie par l'association Vivre Le Net).

● Les forums accessibles sur le web

Les forums de discussion accessibles sur le web sont hébergés :
– soit par l'hébergeur de l'éditeur du site lorsque ce dernier y a installé un logiciel spécifique lui permettant de créer et de gérer un forum de discussion (voir illustration ci-dessous fournie par l'association Vivre Le Net) ;
– soit par l'hébergeur d'un prestataire de service qui propose à l'éditeur d'un site la possibilité d'intégrer un forum de discussion personnalisable sur ses pages HTML par lien hypertexte, et centralise les services exploités par les sites « clients ».

Usenet
Infrastructures techniques mises en œuvre

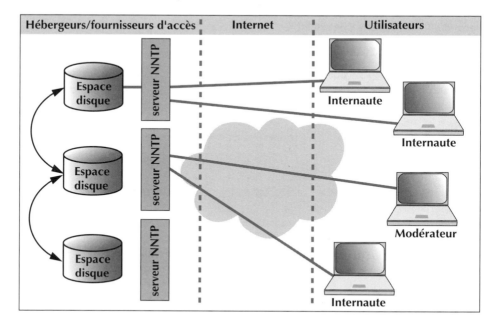

Forum de discussions
Infrastructures techniques mises en œuvre (plate-forme mutualisée)

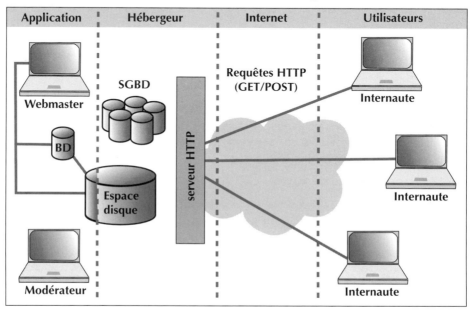

4) Autres services de communication interactive

Il existe d'autres types de services de communication interactive sur l'internet, tels que les services *peer-to-peer* permettant l'échange de fichiers sonores ou vidéos entre plusieurs utilisateurs d'un même logiciel ou, dans un autre registre, les « livres d'or » dont le principe correspond à celui des forums de discussion accessibles sur le web, à la différence que l'on ne peut poster que des nouveaux sujets (les livres d'or ne permettent donc pas de répondre à un message posté).

B. – Les acteurs impliqués dans la chaîne de diffusion des messages

La communication d'un message entre l'auteur de celui-ci et ses destinataires impliquera approximativement les mêmes types d'acteurs pour la plupart des services de communication interactive désignés ci-dessus.

Le groupe de réflexion a choisi de concentrer son attention sur le cas des forums de discussion accessibles sur le web, ces derniers ayant fait l'objet des décisions de justice mentionnées en introduction.

Les acteurs qui participent directement et indirectement à la diffusion d'un message sur un forum de discussion, sont :
1) l'auteur du message ;
2) éventuellement le modérateur du forum : la personne qui évalue les messages suivant des critères prédéfinis et qui a pour rôle d'empêcher qu'un message indésirable ne soit posté sur le forum, dans le cas de la modération *a priori*, ou de le supprimer s'il a déjà été posté, dans le cas d'une modération *a posteriori* ;
3) éventuellement l'animateur du forum : la personne qui anime les débats en postant des messages sur le forum de discussion et en créant de nouveaux fils de discussion ;
4) l'exploitant du forum de discussion : l'éditeur du site qui propose le forum de discussion ;
5) éventuellement le fournisseur de service de forums de discussion : le prestataire – dit « Application Service Provider (ASP) » – qui propose des solutions de forums de discussion aux webmestres qui n'utilisent pas de logiciels permettant d'en créer un. Ce prestataire accueille ainsi les messages échangés sur ses propres bases de données ;
6) l'hébergeur ;
7) le fournisseur d'accès ;
8) le concepteur du logiciel : la personne ayant élaboré le logiciel permettant de créer un forum de discussion sur le web.

Il s'agit de déterminer le niveau de responsabilité que chacun des acteurs susmentionnés est susceptible de devoir supporter, en cas de mise en ligne de messages illicites, sachant que certains rôles peuvent être cumulés par une seule et même personne. Par exemple, l'exploitant du forum de discussion peut également jouer le rôle de modérateur et/ou d'animateur.

III. – État du droit

Depuis l'adoption de la loi du 1er août 2000, modifiant la loi du 30 septembre 1986 relative à la liberté de communication, les services de communication en ligne autres que de correspondance privée sont considérés comme des services de communication audiovisuelle. À ce titre, les services de communication en ligne accessibles à un public indéterminé (sites web, forums de discussion, listes de discussion, chambre de discussion...) sont soumis non seulement au respect du droit commun mais aussi à la réglementation des services de communication audiovisuelle (loi du 30 septembre 1986).

Cette réglementation spécifique présente deux particularités : d'une part, elle renvoie aux infractions commises par voie de presse prévues par la loi du 29 juillet 1881 (provocation aux crimes et délits, apologie des crimes de guerre, propos racistes, fausses nouvelles susceptibles de troubler l'ordre public, injures, diffamation...) et, d'autre part, elle prévoit la mise en œuvre d'une responsabilité dite « en cascade » permettant de poursuivre le directeur de la publication en tant qu'auteur principal des messages illicites.

Le groupe de réflexion a néanmoins soulevé l'hypothèse selon laquelle l'exploitant de forums de discussion pourrait relever du régime de responsabilité allégée dont l'article 43-8 de la loi du 30 septembre 1986 modifiée fait notamment bénéficier les hébergeurs de contenus :

Article 43-8 du la loi du 30 septembre 1986 modifié par la loi du 1er août 2000 : « *Les personnes physiques ou morales qui assurent, à titre gratuit ou onéreux, le stockage direct et permanent pour mise à disposition du public, de signaux, d'écrits, d'images, de sons ou de messages de toute nature accessibles par ces services, ne sont pénalement ou civilement responsables du fait du contenu de ces services que : – si, ayant été saisies par une autorité judiciaire, elles n'ont pas agit promptement pour empêcher l'accès à ce contenu* ».

Il est donc nécessaire, avant d'envisager la manière dont peuvent être mis en œuvre les principes gouvernant la responsabilité de droit commun et la responsabilité pour les infractions de presse commises par un service de communication audiovisuelle, de s'interroger sur l'applicabilité de l'article 43-8 aux exploitants de forums de discussion.

A. – Les exploitants de forum de discussion bénéficient-ils de la responsabilité limitée prévue pour les hébergeurs par la loi du 1er août 2000 ?

Force est de constater que le législateur n'avait pas prévu l'ensemble des activités d'intermédiation et que l'expression « *stockage direct et permanent* », contenu au sein de l'article 43-8 de la loi du 30 septembre 1986 modifiée semble *a priori* se rapporter à l'activité du fournisseur d'hébergement de l'exploitant du forum de discussion, c'est-à-dire au stockage technique des contenus.

Une décision rendue par un juge des référés a toutefois admis qu'une société qui avait mis en place un forum de discussion sur le site qu'elle éditait devait être considérée comme assurant le stockage direct et permanent pour mise à disposition du public de messages au sens de l'article 43-8 de la loi du 30 septembre 1986 modifiée (affaire *Boursorama*, TGI de Paris, référé, 18 février 2002).

Malgré cette décision, prononcée en urgence par une juridiction de premier degré, il n'est pas possible d'affirmer que les exploitants de services interactifs pourraient *de facto* bénéficier de l'exonération de responsabilité telle qu'elle est définie dans l'article 43-8 de la loi du 30 septembre 1986 modifiée.

De plus, la possibilité d'accorder aux exploitants de forums de discussion le bénéfice du statut des hébergeurs entraînerait des difficultés pratiques. En effet, les « prestataires techniques » visés par la loi du 1ᵉʳ août 2000 sont tenus de détenir et de conserver « *les données de nature à permettre l'identification de toute personne ayant contribué à la création d'un contenu des services dont elles sont prestataires* » (article 43-9 de la loi du 30 septembre modifiée par la loi du 1ᵉʳ août 2000). Or, il n'est pas certain que les exploitants de forum de discussion, et notamment les exploitants non professionnels, puissent détenir et conserver ce type de données sur une durée prolongée.

Enfin, pas plus que la loi du 30 septembre 1986 modifiée, l'article 14 de la directive du 8 juin 2000 sur le commerce électronique, qui devrait être transposée en droit français depuis le 17 janvier 2002, ne semble avoir été rédigé au bénéfice des exploitants de services interactifs qui ne réalisent pas eux-mêmes l'hébergement des messages. En effet, cet article vise expressément l'activité d'hébergement et recourt également à la notion de « stockage ».

Ainsi, à défaut d'une application de l'article 43-8 de la loi du 30 septembre 1986 modifiée au bénéfice des exploitants de forums de discussion, c'est vers le cadre du droit commun ou de la responsabilité éditoriale qu'il faudra se tourner.

B. – Application du droit commun et de la responsabilité éditoriale

Le droit commun est constitué de règles juridiques générales qui, à défaut de textes spéciaux visant des cas particuliers, s'appliquent à toutes les personnes.

Le droit de la presse et le droit de l'audiovisuel dérogent au droit commun pour fixer des règles et des procédures particulières visant à garantir la protection de la liberté d'expression tout en veillant au maintien de l'ordre public et au respect des droits des personnes. Pour ce faire, la loi du 29 juillet 1881 et la loi du 29 juillet 1982 ont notamment prévu un régime de responsabilité éditoriale qui désigne le directeur de la publication comme étant le premier responsable des infractions commises par les auteurs dont il a publié ou diffusé les propos.

Dans la perspective d'évaluer les risques qui pèsent sur les différents acteurs impliqués dans la chaîne de diffusion d'un message, il s'agit d'évoquer séparément les mécanismes de mise en œuvre des responsabilités civiles et pénales [87].

---

[87] La mise en œuvre des responsabilités vise à punir ou à réparer un délit. Le délit civil est celui qui porte atteinte à un intérêt privé, c'est-à-dire à celui de la personne qui subit le dommage ; il donne lieu à une réparation qui peut consister en l'allocation de dommages et intérêts au bénéfice de la victime. Le délit pénal est celui qui porte atteinte à l'intérêt public ; il est sanctionné par une peine d'amende ou de prison.

1) Mise en œuvre de la responsabilité civile

■ Droit commun

Les auteurs de messages de forums de discussion sont susceptibles d'engager leur responsabilité civile sur le fondement de l'application de l'article 1382 du Code civil.

Article 1382 du Code civil : « *Tout fait quelconque de l'homme, qui cause à autrui un dommage, oblige celui par la faute duquel il est arrivé, à le réparer.* »

Les modérateurs, les exploitants et les fournisseurs de service de forums de discussion peuvent aussi avoir à répondre des dommages causés aux tiers, non seulement en raison des écrits qu'ils ont eux-mêmes postés sur leur forum, mais aussi de ceux postés par les personnes qui participent à leur service sur le fondement de l'article 1383 du Code civil.

Article 1383 du Code civil : « *Chacun est responsable du dommage qu'il a causé non seulement par son fait, mais encore par sa négligence ou par son imprudence.* »

Le juge appréciera en quoi aura pu consister la faute, la négligence ou l'imprudence des acteurs ainsi que le rapport de causalité existant entre celle-ci et le préjudice subi par la victime.

Cette appréciation s'opère au cas pas cas. La jurisprudence relative à la responsabilité des hébergeurs, qui s'est développée avant l'adoption de la loi du 1er août 2000, nous donne néanmoins quelques indications sur la manière dont le juge pourrait appliquer les principes de la responsabilité civile fondée sur l'article 1383 du Code civil aux exploitants de forums de discussion, voire aux fournisseurs de service de forums de discussion.

Dans un arrêt du 8 juin 2000, la cour d'appel de Versailles a ainsi rappelé que pesait sur les prestataires d'hébergement une obligation de vigilance et de prudence ainsi définie : « *Considérant qu'à l'occasion de l'exercice de son activité, une société prestataire d'hébergement est tenue à une obligation de vigilance et de prudence [...] qui s'analyse en une obligation de moyens portant sur les précautions à prendre et les contrôles à mettre en œuvre pour prévenir ou faire cesser le stockage et la fourniture de messages contraires aux dispositions légales en vigueur ou préjudiciables aux droits des tiers concernés ; que cette obligation de moyens, qui n'implique pas l'examen général et systématique des contenus des sites hébergés, doit néanmoins se traduire, au stade de la formation du contrat avec le client-créateur de site, par des mesures préventives telles la prohibition de l'anonymat ou de la non-identification, l'adhésion à une charte de comportement ou tout autre procédé incitatif au respect des textes et des droits des personnes, et, au stade de l'exécution du contrat, par des diligences appropriées pour repérer tout site dont le contenu est illégal, illicite ou dommageable afin de provoquer une régularisation ou d'interrompre la prestation ; qu'indépendamment des cas où elle en est requise par l'autorité publique ou sur décision judiciaire, de telles diligences doivent être spontanément envisagées par la société prestataire d'hébergement lorsqu'elle a connaissance ou est informée de l'illégalité, de l'illicéité ou du caractère dommageable du contenu d'un site ou lorsque les circonstances ou modalités de la réalisation, de l'évolution ou de la consultation d'un site, auxquelles elle doit veiller par des outils, méthodes ou procédures techniques d'analyse, d'observation et de recherche, la mettent en mesure d'en suspecter le contenu ; que, dans ces hypothèses, ces diligences ne trouvent, sous le contrôle du juge, d'autres limites que l'incompétence ou l'abus de droit de l'hébergeur à apprécier l'illégalité, l'illicéité ou le caractère dommageable du contenu litigieux ; qu'en dehors de ces hypothèses, il ne peut être fait grief à cet hébergeur de ne pas avoir contrôlé le contenu d'un site qu'il a pu légitimement ignorer ; [...] »* (CA Versailles, 12e ch., 8 juin 2000).

■ Droit de la presse et de l'audiovisuel

Pour les infractions de presse, l'exploitant d'un forum de discussion et l'auteur d'un message n'engageront leur responsabilité civile qu'au travers de la procédure contraignante du droit de la presse (compétence juridictionnelle spécifique, délai de prescription des infractions de trois mois...) et non plus sur le fondement des articles 1382 et suivants depuis un arrêt de la Cour de Cassation du 12 juillet 2000. Celle-ci a en effet posé le principe que *« les abus de la liberté d'expression prévus et réprimés par la loi du 29 juillet 1881 ne peuvent pas être réparés sur le fondement de l'article 1382 du Code civil ».* (Cass. Ass. Plén., 12 juillet 2000).

2) Mise en œuvre de la responsabilité pénale

Toutes les infractions de presse (injures, diffamation, propos racistes, contestation des crimes de guerre...) et un certain nombre d'infractions de droit commun (le fait de provoquer au suicide d'autrui, de transmettre l'image d'une personne se trouvant dans un lieu privé, de diffuser un message à caractère pornographique susceptible d'être vu ou perçu par un mineur...), lorsque celles-ci sont commises par la voie de la presse écrite ou audiovisuelle, relèvent du régime spécial de la responsabilité en cascade prévu à l'article 93-3 de la loi du 29 juillet 1982, maintenue en vigueur par la loi du 30 septembre 1986, pour les services de communication audiovisuelle.

Les autres infractions, c'est-à-dire celles qui ne renvoient pas vers le système de responsabilité propre à la presse et à l'audiovisuel, répondent à un régime de responsabilité de droit commun selon lequel l'auteur du message sera considéré comme auteur principal de l'infraction.

■ Droit commun

Le droit commun permet d'engager la responsabilité de l'auteur direct du message, c'est-à-dire de la personne qui aura rédigé et/ou reproduit le message illicite et qui l'aura placé sur le forum de discussion.

La responsabilité de l'exploitant du forum de discussion et/ou celle du modérateur ne pourra être recherchée qu'au titre de la complicité, à moins que ceux-ci n'aient directement contribué à la rédaction du message, auquel cas ils pourront être considérés comme coauteurs de l'infraction.

Article 121-7 du Code pénal : *« Est complice d'un crime ou d'un délit la personne qui sciemment, par aide ou assistance, en a facilité la préparation ou la consommation ».*

■ Droit de la presse et de l'audiovisuel

Le régime de responsabilité en cascade prévu pour les infractions de presse à l'article 93-3 de la loi du 29 juillet 1982 a pour particularité de rendre le directeur de la publication responsable au premier chef du contenu des messages illicites qui ont été diffusés, du moins lorsque ceux-ci ont fait l'objet d'une fixation préalable à leur communication au public. À défaut de fixation, l'auteur redevient le premier responsable, et à défaut de l'auteur, le « producteur ».

Les éditeurs de sites internet sont ainsi susceptibles d'être tenus pour responsables, en tant que directeurs de la publication, pour les infractions de presse commises sur les services interactifs qu'ils exploitent.

Précisons que l'auteur n'échappe pas pour autant à la mise en œuvre de sa responsabilité pénale puisqu'il est prévu par la loi qu'il sera poursuivi comme complice.

Article 93-3 de la loi du 29 juillet 1982 : « *Au cas où l'une des infractions prévues par le chapitre IV de la loi du 29 juillet 1881 sur la liberté de la presse est commise par un moyen de communication audiovisuelle, le directeur de la publication ou, dans le cas prévu au deuxième alinéa de l'article 93-2 de la présente loi, le codirecteur de la publication sera poursuivi comme auteur principal, lorsque le message incriminé a fait l'objet d'une fixation préalable à sa communication au public.*

« *À défaut, l'auteur, et à défaut de l'auteur, le producteur sera poursuivi comme auteur principal.*

« *Lorsque le directeur ou le codirecteur de la publication sera mis en cause, l'auteur sera poursuivi comme complice* ».

La mise en œuvre de la responsabilité pénale du directeur de la publication implique toutefois une « fixation préalable » du fait constitutif de l'infraction avant « sa communication au public » (article 93-3 de la loi du 29 juillet 1982 maintenue en vigueur par la loi du 30 septembre 1986).

Le juge peut être amené à interpréter ce texte de deux manières :
– il y a toujours une fixation préalable sur l'internet dès lors que le message est stocké dans la mémoire de l'ordinateur de l'internaute avant transmission sur le réseau, puis dans la mémoire cache du fournisseur d'accès ;
– l'existence d'une fixation préalable est tributaire de l'existence d'une modération *a priori*.

Cette seconde interprétation est apparue comme étant plausible pour le groupe de réflexion sachant que le critère de la fixation doit permettre au directeur de la publication d'avoir connaissance du contenu du message avant sa communication au public. Or, la modération *a priori* permet justement au directeur de la publication, ou à celui qui travaille pour son compte, de prendre connaissance d'un message avant qu'il ne soit posté sur le forum de discussion.

Ainsi, l'éditeur du site exploitant le forum de discussion pourra être poursuivi comme auteur principal de l'infraction lorsque le message aura fait l'objet d'une modération *a priori*. Si le modérateur est une personne distincte du directeur de la publication, il pourra également faire l'objet de poursuites en tant que complice de l'infraction.

À défaut de modération *a priori*, donc de fixation préalable du message, l'auteur principal de l'infraction sera toujours l'auteur du message. Mais l'éditeur du site exploitant le forum pourra encore voir sa responsabilité engagée, soit à titre principal en tant que « producteur » (au sens de l'article 93-3 introduit dans la loi du 29 juillet 1982 par la loi du 13 décembre 1985) lorsque l'auteur du message ne peut être facilement identifié, soit comme complice de l'infraction.

La personne ayant pris l'initiative de créer le service « 36 15 Renouveau », comportant l'accès à un forum de discussion sur lequel les participants pouvaient poster des messages anonymes, a ainsi été condamné en sa qualité de producteur : « *Attendu qu'il résulte de l'article 93-3 susvisé que lorsqu'une infraction prévue par le chapitre IV de la loi du 29 juillet 1881 est commise par un moyen de communication audiovisuelle, à défaut de poursuite contre l'auteur du message illicite, le producteur du service peut être poursuivi comme auteur principal, même si ce message n'a pas été fixé préalablement à sa communication au public.* » (Cass. crim., 8 décembre 1998, affaire *36 15 Renouveau*).

En revanche, le modérateur qui n'a plus de rôle actif pourra plus difficilement se voir inquiété.

■ En conclusion :
– l'auteur d'un message est le premier responsable au regard du droit commun. Il peut également engager sa responsabilité en tant qu'auteur principal d'une infraction de presse (voir par exemple TGI Paris, 17e ch., 26 mars 2002), ou assimilée comme telle, lorsqu'aucune modération *a priori* n'aura été pratiquée sur le forum de discussion ou, en cas de modération *a priori*, comme complice de cette infraction ;
– l'animateur du forum sera naturellement poursuivi comme auteur principal pour les messages qu'il aura lui-même posté. Il est également envisageable qu'il soit poursuivi comme complice pour les messages illicites dont il aura provoqué la survenance, par exemple en initiant un thème de discussion de nature illicite ;
– le modérateur du forum de discussion peut dans tous les cas être considéré comme complice, voire comme coauteur de l'infraction suivant son degré d'implication dans la diffusion du message. Une modération *a priori* impliquera une plus grande responsabilité [88] ;
– l'éditeur du site exploitant un forum de discussion s'expose à des poursuites pour les contenus illicites ou préjudiciables aux tiers, soit en qualité d'auteur principal pour les infractions de presse ou assimilées comme telles soit, dans tous les cas, en qualité de complice ;
– le fournisseur de service de forums de discussion pourrait éventuellement se voir attribuer la qualité de « producteur » du service de communication audiovisuel visée par l'article 93-3 de la loi du 29 juillet 1982. À ce titre, il serait considéré comme l'auteur principal d'une infraction de presse dans le cas où aucune modération *a priori* n'aura été exercée et lorsque l'auteur du message ne pourra être identifié ;
– les prestataires techniques (hébergeurs et fournisseurs d'accès) demeurent bénéficiaires de la responsabilité limitée conférée par la loi du 1er août 2000 et la directive du 8 juin 2000 ;
– le concepteur du logiciel de forums de discussion ne peut *a priori* pas être inquiété.

---

[88] L'analyse approfondie de la responsabilité du modérateur lié par un contrat de travail à l'exploitant d'un forum de discussion mérite d'être réalisée.

Si la mise en œuvre du droit commun ne semble pas poser de difficultés particulières, en revanche, celle du régime de la responsabilité éditoriale telle qu'elle découle de l'article 93-3 de la loi du 29 juillet 1982 apparaît peu adaptée aux acteurs de l'internet. En effet, les dénominations prévues par cette loi (« directeur de la publication » et « producteurs ») ont été prévues pour le monde de l'audiovisuel et non pour celui de l'internet qui s'en distingue sous plusieurs aspects.

L'interprétation du droit de la presse et de l'audiovisuel est devenue trop complexe et incertaine pour assurer la sécurité juridique de certains acteurs. Par exemple, le statut du fournisseur de service de forums de discussion reste à définir précisément. À défaut, il se pourrait qu'un juge l'assimile à un « producteur » et lui fasse supporter le poids de la responsabilité pour les messages anonymes échangés sur un forum non modéré, alors même que cet acteur ne fait que fournir une prestation de nature technique.

IV. – Conclusion

A. – Remarques générales

L'analyse des textes de lois et de la jurisprudence actuelle incite les acteurs impliqués dans la diffusion des messages sur les forums de discussion accessibles sur un site internet à la plus grande vigilance.

En effet, les auteurs de messages, les éditeurs de sites exploitants un forum de discussion et leurs modérateurs, voire les fournisseurs de service de forums de discussion (fournisseur de solutions ASP) dès lors que l'on ne peut présumer, en l'état actuel des réflexions, qu'ils bénéficient du statut des prestataires techniques (fournisseurs d'accès et fournisseurs d'hébergement), sont exposés à des actions pénales ou en réparation d'un préjudice causé à une personne.

Par ailleurs, le Forum des droits sur l'internet a pu relever les difficultés techniques et juridiques que posait l'application du droit de la communication audiovisuelle et de la responsabilité civile aux activités d'intermédiation qui ne sont pas bénéficiaires du régime de responsabilité limitée accordée aux prestataires techniques par la loi du 1er août 2000 et la directive du 8 juin 2000 sur le commerce électronique. Une réflexion générale sur le cadre juridique de ces « nouvelles » activités s'avère donc nécessaire.

Enfin faut-il admettre que le fait d'établir a priori une chaîne d'acteurs responsables dans un univers technologique et professionnel mouvant est une gageure.

En conséquence, le Forum envisage de prolonger ces premières réflexions par la constitution d'un groupe de travail qui s'intéressera à la responsabilité des exploitants de services d'intermédiation.

B. – Conseils de prudence

Compte tenu de l'état du droit et des risques juridiques auxquels certains acteurs sont exposés, le Forum des droits sur l'internet souhaite délivrer des conseils de prudence à l'attention des utilisateurs, des exploitants et des personnes qui fournissent des solutions de forums de discussion.

1) Conseils aux utilisateurs des forums de discussion

Le groupe de réflexion rappelle aux utilisateurs des forums de discussion que l'exercice de la liberté d'expression comporte, au regard notamment de l'article 10 de la Convention européenne des droits de l'Homme, des droits et des responsabilités.

Chaque participant étant responsable de son propre message, à titre principal ou en tant que complice, il lui est conseillé de mesurer les propos qu'il tient au sein des forums de discussion pour éviter d'enfreindre les lois en vigueur et de porter atteinte aux droits des tiers. Il doit notamment veiller à ne pas proférer d'insultes ou de propos diffamant à l'encontre de toute personne morale ou physique, de ne poster aucun message à caractère raciste, violent ou faisant l'apologie des crimes de guerre ni aucun message à caractère pornographique dans des forums de discussion susceptibles d'être fréquentés par des mineurs.

Les participants aux forums de discussion ne doivent pas oublier que les exploitants peuvent avoir à répondre du contenu de leurs messages et qu'ils risquent, en cas de procès, de devoir fermer les espaces d'expression qu'ils mettent à leur disposition.

2) Conseils aux exploitants de forums de discussion

Il est conseillé aux exploitants de forums de discussion :
– de renvoyer les participants vers une charte de participation au forum ou tout autre procédé incitant au respect des textes et des droits des personnes ;
– d'effacer ou de masquer dans les meilleurs délais tout message dont ils ont eu connaissance et dont ils auront pu constater le caractère manifestement illicite ;
– d'exercer ou de faire exercer par un modérateur :
a) soit une modération *a posteriori*, c'est-à-dire un contrôle régulier sur le contenu des messages postés, ou au moins sur leurs intitulés, afin de repérer et de supprimer ceux qui ne seraient pas en conformité avec leur charte ;
b) soit une modération *a priori* des messages pour en apprécier la licéité avant que ceux-ci ne soient mis à la disposition du public, sachant néanmoins que, dans ce cas, ils devront assumer une responsabilité pénale accrue en tant que directeur de la publication.

3) Conseil aux fournisseurs de service de forums de discussion

Il est conseillé aux fournisseurs de service de forums de discussion :
– de mettre en ligne eux-mêmes une charte type de participation aux forums et d'inciter ceux qui exploitent leurs espaces de discussion à renvoyer leurs participants vers celle-ci ou de recourir à tout autre procédé incitant au respect des textes et des droits des personnes ;
– de suspendre l'exploitation de tout forum de discussion dont ils auraient eu connaissance et dont la nature du thème leur apparaîtrait manifestement illicite ;
– de contribuer à effacer ou à masquer dans les meilleurs délais tout message dont ils ont eu connaissance et dont ils ont constaté le caractère manifestement illicite.

Ce dossier est soumis à commentaires. Vous êtes invités à envoyer vos remarques et vos interrogations à l'adresse de courrier électronique suivante : reagir@foruminternet.org.

Annexe 1 :
composition du groupe de réflexion

Le groupe de réflexion ayant contribué à l'élaboration de ce dossier était composé de :

M. Bertrand DELCROS, Forum des droits sur l'internet.

M. Antoine DROCHON, secrétaire général, association Vivre Le Net.

M. Matthieu LERONDEAU, Forum des droits sur l'internet.

Mme Marie-Françoise LE TALLEC, Forum des droits sur l'internet.

M. Jacques LOUVIER, Direction du développement des médias (DDM, service du Premier ministre).

Me Cyril ROJINSKY, avocat.

Me Valérie SEDALLIAN, avocate.

M. Benoît TABAKA, commission juridique, association Vivre Le Net.

M. Lionel THOUMYRE, Forum des droits sur l'internet, a été rapporteur de ce groupe.

Réponse au « Livre vert » de la Commission européenne sur les modes alternatifs de résolution des litiges relevant du droit civil et commercial

Réponse publiée le 21 octobre 2002

Le Forum des droits sur l'internet, association régie par la loi française de 1901, a pour objet de faire travailler ensemble acteurs publics et privés afin qu'ils aient une démarche commune pour construire les règles et les usages de l'internet.

Dès sa création, il y a un an, le Forum a considéré qu'il était opportun qu'il se saisisse du sujet des Modes alternatifs de règlement des différends (les MARD ou ADR dans la terminologie de la Commission). Le groupe de travail composé de professionnels, de magistrats, de représentants des pouvoirs publics, qui s'est réuni durant une année au Forum, a étudié le processus des ADR afin de déterminer dans quelle mesure ils pouvaient être un élément constitutif d'une forme de régulation de la vie sur les réseaux et, par là même, un apport à la nécessaire confiance qui doit encore s'établir.

C'est dans cet esprit que le groupe de travail du Forum des droits sur l'internet a étudié avec attention le « Livre vert » de la Commission des communautés européennes sur les modes alternatifs de résolution des conflits relevant du droit civil et commercial du 19 avril 2002 et qu'il a estimé opportun de participer à la consultation lancée par la Commission et de lui faire connaître les positions de son groupe de travail [89].

*

*   *

Avant d'apporter des éléments de réponse aux questions posées par le « Livre vert », le Forum souhaiterait rappeler au préalable les principes fondamentaux qui doivent gouverner les ADR.

---

[89] Document publié le 21 octobre 2002.

I. – Les principes généraux qui doivent gouverner les ADR

L'exposé de ces principes est indispensable et il doit être bien pris en compte par la Commission car il gouverne les réponses que le Forum apporte aux questions du « Livre vert ».

Le Forum des droits sur l'internet considère que les ADR sont un outil de paix sociale qui doit permettre de renouer entre les parties un dialogue qui a été rompu. À cet égard, les modes alternatifs n'entendent pas donner raison ou tort à l'une des parties. Ce sont des instruments de pacification raisonnant essentiellement en équité. Ils permettent aux parties de dialoguer et de « vider les conflits de leur substance ». Ils sont appréciés des citoyens car ils vont leur permettre d'être acteurs de la sortie d'une situation de conflit les concernant, et non plus simples spectateurs. Ils restent cependant encore largement méconnus du grand public.

Les ADR doivent prévoir, dans tous les cas, la présence d'un tiers, distinct des parties, dont la mission est de faciliter le dialogue. Ce tiers a un rôle plus ou moins actif dans la recherche de la solution mais il n'a jamais un pouvoir de décision.

Les ADR sont des compléments naturels des procédures judiciaires traditionnelles. Ils ne représentent pas un nouveau type de procédure mais doivent être compris comme des processus « à côté » des recours judiciaires traditionnels. Ils ne peuvent donc prétendre se substituer à ces derniers ni en constituer une étape préalable obligatoire.

Les ADR apparaissent particulièrement pertinents dans le cas des conflits transnationaux liés au développement du commerce électronique car ils offrent un règlement rapide, d'un coût modéré, évitant les questions complexes liées au droit international privé.

Bien que peu développés aujourd'hui dans ces domaines, ils peuvent également offrir des solutions très pertinentes pour des différends dits de « proximité », intervenus entre des particuliers ou entre un consommateur et une petite entreprise. Ces situations, qui risquent de représenter une part importante des différends survenus en ligne dans le futur, sont insufisamment prises en compte dans la pratique actuelle des ARD.

De ce qui précède, on peut dégager les lignes de force de la position du Forum des droits sur l'internet en matière d'encadrement des ADR :

Il est souhaitable que les ADR s'inscrivent dans un cadre juridique afin d'offrir confiance et lisibilité pour l'internaute mais les dispositions nationales existent déjà et ne nécessitent pas l'intervention d'une directive européenne.

Ce cadre juridique ne doit pas comporter de règles procédurales qui risqueraient de transformer les ADR en outils de justice parallèle ce qui ne correspond pas à leur place et à leur rôle. La nécessaire structuration de ces processus doit donc relever de l'incitation et de la pédagogie plutôt que de la loi.

Les acteurs doivent mettre en place eux-mêmes des règles déontologiques communes aux ADR afin d'accroître la lisibilité de ces processus et leur crédibilité vis-à-vis de l'internaute. Ces règles doivent fixer les principes de base que doivent respecter tout ADR.

L'information préalable des parties au début du processus est un élément clé de la nécessaire structuration des ADR. Cette information doit avoir pour objet de bien faire comprendre aux parties ce qu'est ce processus qu'elles ont accepté et ce qu'elles peuvent en attendre. Il s'agit de bien situer les ADR par rapport aux autres modes d'action à leur disposition tout en soulignant l'intérêt et les limites de ce type de démarche. En outre, les questions de confidentialité du processus, de suspension des délais de prescription, de force exécutoire de l'accord, etc. doivent être clairement évoquées auprès des parties.

Si des modèles économiques semblent émerger pour les ADR de consommation et illustrer l'adaptabilité de ces processus, il paraît difficile d'envisager un mode de financement exclusivement privé pour les modes alternatifs liés à des conflits entre particuliers. Dans ce cas, l'aide de l'État devrait être orientée en priorité vers des expériences respectant les règles déontologiques précédemment évoquées et vers un soutien à la formation du tiers « facilitateur ».

C'est sur la base des principes qui viennent d'être rappelés que le Forum des droits sur l'internet apporte les réponses qui suivent aux questions posées dans le « Livre vert » de la Commission.

II. – Les réponses aux questions posées dans le « Livre vert » de la Commission

Question n° 1 : « *est-ce qu'il y a des problèmes qui justifieraient une action communautaire dans le domaine des ADR ? Si oui, quels sont ces problèmes ? Quel est votre avis sur l'approche générale pour traiter des ADR qui devrait alors être suivie par les institutions de l'Union européenne et quelle pourrait être la portée de ces initiatives ?* »

Comme le constate le « Livre vert », des mécanismes d'ADR ont été institués ou sont en passe de l'être spontanément dans presque tous les États membres. C'est donc bien qu'ils répondent à un besoin : jouer un rôle complémentaire par rapport aux procédures juridictionnelles traditionnelles, notamment pour les litiges liés au commerce électronique. L'esprit qui doit présider au fonctionnement des ADR, selon le Forum, est qu'ils doivent faire appel à l'équité, dans son acception commune. Il en résulte nécessairement une grande diversité des ADR, celle-là même qu'a d'ailleurs constaté le « Livre vert ».

C'est dans ce contexte qu'il convient de rechercher s'il existe, dans le domaine des ADR, et en citant le « Livre vert » « *des problèmes qui justifieraient une action communautaire [...]* » et de « *dégager l'intérêt qui s'attache à mettre en place des règles sur les ADR au plan communautaire* ». Ces règles devraient, selon ce même document, venir en complément des efforts des institutions européennes sur les aspects opérationnels, financiers et techniques des ADR.

Étant donné l'esprit qui, selon le Forum, doit présider à l'instauration et au fonctionnement des ADR, si les instances européennes devaient décider d'intervenir dans cette matière, cela devrait se faire en recourant à l'instrument juridique le moins contraignant, par exemple une recommandation mais pas une directive.

Question n° 2 : « *les initiatives à prendre devraient-elles se limiter à définir des principes applicables à un seul domaine (tel par exemple le droit commercial ou le droit de la famille), domaine par domaine, et ainsi envisager de façon différenciée ces différents domaines, ou au contraire devraient-elles dans la mesure du possible s'étendre à tous les domaines relevant du droit civil et commercial ? »*

Les ADR peuvent impliquer des acteurs très variés et concerner des situations multiples. Ils sont utilisés dans le domaine de la consommation, pour des différends entre une entreprise et un consommateur, dans des différends d'ordre privé et tout particulièrement familial, ou encore dans des conflits entre un employé et un salarié. À la diversité des situations doit correspondre la souplesse des ADR.

Il apparaît toutefois au Forum que certains principes généraux peuvent être dégagés et s'inscrire dans un corpus déontologique commun.

Question n° 3 : « *les initiatives à prendre devraient-elles traiter de façon différenciée les méthodes de résolution des conflits en ligne (ODR) – un secteur émergent caractérisé par l'innovation et l'évolution rapide des nouvelles technologies et qui comporte certaines particularités – et les méthodes traditionnelles, ou au contraire couvrir sans différenciation ces méthodes ? »*

Le Forum a considéré que des litiges pouvaient naître en ligne et que leur résolution pouvait avoir lieu en ligne mais aussi selon des méthodes plus traditionnelles. En d'autres termes, le Forum ne s'est pas uniquement intéressé aux modes de résolution existant en ligne mais plutôt aux conflits pouvant naître en ligne et à l'utilisation possible d'un mode alternatif pour les résoudre. Que ce dernier soit en ligne ou pas n'a pas paru un point crucial.

En tout état de cause, si une possibilité de résolution en ligne est offerte, celle-ci doit apporter les mêmes garanties que les ADR *off line*

Question n° 4 : « *comment pourrait-on développer le recours aux pratiques d'ADR dans le domaine du droit de la famille ? »*

Les principes dégagés par le Forum et concernant les ADR ont tout à fait lieu de s'appliquer aux différends d'ordre familial. C'est par une information des familles sur les possibilités de résolution des différends que leur offrent les ADR que ceux-ci pourront se développer.

Question n° 5 : « *les législations des États membres devraient-elles être rapprochées afin que dans chaque État membre les clauses de recours aux ADR aient une valeur juridique semblable ? »*

D'une manière générale, le recours aux ADR n'a de sens que si les parties acceptent d'y recourir. Les ADR peuvent être activés par l'une ou l'autre des parties en conflit mais ne deviennent opérants qu'en cas d'acceptation du processus par les deux parties en présence lesquelles ont, de plus, à tout moment, la possibilité de sortir du processus si celui-ci ne leur convient plus. Dès lors, il ne peut être question de forcer l'une ou l'autre des parties, par une clause quelle qu'elle soit, à entrer dans un tel processus. Les ADR n'ont de valeur juridique que celle que leur attribuent les parties. Il n'apparaît donc pas souhaitable d'harmoniser les législations des États membres sur ce point car cette harmonisation serait contraire à ce souci de souplesse.

Question n° 6 : « *si oui, devrait-on admettre de façon générale la validité de telles clauses ou devrait-on limiter cette validité lorsque ces clauses figurent dans des contrats d'adhésion en général, ou des contrats avec les consommateurs en particulier ?* »

Question n° 7 : « *quelle devrait être en tout cas la portée de ces clauses ?* »

Question n° 8 : « *devrait-on aller jusqu'à considérer que leur violation impliquerait l'incompétence du tribunal pour connaître du litige, au moins de façon temporaire ?* »

Les questions 6, 7, et 8 étant liées, il y est répondu de la façon qui suit : il conviendrait que ne figure pas, dans quelque contrat que ce soit, d'adhésion, de consommateur ou autre, une clause pouvant être regardée comme instituant un recours aux ADR préalablement à une action juridictionnelle. *A fortiori*, il est essentiel que les parties ne soient pas privées d'un recours juridictionnel.

Il faut relever qu'en droit positif, une clause compromissoire (c'est-à-dire la recherche par les parties d'une solution extra-judiciaire), lorsqu'elle figure dans des contrats de consommateur – qui sont essentiellement des contrats d'adhésion – est toujours facultative : les parties, et singulièrement le consommateur, ne sont pas tenues d'y recourir.

Question n° 9 : « *les législations des États membres devraient-elles être rapprochées afin que dans chaque État membre le recours à un mécanisme d'ADR emporte suspension des délais de prescription pour saisir les tribunaux ?* »

Le Forum des droits sur l'internet considère que le principe d'un recours possible à la justice, à tous les stades de règlement du différend, dans le cas d'un ADR, est nécessaire. Or, un processus de règlement alternatif des différends d'une durée trop longue pourrait avoir pour conséquence de priver l'une des parties de ce recours possible. En effet, en matière de consommation par exemple, une action en garantie légale doit être intentée « dans de brefs délais » à compter de la découverte de vices cachés (la jurisprudence considérant ce bref délai comme étant de plusieurs mois) : un processus trop long de médiation-conciliation pourrait conduire les tribunaux à prononcer la forclusion de l'action.

Une telle hypothèse risquerait de susciter un comportement « opportuniste » et dilatoire de la part de certains acteurs qui seraient susceptibles de proposer un mode alternatif pour éviter une action en justice qui pourrait leur être défavorable. Si le risque de voir se développer cette stratégie de « gagner du temps » pour laisser passer les délais de prescription ne doit pas être surestimé, il ne peut être non plus négligé.

Diverses voies sont possibles pour répondre à cette question, mais celle qui, selon le Forum, est sans doute la plus conforme à l'esprit des ADR est la suivante : le tiers « facilitateur » devrait avoir une obligation d'information auprès des parties sur les délais de prescription. L'entrée dans un processus alternatif nécessite, en effet, une information claire des parties sur le processus, les délais. Il serait alors possible de considérer que les délais de prescription sont pris en compte par l'indication claire de leur existence faite par le tiers aux parties ; il lui incomberait alors de procéder aux vérifications des délais restant à courir. Une telle solution pose cependant la question de la responsabilité du tiers en cas d'information erronée ou partielle. Ce risque semble néanmoins limité puisque cette information devrait se borner à signaler l'existence de tels délais, et à inciter les parties à se renseigner sur ceux-ci dans leur cas particulier.

> Question n° 10 : « quelles ont été les expériences du fonctionnement des deux recommandations de la Commission de 1998 et 2001 ? »

Il appartient aux pouvoirs publics français de faire état de la mise en œuvre concrète de ces recommandations. Pour sa part, le Forum des droits sur l'internet remarque que, si ces textes ne sont pas juridiquement contraignants pour les États membres, ils s'articulent néanmoins autour de quelques grands principes que les processus alternatifs devraient respecter pour garantir efficacité et impartialité de leur action.

> Question n° 11 : « les principes établis dans ces deux recommandations pourraient-ils trouver à s'appliquer de manière indifférenciée dans d'autres domaines que le droit de la consommation et notamment être étendus à la matière civile et commerciale ? »

> Question n° 12 : « parmi les principes dégagés par les recommandations quels sont les principes qui pourraient être repris dans les législations de tous les États membres ? »

> Question n° 13 : « à votre avis, les législations des États membres existantes dans des domaines réglementés, particulièrement en matière familiale, devraient-elles être rapprochées afin que des principes communs relatifs aux garanties procédurales soient posés ? »

La réponse aux trois questions 11, 12 et 13 découle de celle donnée à la question 10.

> Question n° 14 : « quelle initiative pensez-vous que les institutions de l'Union européenne devraient prendre en étroite collaboration avec les parties intéressées en matière de règles déontologiques auxquelles les tiers seraient soumis ? »

Si initiative il devait y avoir en ce qui concerne les règles déontologiques auxquelles les tiers seraient soumis, elle ne devrait pas conduire à la mise en place de règles procédurales susceptibles de créer une confusion avec les recours juridictionnels. En effet, un tel cadre serait contraire à l'esprit et au mode de fonctionnement des ADR. En revanche des règles déontologiques communes peuvent être envisagées sous la forme d'un cadre de référence, une charte de confiance pour les ADR. Ces règles concerneraient à la fois le déroulement du processus et le rôle du tiers. Le Forum des droits sur l'internet poursuit sa réflexion sur ce sujet et devrait être en mesure, dans le courant de l'automne, d'élaborer cette « charte déontologique. »

> Question n° 15 : « les législations des États membres devraient-elles être rapprochées afin que dans chaque État membre, la confidentialité des ADR soit garantie ? »

> Question n° 16 : « si oui, de quelle façon et jusqu'où cette confidentialité devrait-elle être garantie ? Dans quelle mesure les garanties de la confidentialité devraient-elles ainsi s'étendre à la publication des résultats du processus d'ADR ? »

La question de la confidentialité du processus des ADR peut se poser à différents stades. Cette confidentialité intéresse tout d'abord le processus d'ADR lui-même : les échanges ne regardent que les parties en présence, et les discussions pour qu'elles soient fructueuses, doivent pouvoir n'impliquer que les acteurs concernés. Le tiers facilitateur, qui reçoit et organise ces échanges, aura donc une obligation de prendre toutes les mesures nécessaires à la garantie de la confidentialité de ce processus.

Il peut en revanche être amené à communiquer sur le processus lorsque celui-ci est achevé. Il doit par exemple pouvoir donner des éléments statistiques : nombre de différends traités de manière positive ou non, etc. Une telle communication apparaît nécessaire et naturelle. Elle peut d'ailleurs concerner la publication de l'accord – dont la valeur pédagogique est réelle – dès lors que l'anonymisation des parties est garantie.

La question de la confidentialité du contenu même de l'accord pose un problème différent. Elle semble relever des seules parties en présence, et peut être une composante de l'accord final. Il appartient en effet aux parties de s'entendre, dans le cours du processus de médiation, sur cette question. L'éventuel non-respect de cette confidentialité par l'une des parties entraînera ou non une remise en cause de l'accord, laissé au libre arbitre de l'autre partie.

Il apparaît donc illusoire de vouloir à toute force garantir une confidentialité absolue du contenu de l'accord. Cette question peut se poser dans le cas d'un recours à la justice postérieurement à la conclusion d'un accord positif : l'accord conclu peut-il être une pièce du dossier ? On ne comprendrait pas comment et sur quelle base vouloir empêcher que l'une des deux parties en conflit, pût, si elle le désirait, présenter cet accord au juge. De la même manière que la meilleure garantie de l'exécution de l'accord est la bonne volonté des parties au début du processus, la meilleure garantie de sa confidentialité est la bonne exécution des engagements pris.

> Question n° 17 : « *à votre avis, devrait-on établir une règle au niveau communautaire selon laquelle, à l'issue des procédures d'ADR, un délai de réflexion soit respecté avant la signature de l'accord ou un délai de rétractation établi après ? Cette question devrait-elle être plutôt traitée dans le cadre des règles déontologiques auxquels les tiers sont soumis ?* »

Compte tenu des réponses qui précèdent, le Forum considère que cette question devrait être plutôt traitée dans le cadre d'une charte déontologique (au sens où on l'entend dans la réponse à la question 14) à laquelle les tiers seraient soumis.

> Question n° 18 : « *y a-t-il besoin de renforcer l'efficacité des accords d'ADR dans les États membres ? Quelle est la meilleure solution au problème de la reconnaissance et de l'exécution dans un autre État membre de l'Union européenne des accords d'ADR ? Devrait-on notamment adopter des règles spécifiques afin de conférer un caractère exécutoire aux accords d'ADR ? Dans l'affirmative, sous réserve de quelles garanties ?* »

Dans le cas des litiges transnationaux, les parties décidant de recourir à une procédure juridictionnelle se heurtent le plus souvent au problème de la loi applicable. Le recours à la justice peut sembler long et coûteux. Dans un tel contexte, les ADR peuvent apparaître comme des moyens simples et souples de « pacification » des conflits. Le respect de l'accord conclu repose, comme sur le plan national, sur la bonne volonté des parties.

Question n° 19 : « *quelle initiative pensez-vous que les institutions communautaires devraient prendre pour appuyer la formation des tiers ?* »

Question n° 20 : « *conviendrait-il notamment d'appuyer des initiatives tendant à établir des critères minimaux de formation en vue d'une accréditation des tiers ?* »

Question n° 21 : « *devrait-on adopter des règles spéciales en matière de responsabilité des tiers ? Dans l'affirmative lesquelles ? Quel rôle les codes de déontologie devraient-ils jouer en ce domaine ?* »

La formation des tiers est extrêmement importante pour le bon fonctionnement des ADR. Un plan de formation des tiers et une aide à cette formation devraient donc être envisagés par la Commission.

Le pragmatisme qui doit présider à l'organisation et au fonctionnement des ADR conduit à considérer qu'il ne devrait pas exister de liste d'accréditation des tiers, les parties étant libres d'organiser l'ADR comme elles l'entendent, mais étant mises à même de choisir le tiers parmi les personnes ayant reçu une formation à cet effet.

D'une façon générale, le tiers, sauf cas exceptionnel, ne devrait pas être rémunéré.

Le tiers aurait l'obligation de respecter la charte déontologique qui comprendrait l'obligation d'information des parties. Mais sa responsabilité ne devrait pas pouvoir être engagée, si ça n'est sur le terrain du droit commun.

*

*   *

Pour conclure, le Forum des droits sur l'internet voudrait suggérer à la Commission une initiative dont l'utilité n'est pas à démontrer. Il s'agirait pour la Commission de mettre en place un portail d'information sur la possibilité de recourir aux ADR.

Table des matières

256

Imprimé en France par INSTAPRINT S.A.
1-2-3, levée de la Loire – LA RICHE – B.P. 5927 – 37059 TOURS Cedex 1
Tél. 02 47 38 16 04

Dépôt légal 1er trimestre 2003